POR UMA TEORIA DOS PRECEDENTES ADMINISTRATIVOS

Coordenação:
Luís Manoel Borges do Vale
Rafael Carvalho Rezende Oliveira

POR UMA TEORIA DOS PRECEDENTES ADMINISTRATIVOS

2022

EDITORA *Jus*PODIVM
www.editorajuspodivm.com.br

EDITORA *Jus*PODIVM
www.editorajuspodivm.com.br

Rua Canuto Saraiva, 131 – Mooca – CEP: 03113-010 – São Paulo – São Paulo
Tel: (11) 3582.5757
• Contato: https://www.editorajuspodivm.com.br/sac

Diagramação: Equipe *Jus*PODIVM

Capa: Ana Caquetti

V149p Vale, Luís Manoel Borges do. & OLIVEIRA, Rafael Carvalho Rezende.
Por uma Teoria dos Precedentes Administrativos / Luís Manoel Borges do Vale e Rafael Carvalho Rezende Oliveira– São Paulo: Editora JusPodivm, 2022.
288 p.

Inclui bibliografia
ISBN 978-65-5680-610-5

1. Direito Administrativo. 2. Precedentes. I. Vale, Luís Manoel Borges do. II. Título.

CDD 341.3

NOTA DOS COORDENADORES

A edição do Código de Processo Civil de 2015 possibilitou a consolidação de uma teoria dos precedentes judiciais, no Brasil, exigindo, por conseguinte, uma mudança cultural dos operadores do direito, com o escopo de efetivar princípios caros como a isonomia e a segurança jurídica. Desse modo, trabalhos de fôlego foram produzidos pela doutrina nacional, a fim de aprofundar os parâmetros de construção e aplicação dos precedentes.

Ocorre que, mesmo que tenham sido publicados diplomas normativos indicadores da necessidade de sistematização de uma teoria dos precedentes administrativos (a exemplo da Lei 13.655/18, cujos termos alteraram, sobremaneira, a Lei de Introdução às Normas do Direito Brasileiro), ainda existe um clarão na doutrina quanto ao preciso delineamento dos padrões decisórios vinculantes administrativos.

Por tal razão, convidamos diversos autores para elaboração de estudos verticalizados acerca dos precedentes administrativos, considerando que o Poder Público necessita racionalizar sua atividade decisória, emprestando-lhe coerência, integridade e estabilidade, a fim de que os administrados possam ser tratados de forma isonômica.

Assim, desejamos que os textos aqui produzidos possam não apenas gerar reflexões, mas estimular o debate sobre os caminhos a percorrer, para que tenhamos uma sólida teoria dos precedentes administrativos.

Luís Manoel Borges do Vale

Rafael Carvalho Rezende Oliveira

SOBRE OS COORDENADORES

LUÍS MANOEL BORGES DO VALE

Procurador do Estado de Alagoas, nomeado Procurador Federal. Ex-Advogado da Petrobras. Mestre em Direito Processual pela Universidade Federal de Alagoas. Especialista pela Ohio University. Professor de Direito Processual Civil na Pós-Graduação da UERJ, na Escola Superior da Magistratura de Alagoas – ESMAL e nos cursos ATC e FORUM. Membro da Internacional Association of Privacy Professionals – IAPP, do Instituto Brasileiro de Direito Processual – IBDP e da Associação Norte e Nordeste de Professores de Processo – ANNEP. *E-mail*: borgesdovale@hotmail.com.

RAFAEL CARVALHO REZENDE OLIVEIRA

Pós-doutor pela *Fordham University School of Law* (*New York*). Doutor em Direito pela UVA-RJ. Mestre em Teoria do Estado e Direito Constitucional pela PUC-RJ. Especialista em Direito do Estado pela UERJ. Professor Titular de Direito Administrativo do IBMEC. Professor do Programa de Pós-graduação *Stricto Sensu* em Direito Mestrado e Doutorado do PPGD/UVA. Professor de Direito Administrativo da EMERJ e do curso FORUM. Professor dos cursos de Pós-Graduação da FGV e Cândido Mendes. Membro do Instituto de Direito Administrativo do Estado do Rio de Janeiro (IDAERJ). Presidente do Conselho editorial interno da Revista Brasileira de *Alternative Dispute Resolution* (RBADR). Membro da lista de árbitros do Centro Brasileiro de Mediação e Arbitragem (CBMA). Ex-Defensor

Público Federal. Procurador do Município do Rio de Janeiro. Sócio-fundador do escritório Rafael Oliveira Advogados Associados. Árbitro e consultor jurídico. *E-mail*: contato@roaa.adv.br.

SOBRE OS AUTORES

ALYSSON PAULO MELO SOUZA

Mestre em Direito Público pela Universidade Federal de Alagoas. Procurador do Estado de Alagoas. Membro do Instituto de Direito Administrativo de Alagoas – IDAA.

FELIPE GONÇALVES FERNANDES

Procurador do Estado de São Paulo. Graduado em Direito pela Universidade Federal do Ceará – UFC. Especialista em Direito do Estado pela Escola Superior da Procuradoria Geral do Estado de São Paulo. Mestre e Doutorando em Direito Administrativo pela Pontifícia Universidade Católica de São Paulo – PUC/SP.

FREDIE DIDIER JR.

Mestre em Direito pela UFBA. Doutor em Direito pela PUC/SP. Livre-docente pela USP. Pós doutorado pela Universidade de Lisboa. Professor associado da Universidade Federal da Bahia, nos cursos de graduação, mestrado e doutorado. Membro da Associação Internacional de Direito Processual, do Instituto Iberoamericano de Direito Processual, do Instituto Brasileiro de Direito Processual e da Associação Norte e Nordeste de Professores de Processo. Advogado e consultor jurídico.

GUSTAVO DA GAMA VITAL DE OLIVEIRA

Professor Adjunto de Direito Financeiro pela Universidade do Estado do Rio de Janeiro – UERJ. Mestre e Doutor em Direito Público pela UERJ. Procurador do Município do Rio de Janeiro. Advogado.

LUÍS FERNANDO DEMARTINE SOUZA

Procurador do Estado de Alagoas. Pós-graduado em Direito Empresarial pelo Instituto Brasileiro de Mercado de Capitais – IBMEC. Membro do Conselho Superior da Procuradoria Geral do Estado de Alagoas nos biênios 2016/2018 e 2018/2020.

LUÍS MANOEL BORGES DO VALE

Procurador do Estado de Alagoas, nomeado Procurador Federal. Ex-Advogado da Petrobras. Mestre em Direito Processual pela Universidade Federal de Alagoas. Especialista pela Ohio University. Professor de Direito Processual Civil na Pós-Graduação da UERJ, na Escola Superior da Magistratura de Alagoas – ESMAL e nos cursos ATC e FORUM. Membro da Internacional Association of Privacy Professionals – IAPP, do Instituto Brasileiro de Direito Processual – IBDP e da Associação Norte e Nordeste de Professores de Processo – ANNEP. *E-mail*: borgesdovale@hotmail.com.

PAULO MODESTO

Professor de Direito Administrativo da Universidade Federal da Bahia. Presidente do Instituto Brasileiro de Direito Público. Presidente do Instituto de Direito Administrativo da Bahia. Membro do Ministério Público da Bahia e da Academia de Letras Jurídicas da Bahia. Diretor da Revista Brasileira de Direito Público. Conselheiro Técnico da Sociedade Brasileira de Direito Público. Membro do Conselho de Pesquisadores do Instituto Internacional de Estudos de Direito do Estado. Ex-Assessor Especial do Ministério da Administração Federal e Reforma do Estado do Brasil.

RAFAEL CARVALHO REZENDE OLIVEIRA

Pós-doutor pela *Fordham University School of Law* (*New York*). Doutor em Direito pela UVA-RJ. Mestre em Teoria do Estado e Direito Constitucional pela PUC-RJ. Especialista em Direito do Estado pela UERJ. Professor Titular de Direito Administrativo do IBMEC. Professor do Programa de Pós-graduação *Stricto Sensu* em Direito Mestrado e Doutorado do PPGD/UVA. Professor de Direito Administrativo da EMERJ e do curso FORUM. Professor dos cursos de Pós-Graduação da FGV e Cândido Mendes. Membro do Instituto de Direito Administrativo do Estado do Rio de Janeiro (IDAERJ). Presidente do Conselho editorial interno da Revista Brasileira de *Alternative Dispute Resolution* (RBADR). Membro da lista de árbitros do Centro Brasileiro de Mediação e Arbitragem (CBMA). Ex-Defensor Público Federal. Procurador do Município do Rio de Janeiro. Sócio-fundador do escritório Rafael Oliveira Advogados Associados. Árbitro e consultor jurídico. *E-mail*: contato@roaa.adv.br.

RICARDO SCHNEIDER RODRIGUES

Doutor em Direito pela Pontifícia Universidade Católica do Rio Grande do Sul (PUC/RS). Mestre em Direito Público pela Universidade Federal de Alagoas (UFAL). Coordenador Adjunto e Professor do Curso de Direito do Centro Universitário Cesmac (Graduação, Especialização e Mestrado). Sócio fundador/idealizador e Vice-Presidente do Instituto de Direito Administrativo de Alagoas (IDAA). Procurador do Ministério Público de Contas do Estado de Alagoas.

RODOLFO BRECIANI PENNA

Procurador do Estado de São Paulo. Graduado em Direito pela Universidade de Vila Velha.

SUMÁRIO

CAPÍTULO 1

A ATUAÇÃO ADMINISTRATIVA CONSENSUAL NA FORMAÇÃO DE PRECEDENTES ADMINISTRATIVOS: O COMPROMISSO DA LINDB, INCLUSIVE SOB A FORMA DE NEGÓCIO DE CERTIFICAÇÃO

Alysson Paulo Melo de Souza[1]

1. INTRODUÇÃO

Seria possível estabelecer uma relação entre precedentes administrativos e a consensualidade administrativa? Sendo mais preciso: um precedente administrativo pode resultar, entre outros aspectos, de uma atuação administrativa consensual?

Neste artigo, buscar-se-á demonstrar que sim, ou seja, a norma jurídica que caracteriza o precedente administrativo pode ser fruto, entre outros aspectos, de mecanismos de consenso postos à disposição da administração pública e um excelente exemplo disso é o

[1] Mestre em Direito Público pela Universidade Federal de Alagoas. Procurador do Estado de Alagoas. Membro do Instituto de Direito Administrativo de Alagoas – IDAA.

compromisso do art. 26, da Lei de Introdução às Normas do Direito Brasileiro, recentemente introduzido no ordenamento jurídico pátrio pela Lei n.º 13.655/2018.

Para que essa hipótese seja bem trabalhada, alguns caminhos necessitam ser percorridos. Primeiramente, é necessário traçar um panorama dos precedentes administrativos: os elementos nucleares de sua conceituação, com enfoque na atividade que tradicionalmente gera a decisão administrativa que forma o precedente – a atividade administrativa imperativa.

Num segundo momento, será a vez de delimitar linhas gerais sobre a atuação administrativa consensual e suas diversas formas de manifestação no direito brasileiro, com destaque para a análise detalhada de importante preceito normativo introduzido na Lei de Introdução às Normas do Direito Brasileiro – o art. 26 –, que deve ser compreendido como verdadeira autorização genérica para celebração de acordos na administração pública.

Por fim, a relação entre os precedentes administrativos e a atuação administrativa consensual será devidamente explorada, buscando-se demonstrar que existe em nosso ordenamento jurídico um importante e democrático mecanismo – o compromisso do art. 26, da LINDB, o qual, em determinadas situações, equipara-se a um negócio de certificação –, que pode auxiliar no processo de formação da norma jurídica que caracteriza o precedente administrativo.

É o que passará a ser exposto nos tópicos seguintes.

2. PRECEDENTES ADMINISTRATIVOS: ELEMENTOS NUCLEARES DE SUA CONCEITUAÇÃO E A ATUAÇÃO ADMINISTRATIVA IMPERATIVA

Para compreender o itinerário de formação de um precedente administrativo, torna-se imprescindível, antes de tudo, identificar elementos nucleares de seu conceito, a partir, logicamente, de definições amplamente aceitas pela doutrina pátria.

Neste sentido, Rafael Carvalho Rezende Oliveira, um dos maiores estudiosos no país sobre o tema, conceitua os precedentes administrativos da seguinte maneira:

> o precedente administrativo pode ser conceituado como a norma jurídica retirada de decisão administrativa anterior, válida e de acordo com o interesse público, que, após decidir determinado caso concreto, deve ser observada em casos futuros e semelhantes pela Administração Pública.[2]

Seguindo uma linha bastante similar, Gustavo Marinho de Carvalho destaca o seguinte:

> Precedente administrativo é a norma jurídica extraída por indução de um ato administrativo individual e concreto, do tipo decisório, ampliativo ou restritivo da esfera jurídica dos administrados, e que vincula o comportamento da Administração Pública para todos os casos posteriores e substancialmente similares. Em outras palavras: casos substancialmente similares deverão ter a mesma solução jurídica por parte da Administração Pública.[3]

Pelo que se vê, ao menos três elementos nucleares podem ser extraídos a partir dos referidos conceitos de precedente administrativo, a saber: precedente administrativo é uma (1) norma jurídica extraída de uma (2) decisão administrativa anterior e que possui (3) eficácia vinculante, devendo ser observada em casos futuros e semelhantes pela administração pública.

Por norma jurídica entenda-se o produto da interpretação de textos normativos (normalmente leis, decisões judiciais ou mesmo decisões administrativas). Como bem explana Humberto Ávila "normas não são textos nem o conjunto deles, mas os sentidos construídos a partir da interpretação sistemática de textos normativos. Daí se

---

2 OLIVEIRA, Rafael Carvalho Rezende. *Precedentes no Direito Administrativo*. Rio de Janeiro: Forense, 2018, p. 95.

3 CARVALHO, Gustavo Marinho de. *Precedentes Administrativos no Direito Brasileiro*. São Paulo: Editora Contracorrente, 2016. Edição Kindle.

afirmar que os dispositivos se constituem no objeto da interpretação; e as normas, no seu resultado"[4].

Focando as atenções na decisão administrativa que origina o precedente administrativo é preciso observar que ela deve resolver uma situação concreta, de forma válida e em compasso com o interesse público[5]. Outrossim, quando se pensa em decisões proferidas pelo poder público, no exercício de competências administrativas, logo imaginamos aqueles atos proferidos com base na prerrogativa imperativa da administração pública, que corresponde à "faculdade da Administração de impor o conteúdo sua decisão administrativa unilateralmente determinada"[6].

Com efeito, a Administração Pública brasileira foi moldada dentro de uma perspectiva imperativa de atuação – uma espécie de "atuação administrativa autoritária"[7] –, significando dizer que as relações jurídicas que tradicionalmente se formaram entre Administração e administrados têm como característica marcante a verticalidade, evidenciando uma prevalência da noção de autoridade em detrimento da noção de liberdade. Supremacia do interesse público sobre o particular e indisponibilidade do interesse público, nesse sentido, seriam as vigas mestras da estruturação do regime jurídico-administrativo.

Uma das bases centrais desse modo "tradicional" de agir é a unilateralidade, segundo a qual as decisões administrativas são fruto de um exercício de poder (estatal), não podendo resultar de acordos de vontades entre o poder público e particulares. Outra premissa dessa forma de agir é a relevância ocupada pela figura do ato administrativo, de modo que a noção de processo administrativo – e de formação da decisão administrativa, com a efetiva possibilidade de participação

4 ÁVILA, Humberto. *Teoria dos Princípios: da definição à aplicação dos princípios jurídicos*. 15.ª ed. São Paulo: Malheiros, 2014, p. 50.

5 OLIVEIRA, Rafael Carvalho Rezende. *Op. Cit.* p. 96.

6 PALMA, Juliana Bonacorsi de. *Sanção e Acordo na Administração Pública*. São Paulo: Malheiros, 2015, p. 72.

7 *Idem*, p. 70.

do administrado nessa dinâmica – sempre foi relegada a um segundo plano[8]. Em suma, de acordo com autorizada doutrina:

> A prerrogativa imperativa reveste a administração da faculdade de impor sua decisão aos administrados, sem necessidade de aquiescência dos mesmos para estabelecer a relação de sujeição especial em torno de obrigações concretas. Trata-se, em última análise, da imposição do conteúdo da decisão administrativa.
>
> O principal efeito da prerrogativa imperativa, consistente na imposição da decisão administrativa tomada pela Administração Pública ao administrado independentemente do consentimento do mesmo implica a unilateralidade dos provimentos administrativos.
>
> (...)
>
> Afirmar a unilateralidade de determinado provimento administrativo significa reconhecer que as decisões administrativas foram definidas de forma autônoma à vontade do administrado, sujeito passivo da imposição do teor do ato administrativo. Ainda que coincidente com a vontade do administrado, a decisão administrativa unilateral não se emoldura sobre um acordo entre Administração Pública e administrado, pois que fruto do exercício do poder estatal[9].

Pois é dentro deste modo de agir imperativo que se pode asseverar que tradicionalmente são formados os precedentes administrativos.

Não obstante, existiria uma outra forma distinta e válida de agir da Administração Pública capaz de gerar decisões administrativas que sirvam de base para a formação de precedentes administrativos? Entende-se que sim, o que será detalhado a partir do tópico seguinte.

Mas antes de passar para o tópico seguinte, deve-se destacar que a eficácia vinculante da norma jurídica extraída da decisão anterior, terceiro elemento nuclear do conceito de precedentes administrativos aqui trabalhado, é uma decorrência da "exigência de coerência no exercício da atividade estatal", aplicando-se indistintamente aos

---

8 BARREIROS, Lorena Miranda Santos. *Convenções Processuais e Poder Público*. Salvador: Juspodivm,, 2016, p. 33.

9 PALMA, Juliana Bonacorsi de. *Op. Cit.*. pp. 73/74.

processos jurisdicional, legislativo e administrativo[10]. A Administração Pública, nessa linha de raciocínio, não está vinculada tão somente a atos externos, oriundos de outros poderes (leis e decisões judiciais), mas, também, ao seu próprio comportamento (atos administrativos, individuais e normativos, e práticas administrativas), o que pode ser denominado de autovinculação[11].

3. A ATUAÇÃO ADMINISTRATIVA CONSENSUAL

A Constituição Federal de 1988 representa o verdadeiro marco de abertura da Administração – e do direito administrativo como um todo – para a consensualidade. O texto constitucional incentiva a participação dos cidadãos no exercício das funções públicas, como forma de legitimá-las[12], não sendo à toa que o legislador constitucional, já no art. 1º, parágrafo único, da CF/88, assevera que "todo o poder emana do povo, que o exerce por meio de representantes eleitos ou diretamente, nos termos desta Constituição".

A atuação administrativa consensual pode ser conceituada nos seguintes moldes:

> Qualifica-se como atuação administrativa consensual, em sentido amplo, toda e qualquer forma de agir da Administração Pública pautada em acordos de vontades, na esfera administrativa ou na judicial, quer se trate de relacionamentos travados âmbito da própria administração, quer se refira a relações havidas com o administrado[13].

Trata-se de um modo de agir que não exclui a forma de agir tradicional da administração pública. Em outras palavras, pode-se dizer que existe uma forma de agir tradicional, denominada de imperativa/unilateral, fruto das origens do direito administrativo e da própria

[10] OLIVEIRA, Rafael Carvalho Rezende. *Op. Cit.* p. 96.

[11] *Idem*, p. 102.

[12] PALMA, Juliana Bonacorsi de. *Op. Cit.*, p. 34.

[13] BARREIROS, Lorena Miranda Santos. *Op. Cit.* p. 45.

lógica das relações jurídicas verticalizadas que se estruturam entre Administração e administrados, e um modo de agir consensual, que convive harmonicamente com o primeiro, fruto de uma imposição do modelo institucional adotado pela Constituição de 1988, o Estado Democrático de Direito.

Quando se pensa em administração pública consensual deve-se ter em mente dois pressupostos básicos para a sua configuração: busca da eficiência administrativa e valorização da parceria iniciativa privada e administração (atuação cooperativa entre poder público e particulares)[14].

Os principais óbices que sempre foram apresentados pela dogmática administrativista a impedir uma atuação administrativa consensual são os princípios da supremacia do interesse público sobre interesses privados/individuais e da indisponibilidade do interesse público. Sucede que tais princípios não representam empecilho a essa forma de agir da administração pública, como será detalhado mais adiante. Para essa conclusão é preciso ter em mente uma visão moderna de interesse público, à luz da noção de força normativa da constituição e do fenômeno da constitucionalização do direito, precisamente do direito administrativo.

Não faz tanto tempo assim que as constituições, pelo menos dos países que adotam a tradição jurídica romano-germânica, como é o caso do Brasil, eram encaradas como meros documentos políticos, desprovidos de qualquer eficácia normativa. Esses documentos eram vistos como uma convocação para a atuação do legislador e dos demais poderes constituídos. Entendia-se que as Constituições não incidiam diretamente nas relações sociais, não geravam direitos subjetivos, nem podiam ser aplicadas pelos juízes na resolução de controvérsias judiciais submetidas ao seu crivo. O paradigma que vigorava naquele momento era o da lei, o do "legicentrismo", pois se acreditava nesse instrumento como uma "encarnação da vontade geral do povo".[15].

---

14 *Idem*, p. 47.

15 BINENBOJM, Gustavo. **Uma Teoria do Direito Administrativo**. 3ªed. Rio de Janeiro: Renovar, 2014, p. 62.

Mas esse cenário foi alterado sobretudo a partir do pós-segunda guerra mundial, notadamente em países como Alemanha e Itália, tão marcados pelos regimes autoritários que deixaram marcas profundas pelo mundo. Esse movimento leva ao reconhecimento da força normativa das constituições contemporâneas, de modo que elas passam a ser reconhecidas como verdadeiras normas jurídicas, tanto por seus aplicadores, como pelos seus destinatários. Como bem destacado por Binenbojm "o reconhecimento da força normativa da Constituição representou seguramente uma verdadeira revolução copernicana na ciência jurídica moderna, com profundas alterações em todos os ramos do direito"[16].

No Brasil, esse movimento é abraçado após a entrada em vigor da Constituição Federal de 1988. O eixo central do ordenamento jurídico desloca-se do código civil para a Constituição, de modo que ela passa a balizar a interpretação de todo o arcabouço normativo infraconstitucional. Seus princípios, regras e valores passam a ser o norte de construção de teorias e paradigmas dos mais diversos ramos jurídicos, fenômeno denominado de constitucionalização do direito.

Dentro deste contexto de constitucionalização, precisamente do direito administrativo, o próprio conceito de interesse público, classificado como a "alma", a "essência" e a "razão de ser" do regime jurídico-administrativo[17], consoante destacado por Luzardo Faria, parafraseando Rodríguez-Arana Munõz, teve de ser revisitado. Em outras palavras, como deve se enxergada a noção de interesse público à luz do Estado Democrático de Direito consagrado pela Constituição Federal de 1988? Trata-se de uma definição fundamental, na medida em que a supremacia do interesse público sobre os interesses privados e a "indisponibilidade" do interesse público – vigas mestras do regime jurídico- administrativo, como ressaltado anteriormente – sempre

[16] BINENBOJM, Gustavo. *Op. cit.* p. 63.

[17] FARIA, Luzardo. **O art. 26 da LINDB e a legalidade dos acordos firmados pela Administração Pública: uma análise a partir do princípio da indisponibilidade do interesse público**. *In:* VALIATI, Thiago Priess; HUNGARO, Luis Alberto; CASTELLA, Gabriel Morettini e (COORD.). **A lei de introdução e o direito administrativo brasileiro**. Rio de Janeiro: Lumen Juris, 2019, p. 141.

foram encarados como impeditivos à atuação administrativa consensual ou à gestão pública por meio de acordos.

Nesta linha de raciocínio, deve-se entender que o interesse público possui um conteúdo jurídico que lhe é próprio, devendo ser concebido, na linha de escólio de Celso Antônio Bandeira de Mello, como "a dimensão pública dos interesses individuais, ou seja, dos interesses de cada indivíduo enquanto partícipe da sociedade" ou "o interesse resultante do conjunto dos interesses que os indivíduos pessoalmente têm quando considerados em sua qualidade de membros da sociedade e pelo simples fato de o serem"[18]. E quem define essa "dimensão pública" dos interesses individuais que caracteriza o interesse público é o ordenamento jurídico positivo[19].

Não é por acaso que Daniel Wunder Hachem conceitua o interesse público em sentido amplo como "todo aquele protegido pelo ordenamento jurídico, cuja satisfação deva ser assegurada direta ou indiretamente pelo Estado, e que constitui uma barreira negativa para a sua atuação, impedindo-o de agir de maneira a contrariá-lo"[20]. Esse conceito mais amplo engloba tanto o interesse de natureza individual (titularizado pelo indivíduo singularmente considerado), como o de natureza coletiva (titularizado por um grupo, categoria ou classe ligadas entre si por uma relação jurídica base) e, por fim, o interesse de natureza difusa (indivisível, cujos titulares são pessoas indeterminadas e ligadas por circunstâncias de fato)[21].

A partir desta visão mais moderna de interesse público é possível concluir que, a uma, interesse individual não necessariamente é algo que colide com a noção de interesse público – muito pelo contrário,

---

[18] MELLO, Celso Antônio Bandeira de. **Curso de Direito Administrativo**. 33ª ed. São Paulo: Malheiros, 2016, pp. 60/62.

[19] FARIA, Luzardo. **O art. 26 da LINDB e a legalidade dos acordos firmados pela Administração Pública: uma análise a partir do princípio da indisponibilidade do interesse público**. *Op. Cit.* p. 143.

[20] HACHEM, Daniel Wunder. **Princípio Constitucional da Supremacia do Interesse Público**. Belo Horizonte: Fórum, 2011, p. 162.

[21] *Idem*, p. 179.

desde que esse interesse individual seja protegido pelo ordenamento jurídico, ele também deve ser enxergado como um interesse público em sentido amplo. E, para além disso, foi possível desconstruir a visão mais "arcaica" em torno dos "princípios" da supremacia do interesse público e da indisponibilidade do interesse público, apresentados como grandes obstáculos apresentados pela dogmática do direito administrativo para a atuação administrativa consensual.

Nesta linha de raciocínio, a moderna doutrina administrativista já há algum tempo defende que "não há como conciliar no ordenamento jurídico um 'princípio' [no caso, da supremacia do interesse público sobre o interesse privado] que, ignorando as nuances do caso concreto, preestabeleça que a melhor solução consubstancia-se na vitória do interesse público"[22], de modo que se impõe "ao intérprete e aplicador do direito um percurso ponderativo que, considerando a pluralidade dos interesses jurídicos em jogo, proporcione solução capaz de realizá-los ao máximo"[23].

Assim, não há que se falar em um "princípio" que preconize – sempre – a prevalência do interesse público (aquele tutelado pelo poder público) em face de eventuais interesses individuais/privados, a impedir uma atuação administrativa baseada no consenso. Pelo contrário, os interesses individuais, desde que devidamente protegidos pelo ordenamento jurídico, devem, na medida do possível, serem preservados nos casos concretos, algo que justamente vai ao encontro da ideia de consensualidade.

Em relação à indisponibilidade do interesse público, deve-se ter em mente que a gestão pública por meio de acordos não deve ser encarada como uma forma de "disposição" do interesse público. Como bem destacado por Bonacorsi de Palma:

> Restringir a celebração de acordos administrativos pela invocação da 'indisponibilidade do interesse público' mostra-se, assim, um descompasso, pois tanto os acordos administrativos podem ser uma forma de

---

22 BINENBOJM, Gustavo. *Op. cit.* p. 100.

23 *Idem*, p. 102.

atingimento do interesse público, quanto a indisponibilidade do interesse público carece de precisão material e previsão normativa.[24]

Na verdade, são os potenciais benefícios trazidos pela consensualidade, em comparação com a atuação unilateral e imperativa, que permitem atestar que os acordos administrativos são a solução ótima, no caso concreto. Não se dispõe, em suma, do interesse público, mas tão somente é feita uma avaliação da forma mais eficiente de atingí-lo, no caso, por meio da atuação administrativa consensual.

Deste modo, delimitado o conceito de atuação administrativa consensual, pressupostos e afastados os principais óbices que sempre foram apresentados pela teoria do direito administrativo para essa forma de agir da administração pública, torna-se necessário explanar alguns instrumentos de manifestação da consensualidade administrativa, com destaque para o compromisso previsto no art. 26, da Lei da Introdução às Normas do Direito Brasileiro.

4. AS DIVERSAS MANIFESTAÇÕES DE CONSENSUALIDADE ADMINISTRATIVA: O COMPROMISSO DO ART. 26, DA LINDB

A consensualidade administrativa e seus instrumentos de manifestação não são necessariamente uma novidade introduzida pela Constituição Federal de 1988, não obstante ela deva ser reconhecida como um marco de abertura da administração pública ao consenso e grande impulsionadora para o crescimento desse fenômeno, sobretudo nos últimos 10 (dez) a 15 (quinze) anos.

Muito antes da Constituição Cidadã já era possível identificar manifestações de consensualidade espalhadas na legislação que compõe o regime jurídico-administrativo. Talvez a primeira dessas manifestações tenha sido a chamada "desapropriação amigável", prevista

24 PALMA, Juliana Bonacorsi de. *Op. Cit.* p. 182.

no art. 10, do Decreto-Lei n.º 3.365/1941[25]. Perceba-se que, desde a década de 40 (quarenta) do século passado, já era possível que a administração pública efetivasse a desapropriação de bens por meio de acordo a ser firmado com particulares, sem qualquer socorro do Poder Judiciário[26].

Muitas outras manifestações da consensualidade podem ser citadas, a exemplo dos acordos de leniência, previstos na Lei 12.846/2013, negócio jurídico celebrado entre administração e pessoas jurídicas que tenham cometido atos lesivos à administração pública, por meio do qual, em troca de informações importantes para a apuração do complexo ilícito, o poder público se compromete a abrir mão, total ou parcialmente, de sua atividade administrativa sancionatória.

Em verdade, a consensualidade administrativa, consoante bem explanam Voronoff e Lima, é um fenômeno deveras heterogêneo. Ela transita desde a solução de conflitos judiciais e extrajudiciais, com utilização da mediação, conciliação e arbitragem, passando pelos termos de ajustamento de conduta, acordos substitutivos de sanções e acordos de leniência, até o diálogo nos processos administrativos que redundem em decisões administrativas unilaterais, com prévio manejo de instrumentos como consulta e audiência públicas[27].

Para os fins deste estudo, os esforços serão concentrados em importante mecanismo de consenso introduzido na legislação pátria, recentemente. Trata-se do compromisso previsto no art. 26, da Lei de Introdução às Normas do Direito Brasileiro, introduzido pela Lei 13.655/2018, preconizando o seguinte:

---

25 A desapropriação deverá efetivar-se mediante acordo ou intentar-se judicialmente, dentro de cinco anos, contados da data da expedição do respectivo decreto e findos os quais este caducará.

26 BARREIROS, Lorena Miranda Santos. ***Op. Cit.***, p. 53.

27 VORONOFF, Alice; LIMA, Carlos Henrique. *Cinco desafios para a consensualidade administrativa: Porque a via consensual ainda é tão difícil?* Disponível em: <http:// https://www.jota.info/opiniao-e-analise/colunas/tribuna-da-advocacia-publica/cinco-desafios-para-a-consensualidade-administrativa-19072019> Acesso em 12/11/2020.

> Art. 26. Para eliminar irregularidade, incerteza jurídica ou situação contenciosa na aplicação do direito público, inclusive no caso de expedição de licença, a autoridade administrativa poderá, após oitiva do órgão jurídico e, quando for o caso, após realização de consulta pública, e presentes razões de relevante interesse geral, celebrar compromisso com os interessados, observada a legislação aplicável, o qual só produzirá efeitos a partir de sua publicação oficial
>
> § 1º O compromisso referido no caput deste artigo:
>
> I – buscará solução jurídica proporcional, equânime, eficiente e compatível com os interesses gerais;
>
> II – (VETADO)
>
> III – não poderá conferir desoneração permanente de dever ou condicionamento de direito reconhecidos por orientação geral;
>
> IV – deverá prever com clareza as obrigações das partes, o prazo para seu cumprimento e as sanções aplicáveis em caso de descumprimento.

Este instrumento vem sendo denominado pela doutrina de "permissivo genérico à celebração de acordos pela Administração Pública"[28], de modo que qualquer órgão ou ente administrativo fica autorizado a celebrar compromisso, nos termos do mencionado dispositivo legal, não se fazendo mais necessária a edição de lei específica, decreto ou regulamentação interna.

O compromisso da LINDB rompe com mais um dos impeditivos que eram apresentados pela doutrina para a atuação administrativa consensual: a necessidade de lei expressa autorizando o ente público a celebrar acordos administrativos. Conquanto o Supremo Tribunal Federal já tenha enfrentado o tema em julgado que pode ser considerado *leading case* sobre a matéria[29], concluindo pela desnecessidade

[28] GUERRA, Sérgio; PALMA, Juliana Bonacorsi de. *Art. 26 da LINDB: Novo regime jurídico de negociação com a Administração Pública. In:* Revista de Direito Administrativo, Edição Especial – Direito Público na Lei de Introdução às Normas de Direito Brasileiro – LINDB, Rio de Janeiro: FGV, 2018, p. 146.

[29] (RE 253885, Relator(a): ELLEN GRACIE, Primeira Turma, julgado em 04/06/2002, DJ 21-06-2002 PP-00118 EMENT VOL-02074-04 PP-00796). No julgamento, determinado Município questionava a validade de transação celebrada pela edilidade com um grupo de servidores, sob o argumento da ofensa ao princípio da legalidade estrita, em virtude da ausência

de lei expressa, desde que comprovado, no caso concreto, que a opção administração pela via consensual foi a mais eficiente, o fato é que o debate sempre existiu, de maneira que o art. 26 da LINDB veio sepulta-lo de vez.

O compromisso da LINDB possui natureza jurídica de acordo administrativo, pressupondo "a negociação do exercício de determinada prerrogativa pública pelo poder público com o particular e a celebração por acordo de vontades no âmbito de um processo administrativo"[30]. Ele pode versar sobre qualquer prerrogativa pública (prerrogativa sancionatória, fiscalizatória, adjudicatória etc), de modo que não há objeto interditado pelo instrumento previsto no art. 26. O acordo, em suma, pode versar sobre qualquer assunto público, desde que endereçado a um dos problemas de legitimação do pacto - irregularidade, incerteza jurídica e situação contenciosa. Estas situações previstas no dispositivo legal podem ser agrupadas em duas dinâmicas de consensualidade: acordos substitutivos e acordos integrativos[31].

Os acordos substitutivos são negócios jurídicos que substituem o processo administrativo ou seu ato decisório final, comportando-se como uma opção à atuação administrativa imperativa. O pacto leva à extinção do processo administrativo, uma vez honradas suas obrigações[32].

Esses acordos são normalmente utilizados em duas situações, dentre aquelas previstas no art. 26, da LINDB. A primeira delas é a de irregularidade cometida pelo compromitente - quando seu comportamento/conduta está em desacordo com o ordenamento jurídico - e o pacto é celebrado justamente para eliminar essa irregularidade, prevendo inclusive as medidas para supera-la. A segunda

---

de previsão legal expressa a autorizar transações entre o ente municipal e seus servidores. A conclusão foi a de que a opção pelo modo de agir consensual foi a que melhor atendeu o interesse público, porque mais eficiente.

30 GUERRA, Sérgio; PALMA, Juliana Bonacorsi de. *Op. Cit.* p. 148.

31 *Idem*, p. 150.

32 BARREIROS, Lorena Miranda Santos. ***Op. Cit.***, p. 47.

situação de celebração do compromisso substitutivo é aquela que visa eliminar situação contenciosa envolvendo a Administração Pública, sendo a situação mais evidente os conflitos ocorridos em sede de contencioso administrativo na esfera tributária[33].

Por sua vez, os acordos integrativos são aqueles que possuem um caráter instrumental, representando uma espécie de ponte para o ato decisório unilateral final, de forma mais célere e consentânea com as circunstâncias do caso concreto. Ele não implica, por óbvio, em encerramento do processo administrativo, e acaba mesclando as duas formas de agir da administração pública: a consensual (quando da celebração do compromisso – acordo integrativo) e a imperativa (quando da prolação do ato decisório final no processo administrativo, após a celebração do acordo integrativo)[34].

Acordos integrativos são utilizados em situações de incerteza jurídica, as quais podem ser dirimidas justamente por meio do compromisso previsto no art. 26, da LINDB. Será firmado, então, um pacto cuja finalidade será o de extrair da autoridade pública um pronunciamento claro e concreto sobre o objeto da dúvida.

Como bem explanam Guerra e Bonacorsi de Palma, o poder público pode, ou não, ser a fonte da incerteza jurídica. Na primeira hipótese, podem ser citados como exemplos os "casos de demora para a tomada de decisão administrativa, a discrepância de entendimentos sobre a aplicação de uma determinada norma na repartição pública ou uma nova composição de colegiado ou de autoridade decisória". Mas há também um segundo cenário, em que o poder público não é fonte da incerteza, precisamente quando há "discrepância entre o tempo da inovação e o tempo da regulação" (uma nova tecnologia introduzida no mercado, ainda sem regulação, por exemplo) ou mesmo em razão de características institucionais de determinadas burocracias (por

33 GUERRA, Sérgio; PALMA, Juliana Bonacorsi de. *Op. Cit.* pp. 150/151.

34 BARREIROS, Lorena Miranda Santos. ***Op. Cit.***, p. 47.

exemplo, incapacidade institucional, politização por nomeações políticas, falta de recursos ou de pessoal etc)[35]. Nestas situações:

> O compromisso do art. 26 da LINDB visa contornar cenários de incerteza jurídica na aplicação das normas de direito público – qualquer que seja a sua origem, extensão e efeitos – por meio da negociação de alternativas que viabilizam o exercício da competência administrativa. Em termos práticos, no acordo são definidos os compromissos recíprocos para a edição do ato final: o interessado assume uma série de obrigações pactuadas bilateralmente e, se atendidos, o poder público compromete-se a convolar o compromisso em decisão final. O compromisso da LINDB para as situações de incerteza se comportaria como um acordo integrativo que, sem substituir o ato final, volta-se à integração do conteúdo discricionário do mesmo.[36]

Feitas estas considerações, passemos a enfrentar o problema central deste artigo.

5. A ATUAÇÃO ADMINISTRATIVA CONSENSUAL NA FORMAÇÃO DE PRECEDENTES ADMINISTRATIVOS: O COMPROMISSO DA LINDB, INCLUSIVE SOB A FORMA DE NEGÓCIO DE CERTIFICAÇÃO

Percorrido todo este caminho, já é possível estabelecer a relação entre precedentes administrativos e a atuação administrativa consensual. Em que medida a consensualidade administrativa pode participar do processo de formação de precedentes administrativos? Para resolver este problema e ilustrá-lo de forma mais didática faz-se necessário trabalhar o compromisso da LINDB sob as duas perspectivas abordadas no tópico anterior: acordos integrativos e acordos substitutivos.

No tocante aos acordos integrativos, um importante leque que se abre para atuação administrativa consensual é o dos contratos administrativos. Esses acordos, a depender da situação, podem originar

---

35 GUERRA, Sérgio; PALMA, Juliana Bonacorsi de. *Op. Cit.* pp. 152/153.

36 *Idem*, p. 153.

decisões administrativas que formam precedentes administrativos, os quais serão utilizados como verdadeiros padrões decisórios pela Administração Pública, em situações futuras e semelhantes.

Imagine-se a seguinte situação hipotética: as minutas padrão dos contratos administrativos de obras públicas de determinado ente federativo estão gerando grande incerteza jurídica, na medida em que as empresas do ramo da construção civil que mantém relações contratuais com o poder público não estão sabendo interpretar adequadamente o que são serviços de "menor relevância" ou de "natureza específica", por exemplo, para os fins do permissivo legal do art. 72[37], da Lei n.º 8666/93. Esta situação tem causado um cenário de enorme insegurança jurídica, inclusive gerando decisões unilaterais do ente público no sentido de rescindir contratos administrativos prévios, com fundamento no art. 78[38], VI, da Lei n.º 8666/93.

Nesta hipótese, de enorme insegurança jurídica no ramo da construção civil, é perfeitamente possível imaginar que o ente público celebre compromisso com o sindicato representativo dos interesses das empresas da construção civil, a fim de que as partes, por elas mesmas, cheguem a um consenso a respeito da melhor interpretação a ser conferida às cláusulas das minutas padrão dos contratos administrativos de obras públicas que versem sobre a subcontratação de parte da obra. O compromisso serviria para definir previamente, por exemplo, o que seriam serviços de "menor relevância" e em que condições estes serviços poderiam ser subcontratados, a depender do tipo de obra que esteja sendo implementada pelo poder público.

Perceba-se que o compromisso funciona como um acordo integrativo, servindo de parâmetro para a posterior decisão administrativa

---

37 "Art. 72. O contratado, na execução do contrato, sem prejuízo das responsabilidades contratuais e legais, poderá subcontratar partes da obra, serviço ou fornecimento, até o limite admitido, em cada caso, pela Administração."

38 "Art. 78. Constituem motivo para rescisão do contrato:
(...)
VI – a subcontratação total ou parcial do seu objeto, a associação do contratado com outrem, a cessão ou transferência, total ou parcial, bem como a fusão, cisão ou incorporação, não admitidas no edital e no contrato;"

no sentido de anuir com a subcontratação. Em outras palavras, uma vez presentes as hipóteses previamente definidas como serviço de "menor relevância" e preenchidas as condições estabelecidas no acordo prévio, a Administração Pública proferirá decisão anuindo com a subcontratação.

E dessa decisão administrativa que permite a subcontratação é possível extrair uma norma jurídica caracterizadora do precedente administrativo, no seguinte sentido: é permitida a subcontratação de serviços "x", uma vez cumpridas as condições "y", estabelecidas no compromisso celebrado entre o poder público e o sindicato representativo dos interesses das empresas da construção civil.

Esta norma jurídica extraída da decisão administrativa anterior, deferindo a subcontratação, servirá de padrão decisório para a Administração Pública para os casos futuros e semelhantes, devendo obrigatoriamente ser observada, em respeito à "exigência de coerência no exercício da atividade estatal", destacada no tópico 2 deste artigo.

Uma vez ilustrado este exemplo prático é possível afirmar que o compromisso da LINDB, quando atua no sentido de definir a interpretação adequada a ser conferida a determinada cláusula de contrato administrativo, funciona como um verdadeiro negócio de certificação.

O negócio ou convenção de certificação tem por objetivo eliminar um estado de incerteza oriundo de um outro ato ou negócio jurídico anterior. Ele visa, portanto, "dar certeza a situações jurídicas incertas"[39], definindo a melhor interpretação ou o sentido que deve ser extraído daquele ato ou negócio jurídico originário. De acordo com as lições de Cabral, em precioso artigo sobre o tema:

---

[39] CABRAL, Antônio do Passo. *Negócio de certificação (parte I): introdução, objeto e limites*. p. 19. Disponível em: <https://scholar.google.com.br/citations?user=sn8EsrAAAAAJ&hl=pt-BR&oi=ao> Acesso em 14/11/2020.

> A convenção de certificação é um negócio jurídico que geralmente se justifica como meio de enfrentar um estado de incerteza. Esta é a sua finalidade principal.
>
> (...)
>
> A finalidade básica do negócio de certificação é, portanto, responder à necessidade prática das partes de atribuir uma maior previsibilidade e certeza sobre os efeitos a serem extraídos dos contratos.
>
> Nesse contexto, à vista de uma incerteza jurídica a respeito da interpretação contratual, ao celebrar o negócio jurídico de certificação, o objetivo precípuo é que a exegese do contrato seja fixada pelas próprias partes, não por outrem, como o juiz ou o árbitro. É, por assim dizer, garantir que seja aplicada àquela relação jurídica uma 'interpretação autêntica'.[40]

Desta forma, no caso que ilustramos aqui, referente aos contratos administrativos (subcontratação de parte de obra pública), verifica-se que o compromisso da LINDB atua como negócio de certificação, que, por sua vez, origina uma decisão administrativa (anuindo com a subcontratação, caso honrados os termos do compromisso) que levará à formação de um precedente administrativo, a ser observado pelo poder público em casos futuros e semelhantes, em razão da "exigência de coerência no exercício da atividade estatal".

Mas não é somente no âmbito das situações de incerteza jurídica e dos acordos integrativos que o compromisso da LINDB estabelecerá uma importante relação com os precedentes administrativos. No âmbito dos acordos substitutivos – aqueles que substituem o processo administrativo ou seu ato decisório final, comportando-se como uma opção à atuação administrativa imperativa – é perfeitamente possível vislumbrar a formação de precedentes administrativos.

Imagine-se a hipótese de uma pessoa física ou jurídica que tenha sofrido penalidade (multa) por descumprimento de uma cláusula de contrato administrativo previamente firmado com o poder público. Esta multa não foi paga, razão pela qual foi inscrita em dívida ativa e sujeita a consequente processo de execução fiscal. O devedor da

---

40 CABRAL, Antônio do Passo. *Op. Cit.* pp. 20/21.

multa, por sua vez, procura uma Câmara de Resolução de Conflitos vinculada ao ente estatal, nos termos do art. 32[41], da Lei 13.140/2015, visando efetivar o pagamento do débito de forma parcelada, apesar de inexistir previsão legal expressa autorizando o parcelamento deste tipo de multa.

O ente público, neste caso, pode perfeitamente celebrar compromisso/acordo com o devedor da multa, visando eliminar a situação contenciosa e permitindo o parcelamento a partir de critérios objetivos previamente definidos pelas partes, avaliando que esta alternativa é mais eficiente (princípio da eficiência) para recuperação do crédito da Fazenda Pública em comparação com a tortuosa via da ação de execução fiscal.

Neste cenário, a norma jurídica extraída da decisão administrativa consensual pode ser lida da seguinte maneira: quando não houver previsão expressa em lei em sentido estrito, possibilitando o parcelamento de débitos de natureza não tributária já inscritos em dívida ativa e sujeitos a processo de execução fiscal, é possível a concessão de parcelamento do débito, com fundamento no princípio da eficiência, e observados critérios objetivos definidos entre as partes, quando se verificar que o parcelamento é a forma mais eficaz de recuperar o crédito da Fazenda Pública. Esta norma jurídica constitui precedente administrativo a ser observado em casos futuros e semelhantes pela Administração Pública[42].

Desta forma, fica patente que a atuação administrativa consensual contribui de forma mais democrática, em comparação com o

---

41 "Art. 32. A União, os Estados, o Distrito Federal e os Municípios poderão criar câmaras de prevenção e resolução administrativa de conflitos, no âmbito dos respectivos órgãos da Advocacia Pública, onde houver, com competência para:
I – dirimir conflitos entre órgãos e entidades da administração pública;
II – avaliar a admissibilidade dos pedidos de resolução de conflitos, por meio de composição, no caso de controvérsia entre particular e pessoa jurídica de direito público;
III – promover, quando couber, a celebração de termo de ajustamento de conduta."

42 Esta é uma prática que vem sendo reiteradamente utilizada no âmbito da Câmara de Prevenção e Resolução Administrativa de Conflitos da Procuradoria Geral do Estado de Alagoas, atualmente presidida pelo autor deste artigo.

modo de agir tradicional da Administração Pública, no processo de formação de um precedente administrativo.

6. CONCLUSÕES

Os caminhos percorridos neste artigo convergiram para a resposta afirmativa à indagação formulada no seu início. Um precedente administrativo pode resultar, entre outros aspectos, de uma atuação administrativa consensual?

Entende-se que sim e a hipótese aqui trabalhada toma ainda mais relevo em virtude das recentes alterações ocorridas na Lei de Introdução às Normas do Direito Brasileiro – LINDB, por meio da Lei n.º 13.655/2018. A novel legislação introduziu importante mecanismo de consenso na Administração Pública, o chamado "permissivo genérico à celebração de acordos pela Administração Pública", previsto no art. 26, da LINDB, o qual, como restou exposto, equipara-se, em determinadas situações, notadamente envolvendo a interpretação de cláusulas de contratos administrativos, aos denominados negócios jurídicos de certificação, representando um interessante instrumento no processo de formação de precedentes administrativos.

7. REFERÊNCIAS BIBLIOGRÁFICAS

ÁVILA, Humberto. *Teoria dos Princípios: da definição à aplicação dos princípios jurídicos*. 15.ª ed. São Paulo: Malheiros, 2014.

BARREIROS, Lorena Miranda Santos. *Convenções Processuais e Poder Público*. Salvador: Juspodivm, 2016.

BINENBOJM, Gustavo. *Uma Teoria do Direito Administrativo*. 3ªed. Rio de Janeiro: Renovar, 2014.

CABRAL, Antônio do Passo. *Negócio de certificaçao (parte I): introdução, objeto e limites*. Disponível em: <https://scholar.google.com.br/citations?user=sn8EsrAAAAAJ&hl=pt-BR&oi=ao>.

CARVALHO, Gustavo Marinho de. *Precedentes Administrativos no Direito Brasileiro*. São Paulo: Editora Contracorrente, 2016. Edição Kindle.

FARIA, Luzardo. *O art. 26 da LINDB e a legalidade dos acordos firmados pela Administração Pública: uma análise a partir do princípio da indisponibilidade do interesse público. In*: VALIATI, Thiago Priess; HUNGARO, Luis Alberto;

CASTELLA, Gabriel Morettini e (COORD.). *A lei de introdução e o direito administrativo brasileiro.* Rio de Janeiro: Lumen Juris, 2019.

GUERRA, Sérgio; PALMA, Juliana Bonacorsi de. *Art. 26 da LINDB: Novo regime jurídico de negociação com a Administração Pública. In: Revista de Direito Administrativo, Edição Especial - Direito Público na Lei de Introdução às Normas de Direito Brasileiro - LINDB.* Rio de Janeiro: FGV, 2018.

HACHEM, Daniel Wunder. *Princípio Constitucional da Supremacia do Interesse Público.* Belo Horizonte: Fórum, 2011.

MELLO, Celso Antônio Bandeira de. *Curso de Direito Administrativo.* 33ª ed. São Paulo: Malheiros, 2016.

OLIVEIRA, Rafael Carvalho Rezende. *Precedentes no Direito Administrativo.* Rio de Janeiro: Forense, 2018.

PALMA, Juliana Bonacorsi de. *Sanção e Acordo na Administração Pública.* São Paulo: Malheiros, 2015.

VORONOFF, Alice; LIMA, Carlos Henrique. *Cinco desafios para a consensualidade administrativa: Porque a via consensual ainda é tão difícil?* Disponível em: <http:// https://www.jota.info/opiniao-e-analise/colunas/tribuna-da-advocacia-publica/cinco-desafios-para-a-consensualidade-administrativa-19072019>.

CAPÍTULO 2

PRECEDENTES ADMINISTRATIVOS E A SEGURANÇA JURÍDICA NA AVALIAÇÃO DE DESEMPENHO NO ESTÁGIO PROBATÓRIO

Felipe Gonçalves Fernandes[1]

Rodolfo Breciani Penna[2]

1. INTRODUÇÃO

O estágio probatório é requisito essencial para que o cidadão aprovado em concurso público, nomeado, empossado e em exercício após determinado lapso temporal, na condição de servidor público ocupante de cargo efetivo, se veja atendido pela prerrogativa da estabilidade.

---

1 Procurador do Estado de São Paulo. Graduado em Direito pela Universidade Federal do Ceará – UFC; Especialista em Direito do Estado pela Escola Superior da Procuradoria Geral do Estado de São Paulo; Mestre e Doutorando em Direito Administrativo pela Pontifícia Universidade Católica de São Paulo – PUC/SP.

2 Procurador do Estado de São Paulo. Graduado em Direito pela Universidade de Vila Velha.

Esse instituto, previsto desde a concepção originária da Constituição da República de 1988, sofreu significativa alteração em razão de disposições da Emenda Constitucional nº 19/1998, a qual introduziu a chamada avaliação de desempenho como um requisito a mais para a aquisição da estabilidade.

Desde o início, essa inovação foi interpretada como corolário do princípio da eficiência, de modo que em nada se relacionaria com o regime disciplinar. No entanto, a partir de uma ótica sistemática do instituto, combinada com os pilares normativo-axiológicos que alicerçam o programa originário estabelecido pelo constituinte de 1988, buscamos neste artigo trazer enfoque diverso sobre o tema, o qual, segundo entendemos, vai ao encontro dos ditames necessários à concepção de uma boa Administração.

2. SERVIDORES PÚBLICOS: PREMISSAS E FUNDAMENTOS

Conforme adiantado, no presente artigo trataremos de um dos requisitos para a aquisição da estabilidade por uma das espécies do gênero "agente público", conforme consagrado na Constituição da República de 1988. Para tanto, é necessário fazer de início um breve corte metodológico, a fim de estabelecer de qual categoria se trata.

Dito isso, esclarecemos que, sob a alcunha acima citada, albergam-se, segundo a doutrina, diversas espécies. Para destrinchar essa categoria, nos valemos da classificação do professor Celso Antônio Bandeira de Mello[3], que aperfeiçoou aquela já realizada anteriormente por Oswaldo Aranha Bandeira de Mello, para estabelecer que, segundo previsto na Seção II do Capítulo VII da Constituição da República, agente público é um gênero que se subdivide em quatros espécies: a) agentes políticos, pessoas em geral com vínculo transitório e exercentes de mandato, titulares

3 BANDEIRA DE MELLO, Celso Antônio. *Curso de Direito Administrativo*. 31 ed. São Paulo, Malheiros, 2014.

de "cargos estruturais à organização política do país"[4]; b) agentes honoríficos, uma classe intermediária entre os agentes públicos e os profissionais da Administração, exercem *munus* público e são, por exemplo, designados para a integração de câmaras técnicas ou conselhos; c) servidores estatais, pessoas ligadas por vínculo profissional à Administração Pública, os quais podem exercer suas atividades em pessoas jurídicas estatais de direito privado ou no seio da Administração Direta, os quais se subdividem entre os servidores ocupantes de cargo efetivo e os empregados públicos (profissionais contratados sob o regime da Consolidação das Leis do Trabalho); d) particulares em colaboração, pessoas que exercem função pública de maneira episódica, mas que não perdem, todavia, sua natureza de particulares.

Estabelecida a classificação acima, esclarecemos que, dado o escopo restrito da presente pesquisa, trataremos apenas do regime jurídico dos servidores públicos ocupantes de cargo efetivo, conforme segue. Esses agentes são particulares que ingressam no seio da Administração Pública por meio de por concurso público, na forma da lei, possuem estatuto próprio (por isso são designados comumente *servidores estatutários*), ocupam cargos públicos[5], e possuem uma série de garantias e restrições, que são justificadas pelo plano originário estabelecido na Constituição da República de 1988. Possuem vínculo profissional com a Administração Pública, sendo que não firmam contratos com o ente que lhes remunera, mas atos-condição[6], ou seja, atos que, uma vez realizados, fazem incidir sobre o indivíduo um

4 BANDEIRA DE MELLO, Celso Antônio. *Curso de Direito Administrativo*. 31 ed. São Paulo, Malheiros, 2014, p. 251.

5 Pedimos vênia para citar novamente a lição do professor Celso Antônio Bandeira De Mello: "Cargos são as mais simples e indivisíveis unidades de competência a serem expressadas por um agente, previstas em número certo, com denominação própria, retribuídas por pessoas jurídicas de Direito Público e *criadas por lei*, salvo quando concernentes aos serviços auxiliares do Legislativo, caso em que se criam, por resolução, da Câmara ou do Senado, conforme se trate de serviços de uma ou de outra destas Casas". (BANDEIRA DE MELLO, Celso Antônio. *Curso de Direito Administrativo*. 31 ed. São Paulo, Malheiros, 2014, p. 259)

6 DUGUIT, Leon. *Traité de droit constitutionnel*, tt. 1er. Paris: Ancienne Librairie Fontemoing & Cie., 1927 (t. 1er), 3ª ed. *apud*. ALMEIDA, Fernando Dias Menezes de. *Contrato administrativo*. São Paulo: Quartier Latin, 2012, p. 85-86.

regime jurídico anteriormente ineficaz para ele individualmente considerado. Esse seria o seu caráter objetivo, complementado por uma faceta subjetiva, consubstanciada na anuência do indivíduo sobre a qual passará a incidir aquele conjunto de normas. Sendo assim, vemos que não há uma discussão de cláusulas, de sorte que o arcabouço normativo incidente é uma expressão do próprio Ordenamento Jurídico a que aquele cidadão pertence.

Com efeito, a partir da incidência do regime jurídico correspondente, os servidores públicos estão sujeitos ao exercício da função pública, nos termos estabelecidos pela Constituição Federal, o que deve ser sempre pautado pelo interesse público, interesse representado pela "dimensão pública dos interesses individuais, ou seja, dos interesses de cada indivíduo enquanto partícipe da Sociedade (entificada juridicamente no Estado), nisto se abrigando também o depósito intertemporal destes mesmos interesses"[7], jamais interesses privados próprios ou de determinados grupos. Neste sentido, é possível dizer que o regime estatutário representa uma garantia aos próprios cidadãos, haja vista que, uma vez mantido o norte do plano constitucional (a busca pelo interesse público), os efeitos daquela atuação reverterão necessariamente (de forma direta ou indireta) em benefício da coletividade.

É bom lembrar que, quem exerce função, age em nome e em benefício de outrem, de modo que, a depender do caso, até pode se valer de algumas prerrogativas, mas sempre exclusivamente para a satisfação dos interesses daqueles em nome de quem se age em benefício. Neste sentido, quem ocupa cargo público, exerce função pública, agindo, portanto, em benefício da sociedade, de modo que as prerrogativas a que faz jus se prestam única e exclusivamente à satisfação dos interesses da própria sociedade[8]. Dessa maneira, o plexo

---

[7] BANDEIRA DE MELLO, Celso Antônio. *Curso de Direito Administrativo*. 31 ed. São Paulo, Malheiros, 2014, p. 60-61.

[8] Trata-se da lição do professor Celso Antônio Bandeira de Mello: "Quem exerce 'função administrativa' está adscrito a satisfazer interesses públicos, ou seja, interesses de outrem: a coletividade. Por isso, o uso das prerrogativas da Administração é legítimo se, quando e na medida indispensável ao atendimento dos interesses públicos; vale dizer, do povo, por-

de garantias atribuídas ao servidor deve ser verificado, em verdade, como garantias em benefício dos cidadãos, a fim de que os interesses tutelados por aquele servidor (os interesses do próprio cidadão) sejam alcançados.

É por essa razão que não ingressam na Administração Pública, na condição de servidores, as pessoas que mais apetecem aos governantes do momento, mas aquelas aprovadas em seleção prévia, o concurso público, "de cunho democrático e de perfil moralizador, instrumento imprescindível para a seleção de profissionais à altura do mister público"[9]. Trata-se de obrigação advinda do próprio texto constitucional, o qual estabelece, no inciso II do artigo 37 que a investidura em cargo ou emprego público depende de aprovação prévia em concurso público de provas ou de provas e títulos, de acordo com a natureza e a complexidade do cargo ou emprego, na forma prevista em lei, ressalvadas as nomeações para cargo em comissão declarado em lei de livre nomeação e exoneração. Ou seja, salvo as exceções trazidas no próprio texto constitucional, sempre que Administração Pública deseje trazer novos integrantes aos seus quadros, deverá realizar processo seletivo que busque, de acordo com critérios previamente estabelecidos na lei e no próprio edital, a seleção de cidadãos qualificados, de acordo com as necessidades do respectivo cargo.

Trata-se de dupla garantia ao cidadão, ou seja, por um lado se garante que os selecionados serão aqueles que demonstrarem melhores qualidades e assim, em tese, estarão mais aptos a exercer o trabalho de forma mais eficiente, vez que "no seio dos procedimentos

quanto nos Estados Democráticos o poder emana do povo e em seu proveito terá de ser exercido. Tendo em vista este caráter de assujeitamento do poder uma finalidade instituída no interesse de todos – e não da pessoa exercente do poder –, as prerrogativas da Administração não devem ser vistas ou denominadas como 'poderes' ou como 'deveres-poderes', pois nisto se ressalta sua índole própria e se atrai atenção para o aspecto subordinado do poder em relação ao dever, sobressaindo, então, o aspecto finalístico que as informa, do que decorrerão suas inerentes limitações" (BANDEIRA DE MELLO, Celso Antônio. *Curso de direito administrativo*. 31. ed. São Paulo: Malheiros, 2014, p. 72-73).

9 MAIA, Márcio Barbosa; QUEIROZ, Ronaldo Pinheiro de. *O regime jurídico do concurso público e seu controle jurisdicional*. São Paulo: Saraiva, 2007, p. 1.

concorrenciais, a competitividade é um dos caminhos que levam à seletividade, pois a experiência demonstra que a competição proporciona e estimula uma escolha mais eficaz e eficiente"[10]. Por outro lado, garante-se que os ingressantes na Administração Pública serão selecionados com base em critérios objetivos, e não por suas relações pessoais com os detentores do poder. Isso certamente é uma garantia de impessoalidade no trato do servidor para com a coisa pública, de modo que esses agentes possam atuar como fiscalizadores daqueles que eventualmente ocupem os cargos eletivos ou de livre nomeação.

Importante notar que o raciocínio acima se replica a todas as outras garantias estabelecidas em benefício dos servidores públicos no Texto Maior, sorte que essas se relacionam com os princípios basilares da Administração Pública e do Estado de Direito, sempre de modo a fortalecendo-os e enaltecendo-os. Dessarte, é possível afirmar que todas as prerrogativas funcionais estabelecidas pelo constituinte de 1988 se prestam ao mesmo fim: imunizar os servidores públicos a interesses diversos daqueles que têm por missão institucional perseguir, o interesse público. É por essa razão que a doutrina afirma que, se as imunidades parlamentares são garantias para o bom exercício da função legislativa e os predicamentos da magistratura são garantias para o bom exercício da função judicante, as prerrogativas dos servidores públicos visam a salvaguardar o bom exercício da função administrativa[11]. Assim, se a Constituição da República estabeleceu um sistema tripartido de poderes, independentes e harmônicos, também garantiu a cada uma de suas funções prerrogativas análogas, com as especificidades que cada um merece. Importante apenas ressalvar que essas formas de garantias não são estanques, exclusivas de cada Poder, visto que, por exemplo, no seio do poder legislativo existem servidores com as garantias típicas de servidores públicos, diversas da

---

[10] MAIA, Márcio Barbosa; QUEIROZ, Ronaldo Pinheiro de. *O regime jurídico do concurso público e seu controle jurisdicional*. São Paulo: Saraiva, 2007, p. 32.

[11] BANDEIRA DE MELLO, Celso Antônio. Servidores públicos: aspectos constitucionais", Estudos de Direito Público – Revista da Associação dos Advogados da Prefeitura do Município de São Paulo 8/84.

imunidade parlamentar, visto que o objetivo de resguarde é a função exercida, e não propriamente o local da organização administrativa onde ela o é.

2.1. A estabilidade como prerrogativa

A temática do presente artigo se entrelaça com prerrogativa da estabilidade, justamente por ser o estágio probatório um pressuposto a sua aquisição. Dessa maneira, passemos à análise.

Segundo Maria Sylvia Zanella Di Pietro, o fundamento da estabilidade é "garantir que o exercício da função pública se faça em consonância com os princípios a que se submete a Administração Pública, voltados ao cumprimento da lei e do Direito"[12]. Como consequência, é possível falar no princípio da estabilidade, o qual é enunciado por Ricardo Marcondes Martins no sentido de que "o profissional da administração, regra geral, só pode ter seu vínculo rescindido contra sua vontade se violar os deveres funcionais e incidir em falta grave"[13]. Neste sentido, acrescentamos que a estabilidade é garantia estabelecida em benefício do cumprimento das leis e do Direito[14], de modo que não pode o servidor, cujo cargo ocupado seja dotado dessa garantia, venha a ser desligado involuntariamente do serviço público, sendo pressuposto para isso a grave violação de seus deveres funcionais.

---

12 DI PIETRO, Maria Sylvia Zanella. Estabilidade do Servidor Público. *In*: DI Pietro, Maria Sylvia Zanella; MOTTA, Fabrício, FERRAZ, Luciano de Araújo. *Servidores Públicos na Constituição Federal.* 3 ed. São Paulo: Atlas, 2015, p. 155.

13 MARTINS, Ricardo Marcondes. Estágio probatório e avaliação de desempenho. *Revista Brasileira de Estudos da Função Pública – RBEFP*, Belo Horizonte, ano 5, n. 13, jan./abr. 2016. Disponível em: <http://www.bidforum.com.br/bid/PDI0006.aspx?pdiCntd=240271>. Acesso em: 17 set. 2020.

14 Valiosa a lição de Juarez Freitas: "Ao fim e ao cabo, a estabilidade representa uma contrapartida para as sérias restrições e desvantagens trazidas pela relação não contratual. Em apoio dessas assertivas, os administradores que exercem funções típicas e finalísticas de Estado (funções essenciais), além de terem a garantia de acesso impessoal do concurso público, merecem a proteção adicional de anteparos formais e substanciais contra voluntarismos residuais do coronelismo mandonista e enxugamentos lineares e destituídos de motivação razoável. Não aceitar o patrimonialismo no uso do poder é outro pressuposto da autêntica discricionariedade administrativa". (FREITAS, Juarez. *Direito fundamental à boa Administração Pública.* 3. ed. São Paulo: Malheiros, 2014, p. 142-143)

Referida prerrogativa encontra previsão no artigo 41 da Constituição Federal, o qual estabelece que os servidores públicos, aprovados em concurso público, investidos no cargos para os quais se candidataram, após três anos[15] de efetivo exercício somente poderão perder o cargo ocupado em virtude de: a) sentença judicial transitada em julgado; b) processo administrativo, garantida a ampla defesa; c) avaliação periódica de desempenho, na forma de lei complementar; d) descumprimento dos limites de gasto com pessoal estabelecido no art. 169 da Constituição da República.

As duas primeiras hipóteses dizem respeito a previsões do texto original da Constituição. Dessa sorte, os servidores estáveis apenas poderão ser demitidos do serviço público após o regular processamento, respeitado o devido processo legal e demais garantias próprias do Estado de Direito. Esse processo poderá se dar pela via judicial, tal como ocorre, por exemplo, nos casos sujeitos a apenamento com base na Lei nº 8.429/98, a chamada Lei de Improbidade Administrativa, que prevê entre as penas possíveis, em seu Capítulo III, a perda da função pública. No mesmo sentido, é possível a perda da função por meio de processo administrativo disciplinar, expediente que, não obstante se dê na via administrativa, deverá respeitar todos os pressupostos do *jus puniendi* estatal, aproximando-se, assim, do regime do direito penal, haja vista a afinidade ontológica entre a ilicitude penal e a disciplinar.

Como já adrede pontuado, as duas últimas formas de perda de cargo não estavam previstas originariamente na Constituição (foram introduzidas pela Emenda Constitucional nº 19/98) e possuem duvidosa constitucionalidade, sendo que, quanto à chamada avaliação de desempenho, poderão ser utilizadas as considerações formuladas no próximo tópico, enquanto, no que se refere ao excesso de limite de gastos com pessoal, limitamo-nos a registrar, devido ao foco do presente artigo, que se trata de hipótese em que o constituinte reformador autorizou os administradores a, uma vez não cumpridos os

15 Ressalvamos que esse prazo de três anos se deu em razão de reforma constitucional, sendo originariamente previsto o prazo de dois anos.

limites de gastos com pessoal, exonerar gradativamente servidores pertencentes a determinadas categorias até que se chegue aos estáveis[16], que poderão perder seus cargos devido ao desplante realizado nas contas públicas.

Ocorre que, para a aquisição da estabilidade, precisa o servidor passar pelo chamado estágio probatório, período em que será avaliado, a fim de que seja verificada sua aptidão para o exercício do *múnus* público. Para esse tema, reservamos o próximo tópico.

2.2 A aquisição da estabilidade e a reforma constitucional

Segundo o professor José dos Santos Carvalho Filho, estágio probatório é "o período dentro do qual o servidor é aferido quanto aos requisitos necessários para o desempenho do cargo, relativos ao interesse no serviço, adequação, disciplina, assiduidade e outros do mesmo gênero"[17]. Neste sentido, conforme adiantamos, o estágio probatório, na atual redação da Constituição, corresponde ao período de três anos em que o servidor aprovado em concurso público que foi nomeado, empossado e entrou em exercício, é analisado, a fim de que seja verificada sua capacidade para o exercício das funções. Segundo Maria Sylvia Zanella Di Pietro, nesse lapso temporal é necessário

[16] É o que estabelecem os parágrafos 3ºe 4º do artigo 169 reformado da Constituição:
Art. 169. A despesa com pessoal ativo e inativo da União, dos Estados, do Distrito Federal e dos Municípios não poderá exceder os limites estabelecidos em lei complementar.
(...)
§ 3º Para o cumprimento dos limites estabelecidos com base neste artigo, durante o prazo fixado na lei complementar referida no caput, a União, os Estados, o Distrito Federal e os Municípios adotarão as seguintes providências:
I – redução em pelo menos vinte por cento das despesas com cargos em comissão e funções de confiança;
II – exoneração dos servidores não estáveis.
§ 4º Se as medidas adotadas com base no parágrafo anterior não forem suficientes para assegurar o cumprimento da determinação da lei complementar referida neste artigo, o servidor estável poderá perder o cargo, desde que ato normativo motivado de cada um dos Poderes especifique a atividade funcional, o órgão ou unidade administrativa objeto da redução de pessoal.

[17] CARVALHO FILHO, José dos Santos. *Manual de direito administrativo*. 24. ed. Rio de Janeiro: Lumen Juris, 2011, p. 612.

"apurar se o servidor apresenta condições para o exercício do cargo, referentes à assiduidade, disciplina, eficiência e outros requisitos para o exercício do cargo"[18].

Sobre esse tema, é importante salientar de início que a matéria, na forma como fixada hoje, foi fruto de alteração promovida pelo constituinte reformador, que modificou o texto do *caput* do art. 41 do Texto Maior, o qual previa inicialmente apenas que eram estáveis, após dois anos de efetivo exercício, os servidores nomeados em virtude de concurso público. Referida alteração gera até hoje alguma polêmica.

Primeiramente, registramos que a Emenda Constitucional nº 19/98 alterou referido artigo para estabelecer que apenas os servidores ocupantes de cargo efetivo fariam jus à estabilidade, de modo que essa prerrogativa foi retirada dos chamados empregados públicos (espécie do subgênero servidor público, como visto acima) e, dentre outras alterações, acrescentar o parágrafo quarto, que estipula como condição obrigatória para a aquisição da estabilidade a avaliação especial de desempenho por comissão instituída para essa finalidade.

Sobre essa alteração, pontuamos que até hoje ela causa alguma celeuma no Judiciário Trabalhista, principalmente em virtude da redação da Súmula nº. 390 do Tribunal Superior do Trabalho (até hoje inalterada), segundo a qual "o servidor público celetista da administração direta, autárquica ou fundacional é beneficiário da estabilidade prevista no art. 41 da CF/1988". É importante notar que essa composição linguística se referia à redação originária do artigo 41, mas que, devido a sua manutenção, levou a algum ruído nesse cenário, por considerarem alguns que os empregados públicos da Administração Direta, autárquica e fundacional fariam jus à prerrogativa da estabilidade. No entanto, em data posterior à edição da EC 19/98, o

18 DI PIETRO, Maria Sylvia Zanella. Estabilidade do Servidor Público. *In*: DI Pietro, Maria Sylvia Zanella; MOTTA, Fabrício, FERRAZ, Luciano de Araújo. *Servidores Públicos na Constituição Federal*. 3 ed. São Paulo: Atlas, p. 159-160.

Supremo Tribunal Federal[19] teve a oportunidade de se pronunciar sobre o tema, de modo que se manifestou para estabelecer que, em relação aos empregados públicos, o ato de dispensa deveria ser motivado, mas isso não significa que esses façam jus à estabilidade prevista no artigo 41, esta prevista a partir da reforma, salvo casos excepcionais estabelecidos no próprio texto constitucional, apenas aos servidores estatutários. No entanto, a fim de compatibilizar a nova redaçao com o regime originariamente estabelecido, decidiu a Suprema Corte que os empregados públicos lotados junto a pessoas jurídicas de direito público, ingressantes por meio de concurso público entre a promulgação da Constituição Federal de 1988 e a EC 19/98 (e apenas esses) fariam jus à estabilidade. Por derradeiro, no que tange ao dever de motivar a dispensa de empregados de empresas estatais (pessoas jurídicas de direito privado), o Supremo Tribunal Federal reconheceu que eles não possuem estabilidade e restringiu esse dever aos Correios, mas não excluiu conceitualmente o mandamento das outras estatais, pronunciando-se apenas em relação àquela, pois ela era a parte no caso julgado. Desse modo, devemos aguardar os desdobramentos em relação às demais.

Feito esse parêntese, lembramos que ponto nodal de nossa discussão se refere à previsão da chamada "avaliação especial de desempenho" como requisito para a aquisição da estabilidade dos servidores ocupantes de cargo efetivo. Lembramos que o texto originário não trazia esse requisito, bastando que o agente completasse dois anos no cargo para que se tornasse estável. Sobre essa redação suscitamos a dúvida: quais são os critérios que devem permear essa avaliação? A doutrina sempre fala em requisitos como assiduidade, respeito à hierarquia, empenho no cumprimento das funções, dentre outros deveres, mas são essas expressões deveras genéricas quando projetadas no mundo dos fatos, de maneira que, segundo consideramos, os parâmetros por elas comportados representam um problema que merece

19 BRASIL. Supremo Tribunal Federal. Recurso Extraordinário n. 589998 PI. Recorrente: Empresa Brasileira de Correios e Telégrafos – ECT. Recorrido: Humberto Pereira Rodrigues. Relator: Min. Luís Roberto Barroso. Brasília, 20 de março de 2013. Disponível em <http://www.stf.jus.br/portal/processo/verProcessoAndamento.asp?numero=589998&classe=RE&origem=AP&recurso=0&tipoJulgamento=M>. Acesso em: 20 set. 2020.

ser enfrentado, haja vista a sua potencialidade lesiva no dia-a-dia da Administração e do Direito. Diante disso, propomos a seguir uma análise conforme do instituto, amparada pela teoria dos precedentes administrativos.

3. ARCABOUÇO AXIOLÓGICO DA CONSTITUIÇÃO DA REPÚBLICA E CONTRAFAÇÕES

Não é novidade para qualquer cidadão que o Brasil é um país onde grassa a corrupção. Diversos são os escândalos que permeiam o noticiário nacional, trazendo sensação de verdadeiro desalento para os administrados. Trata-se de fenômeno antigo, em relação ao qual já houve uma série de tentativas de enfrentamento, sob diversos prismas.

Uma dessas tentativas (pelo menos esse foi um dos argumentos utilizados à época) foi a chamada reforma administrativa[20], uma série de medidas de inspiração neoliberal que prometeu, com argumentos extrajurídicos, revolucionar a Administração Pública sob a inspiração dos cânones declaradamente virtuosos da iniciativa privada. Desse modo, a proposta traria tanto uma Administração mais eficiente quanto mais proba. A chamada avaliação de desempenho foi introduzida nesse contexto.

Ocorre que nem sempre as medidas tomadas possuem o alcance desejado, haja vista que o sistema da Administração possui suas próprias entrâncias e reentrâncias, muitas vezes desconhecidas por quem

20 Sobre a Reforma administrativa, abrimos breve parêntese para elucidação por meio das palavras do professor Silvio Luís Ferreira da Rocha: "A Reforma do Estado, iniciada pelo Governo Collor e levada adiante no Governo Fernando Henrique, foi marcada por fortes traços do Neoliberalismo, que recorre à desestatização, à privatização e à desregulamentação para reduzir sensivelmente a participação do Estado na atividade econômica e, sobretudo, na prestação de serviços públicos. Os argumentos que justificam essa redefinição das atividades do Estado são financeiros, jurídicos e políticos e partem da premissa – não comprovada por qualquer experiência histórica recente – de que haverá, ao final do processo, uma melhoria da capacidade do Estado de atender às demandas sociais" (ROCHA, Silvio Luís Ferreira da. *Terceiro setor*. São Paulo: Malheiros, 2003, p. 32-33).

dela não faz parte ou não realiza uma investigação juridicamente adequada sobre o tema.

Neste sentido, destacamos que, conforme já adiantado, a Constituição da República de 1988 estabeleceu um programa originário no qual as garantias dos servidores públicos são, de fato, garantias dos cidadãos, de modo que preservá-las é preservar um pilar do Estado Democrático de Direito, o qual só se justifica axiologicamente pela busca dos interesses dos cidadãos que significam a sua existência. O Estado não é uma máquina que existe em benefício próprio; também não é uma máquina que existe em benefício dos detentores do poder, os quais apenas ocupam um cargo momentaneamente sob a condição de perseguirem o interesse público, de modo que, caso isso não façam, incorrerão em faltas que, a depender da gravidade, poderão até mesmo justificar a sua destituição.

Dessarte, fazendo uma conexão dos parágrafos imediatamente anteriores com as considerações acerca da avaliação de desempenho como requisito para a aquisição da estabilidade afirmamos: se os ocupantes de cargos públicos (inclusive os integrantes da comissão que realizará a avaliação) apenas podem buscar o interesse público, é claro que os parâmetros da avaliação de desempenho serão unicamente aqueles permeados pelo interesse público. Até esse ponto se trata de uma afirmação fácil. A dificuldade, todavia, reside nos detalhes: como fixar qual é esse interesse? A argumentação pode se dar no sentido de que a comissão, de maneira virtuosa, fixará esses critérios e avaliará os candidatos à confirmação de maneira imparcial. Mas como garantir isso? É importante lembrar que o Direito não pode "desprezar a natureza humana"[21], de maneira que os mecanismos de

[21] Trata-se de paráfrase do professor Ricardo Marcondes Martins, que ensina: "Para compreender a relação entre os direitos básicos do regime estatutário e o Estado de Direito deve-se atentar para o seguinte: há como impedir ou ao menos minimizar a influência do poder político sobre o exercício da função administrativa? Basta pensar: de nada adianta impor a alguém o dever de apenas aplicar o direito posto, cumprir o Direito, globalmente considerado, e deixá-lo livre para obstar esse cumprimento. Se todo o corpo de agentes administrativos estivesse à mercê dos governantes, toda a concepção de Estado de Direito ruiria, a diretriz de que a atuação estatal deva ser sempre o cumprimento de uma função pública tornar-se-ia mera teoria vazia, retórica inútil. O Direito não despreza a natureza

controle devem ser fixados como algo que não dependa unicamente da virtuose do administrador, mas que, ao contrário, proteja o sistema de seus vícios.

É importante lembrar que o contexto no qual foi inserido o dispositivo sob apreço se inspirou nos processos próprios da iniciativa privada, sob o entusiasmo do chamado princípio da eficiência, de modo que, supôs-se, o administrador agiria tal qual o dono de um estabelecimento comercial, demitindo aquele funcionário que não atingiu um desempenho satisfatório e isso, por si só, qualificaria a atuação administrativa. Neste sentido, o administrador teria a possibilidade de exonerar aquele servidor que não atingiu os patamares mínimos segundo os seus critérios. No entanto, a lógica dos dois sistemas (público e privado) é completamente distinta: enquanto o dono de um negócio cuida dos próprios interesses e pode até mesmo adotar a pior opção para si, haja vista que possui liberdade, o administrador público tutela interesse de outrem, ou seja, exerce função, de modo que não está autorizado a adotar a medida que lhe convenha, mas aquela que melhor atenda ao interesse público[22].

Desse modo, convidamos o leitor para um exercício de imaginação: suponhamos que em determinada Administração se instale um grupo político que, por anos a fio, pratica atos de corrupção exacerbada, sendo que, em determinado momento, publica edital de concurso público, admitindo novos servidores e, dentre esses, alguns

---

humana. Por isso, é inerente ao Estado de Direito o princípio da responsabilidade do Estado, o princípio do controle judicial e, pois, o princípio da manutenção das prerrogativas necessárias à imunização da função administrativa a influência política". (MARTINS, Ricardo Marcondes. Regime estatutário e estado de direito. *Revista Trimestral de Direito Público – RTDP*, Belo Horizonte, n. 55, 2013. Disponível em: <http://www.bidforum.com.br/PDI0006.aspx?pdiCntd=120629>. Acesso em: 18 set. 2020.)

22 Neste sentido, basilar a lição de Celso Antônio Bandeira de Mello: "Este, de resto, é justamente o traço fundamental na identificação da antítese entre o direito privado e o direito público. Naquele, como o dissemos já na Introdução deste *Curso*, rege a autonomia da vontade, de sorte que o sujeito elege os fins que almeje atingir, prossegue-os, se o desejar, e vale-se dos meios que, para tanto escolha, bastando que não sejam uns e outros vedados pelo Direito, ao passo que no direito público a lei preestabelece os fins, os meios e impõe a obrigação de alcançá-los". (BANDEIRA DE MELLO, Celso Antônio. *Curso de Direito Administrativo*. 31 ed. São Paulo, Malheiros, 2014, p. 74-75)

resolvem denunciar essa corrupção a seus superiores ou mesmo a outras instituições competentes, como o Ministério Público, por meio de ofício. Outros entendem que, como ainda não adquiriram estabilidade, a posição mais prudente é não tomar qualquer medida até que o momento chegue. Passados três anos, poderá a comissão responsável pela avaliação de desempenho ter ampla discricionariedade para decidir quais servidores serão confirmados na carreira e quais não? Caso os critérios sejam bastante vagos, ela poderá simplesmente alegar que determinado candidato (no exemplo, aquele que procurou exercer o seu mister) não atendeu aos requisitos de eficiência, ao passo que aquele que se manteve silente o fez. Este ponto do trabalho faz obrigatória a menção ao professor Agustín Gordillo, que se refere a esse tipo de situação ao afirmar que, enquanto a lei introduz critérios de publicidade, razoabilidade, defesa do administrado, controle da atividade administrativa e etc., a realidade em geral recorre muito pouco a esses conceitos. Desse modo, acabaria por existir um procedimento administrativo real, próprio daqueles que conhecem os trâmites da Administração Pública e um procedimento legislado, que coincide apenas em parte com aquele, de maneira a vigerem normas legais que não se cumprem e normas reais que não estão na lei[23]. As más práticas administrativas podem ser consideradas parte desse sistema "real", ou seja, não estão escritas nos códigos, mas presentes no dia-a-dia das repartições. E é esse tipo de prática que a interpretação jurídica deve coibir.

Sob esse prisma, perguntamos, então: o que deve significar a eficiência para uma boa Administração Pública? Segundo entendemos, eficiência, para a Administração Pública, não significa simplesmente praticar seus atos funcionais com rapidez ou agilidade. Eficiência significa atuar corretamente conforme a sociedade espera que o agente público objetivamente atue. É denunciar atos de corrupção e cuidar da coisa pública. Não é calar frente a ilegalidades e realizar suas tarefas com rapidez. Ressalvamos que não se tratam de conceitos excludentes, mas que a utilização apenas do primeiro enfoque torna a solução insuficiente para os fins almejados pelo Ordenamento Jurídico pátrio.

23 GORDILLO, Agustín A. *La administración paralela*. Madrid: Civitas, 1982, p. 50-51.

E então chegamos a um novo ponto de reflexão: como garantir a confirmação daqueles servidores que corretamente zelaram pela coisa pública, ainda que eles, por motivos óbvios, gozem da total antipatia de seus hierarcas?

Primeiramente, conforme já reconheceu o próprio Supremo Tribunal Federal, em entendimento sumulado no enunciado nº. 21, "funcionário em estágio probatório não pode ser exonerado nem demitido sem inquérito ou sem as formalidades legais de apuração de sua capacidade". Ou seja, a avaliação negativa de desempenho não pode se dar de maneira arbitrária, dependendo, pois, de um procedimento que a justifique. E tal procedimento, além de garantir que o servidor apresente suas razões e conteste os fatos a ele imputados, obrigará a Administração a fundamentar sua decisão. Conforme ensina Juarez Freitas, existe o dever do bom administrador público de "fundamentar os atos vinculados e discricionários, no intuito de coibir famigerados erros manifestos e recorrentes vícios de excesso (*acolasia*) ou de exercício insuficiente (omissão)[24]" para concluir que "a não fundamentação, apesar da presunção (cada vez mais relativa) de legitimidade dos atos administrativos, traduz-se como vício apto a ensejar a anulação[25]".

Mas não é só. É importante destacar que essa fundamentação de dará com base em um aspecto formal (a motivação em si), mas também dependerá sua validade de uma fundamentação sob aspecto material, ou seja, a existência efetiva de um motivo, o qual chamaremos de *justa causa*. Dessa maneira, a partir do entendimento da Suprema Corte, somado aos fundamentos axiológicos da Constituição da República de 1988, é possível afirmar que essa negativação dar-se-á com base em uma justa causa, ou seja, a existência de um fato dotado de gravidade suficiente para a aplicação da pena de demissão (materialidade), provas suficientes de que ele tenha sido realizado pelo servidor

---

24 FREITAS, Juarez. *Direito fundamental à boa Administração Pública*. 3. ed. São Paulo: Malheiros, 2014, p. 83-84.

25 FREITAS, Juarez. *Direito fundamental à boa Administração Pública*. 3. ed. São Paulo: Malheiros, 2014, p. 84.

indicado (autoria), bem como a inexistência de qualquer fato que afaste sua antijuridicidade, a aplicação da pena ou a culpabilidade do autor. Neste sentido, afirma o professor Ricardo Marcondes Martins que "interpretar a avaliação de desempenho, seja a especial, seja a periódica, como um instrumento que permite a exoneração de servidor concursado, mesmo que ele não tenha praticado falta funcional grave, é fazer tábula rasa das bases constitucionais do regime estatutário" para arrematar que a avaliação de desempenho "não permite a exoneração do servidor, mas apenas a demissão do servidor", de modo que "servidor só pode ser reprovado em avaliação de desempenho caso seja comprovado que praticou falta disciplinar grave a ensejar sua demissão"[26].

Subscrevemos esse argumento, pois, desde a promulgação da Constituição da República de 1988, impera o princípio da estabilidade (já citado anteriormente), o qual pressupõe a prática de falta grave para o desligamento involuntário do servidor dos quadros da Administração. Parte da doutrina entende que o desligamento ao fim do estágio probatório independeria de falta funcional, pois "a medida que se pode adotar em nome da eficiência não assume caráter punitivo ou anulatório do ato decorrente"[27], sendo mesmo, nas palavras de José dos Santos Carvalho Filho, "simples medida de salvaguarda da regular execução das atividades administrativas"[28]. Ocorre que não foi permitido ao constituinte reformador suplantar o cerne do plano originário do Texto Maior. Com efeito, a Constituição Cidadã, conforme promulgada, consagrou como pressuposto do desligamento involuntário do servidor a prática de falta grave. Essa é uma limitação conceitual da qual emanam limites implícitos, os quais permitem ao reformador realizar alterações apenas no sentido de densificar o texto

26 MARTINS, Ricardo Marcondes. Estágio probatório e avaliação de desempenho. *Revista Brasileira de Estudos da Função Pública – RBEFP*, Belo Horizonte, ano 5, n. 13, jan./abr. 2016. Disponível em: <http://www.bidforum.com.br/bid/PDI0006.aspx?pdiCntd=240271>. Acesso em: 17 set. 2020.

27 DE VASCONCELOS, Edson Aguiar. *Direito Administrativo Constitucional*. Rio de Janeiro: GZ, 2010, p. 203.

28 CARVALHO FILHO, José dos Santos. *Manual de direito administrativo*. 24. ed. Rio de Janeiro: Lumen Juris, 2011, p. 613.

original ou elucidá-lo[29], nunca subvertê-lo, tal como ocorre sob a interpretação tradicional acerca da avaliação de desempenho.

Outro fundamento possível é a questão da simetria dos pressupostos: ora, se existe um pressuposto de impessoalidade na admissão do servidor, consagrado na obrigatoriedade do ingresso precedido de concurso público, esse mesmo pressuposto de impessoalidade deve ser garantido no momento de eventual desligamento, de sorte que tal não pode se dar com base na simpatia ou antipatia do hierarca momentâneo.

Dessa maneira, *justa causa* no seio da Administração Pública, para fins de reprovação em estágio probatório, só pode significar uma violação dos deveres funcionais, ou melhor, uma falta funcional. Ou seja, para que o servidor não seja aprovado em seu estágio probatório, deverá praticar falta funcional que isso justifique, devidamente apurada em processo regular, garantidos a ele o contraditório e a ampla defesa, nos termos do inciso LV do art. 5º do Texto Maior.

É importante ressaltar que os motivos consagrados genericamente pela doutrina como habilitadores da não confirmação, tais como desídia, inassiduidade, falta de esmero técnico, dentre outros, certamente são motivos que deverão repercutir na vida funcional do servidor. Qualquer servidor público possui um feixe de atribuições. Se ele as cumpre corretamente, não haverá conduta faltosa. No entanto, se as desempenha de forma agudamente irregular, certamente daí decorrerá uma falta funcional. E isso é apenas uma questão de lógica: se o servidor é tão inapto a ponto de não ser permitido a ele continuar na Administração Pública, é impossível que desempenhe suas funções de modo a não incorrer em qualquer falta. Por outro lado, como poderia a comissão justificar a não confirmação de servidor sob o argumento de que esse era desidioso ou não desempenhava bem suas funções sem que haja sequer registro de descumprimento dos seus deveres estatutários? Assim, a conclusão não pode ser outra, senão

29 BRITTO, Carlos Ayres. A Constituição e o monitoramento de suas emendas. *Revista Eletrônica de Direito do Estado*, Salvador, Instituto de Direito Público da Bahia, n. 1, jan. 2004. Disponível em <www.direitodoestado.com.br>. Acesso em 16 set. 2020.

pela necessidade cometimento de falta funcional, pois ela (e apenas ela) é que poderá ser o elemento justificador da rejeição.

Sendo assim, para que o servidor não seja confirmado, será necessária incialmente a instauração de um processo regular apto a apurar a existência de falta grave, do qual resulte a pena de demissão. Apenas após a constatação de todos os requisitos para a aplicação de uma pena demissória, respeitados os pressupostos do devido processo legal, tais como contraditório e ampla defesa, é que será possível o seu desligamento, ou melhor, sua demissão, caso a conclusão do processo indique nesse sentido. Assim, a comissão responsável até poderá se valer de fato novo, ainda não apurado, quando de seu início, mas esse fato deverá consubstanciar uma falta funcional cuja penalidade estabelecida seja a perda do cargo, nos termos da legislação correspondente. Ou seja, a comissão poderá/deverá avaliar se, durante os três anos de efetivo exercício, o servidor praticou falta grave. Não sendo constatado qualquer ilícito que fundamente a demissão, ela não estará autorizada a fazê-lo; no entanto, caso existam, ela não estará autorizada a "perdoar" o servidor, ou seja, *deverá* demiti-lo caso a conclusão do devido processo se dê nesse sentido.

Não obstante o quanto acima afirmado, o critério do cometimento de conduta grave como requisito da não confirmação não é pacífico na doutrina, de modo que remanesce um ônus argumentativo a quem o defende. Por essa razão, passamos a analisar o problema proposto não apenas sob a ótica dos princípios protetivos da coisa pública, mas também sob o viés da segurança jurídica, elemento inafastável a um Estado de Direito democrático e equilibrado.

4. SEGURANÇA JURÍDICA: BREVES APONTAMENTO

Primeiramente, destacamos que a segurança jurídica é instituto jurídico cuja conceituação não é tarefa fácil diante da polissemia que o atinge. No entanto, é possível fixar num momento inicial que se trata de um Princípio Geral do Direito, vetor indispensável ao Estado Democrático de Direito.

De maneira geral, consiste no direito fundamental dos cidadãos a terem ciência previamente das leis que regem a vida em sociedade, bem como a não serem surpreendidos por alterações repentinas ou pela retroatividade de determinadas normas para atingirem situações jurídicas anteriores à sua respectiva vigência. Seu objetivo primordial é a pacificação da sociedade. Daniel Sarmento destaca:

> Para que as pessoas possam viver com paz e liberdade, é necessário conferir alguma estabilidade a relações jurídicas de que participem. Por isso ninguém questiona que a segurança jurídica constitui um valor fundamental na construção de uma sociedade harmônica, sendo a sua garantia um ingrediente vital para a edificação de um ordenamento jurídico estável.[30]

Para o autor, a segurança jurídica deve garantir que as pessoas tenham a capacidade de se planejar e organizar suas vidas em harmonia com a ordem jurídica em vigor[31].

Ingo Wolfgang Sarlet, citando as lições de Canotilho, destaca que a segurança jurídica possui dimensão dúplice. Na dimensão objetiva, relacionada ao direito objetivo, consiste na garantia de estabilidade do ordenamento jurídico. Já a dimensão subjetiva estabelece uma garantia ao cidadão, consubstanciada na possibilidade de confiar nos atos do Poder Público, para que possa calcular e prever estes atos e os seus respectivos efeitos jurídicos. Esta dimensão remete à proteção da confiança legítima como expressão do próprio Estado de Direito.[32]

Na mesma linha, Rafael Oliveira trata acerca do citado princípio em dois sentidos. Em sentido objetivo, consiste na estabilização do ordenamento jurídico, relacionado à certeza do direito, tendo em

---

30 SARMENTO, Daniel. *Direito adquirido, emenda constitucional, democracia e Reforma da Previdência.* In: TAVARES, Marcelo Leonardo (org.). *A Reforma da Previdência Social: temas polêmicos e aspectos controvertidos.* Rio de Janeiro: Lumen Juris, 2004, p. 24.

31 SARMENTO, Daniel. *Direito adquirido, emenda constitucional, democracia e Reforma da Previdência.* In: TAVARES, Marcelo Leonardo (org.). *A Reforma da Previdência Social: temas polêmicos e aspectos controvertidos.* Rio de Janeiro: Lumen Juris, 2004, p. 24.

32 SARLET, Ingo Wolfgang. *Curso de direito constitucional.* 8. Ed. São Paulo: Saraiva Educação, 2019, p. 290.

vista a necessidade de respeito ao direito adquirido, ato jurídico perfeito e coisa julgada (art. 5º, XXXVI, CF). Em sentido subjetivo, por outro lado, vincula-se à proteção da confiança legítima das pessoas em relação às expectativas geradas por promessas e atos estatais[33]. Luís Roberto Barroso, por sua vez, salienta que

> No seu desenvolvimento doutrinário e jurisprudencial, a expressão segurança jurídica passou a designar um conjunto abrangente de idéias (*sic*) e conteúdos, que incluem a confiança nos atos do Poder Público, a previsibilidade dos comportamentos e a estabilidade das relações jurídicas. É neste último domínio que se insere a conservação de direitos em face das mudanças normativas.[34]

Almiro do Couto e Silva vai além ao afirmar que só existe direito onde existe segurança jurídica.[35]

Trata-se, portanto, de uma proteção contra a atuação arbitrária do Estado, tendente a alterar situações já consolidadas na sociedade, que geraram firme confiança de sua continuidade nos indivíduos.

A segurança jurídica ainda se relaciona com a noção de boa-fé, tanto objetiva – consubstanciada na atuação com respeito à lealdade e à lisura e baseada na confiança e na informação – quanto subjetiva, que se vincula ao caráter psicológico daquele que acreditou atuar em conformidade com o ordenamento jurídico. A boa-fé deve pautar a conduta tanto do Estado quanto do particular[36].

---

33 OLIVEIRA, Rafael Carvalho Rezende. *Curso de direito administrativo*. 7. Ed. São Paulo: Método, 2019, p. 56-57.

34 BARROSO, Luís Roberto. *Constitucionalidade e legitimidade da Reforma da Previdência*. In: TAVARES, Marcelo Leonardo (org.). *A Reforma da Previdência Social: temas polêmicos e aspectos controvertidos*. Rio de Janeiro: Lumen Juris, 2004, p. 76.

35 COUTO E SILVA, Almiro. *Princípio da segurança jurídica no direito administrativo brasileiro*. Enciclopédia jurídica da PUC-SP. Celso Fernandes Campilongo, Alvaro de Azevedo Gonzaga e André Luiz Freire (coords.). Tomo: Direito Administrativo e Constitucional. Vidal Serrano Nunes Jr., Maurício Zockun, Carolina Zancaner Zockun, André Luiz Freire (coord. de tomo). 1. ed. São Paulo: Pontifícia Universidade Católica de São Paulo, 2017. <Disponível em: https://enciclopediajuridica.pucsp.br/verbete/17/edicao-1/principio-da-seguranca-juridica-no-direito-administrativo-brasileiro> Acesso em 15 set. 2020.

36 OLIVEIRA, Rafael Carvalho Rezende. *Curso de direito administrativo*. 7. Ed. São Paulo: Método, 2019, p. 57.

Para Gustavo Marinho Carvalho[37], citando Rafael Valim, o princípio da segurança jurídica pode ser analisado sob duas perspectivas: a certeza e a estabilidade:

> A certeza jurídica, anota o preclaro autor, "significa o seguro conhecimento das normas jurídicas, condição indispensável para que o homem tenha previsibilidade, podendo projetar a sua vida e, assim, realizar plenamente seus desígnios pessoais". Nesta perspectiva, são analisadas questões relativas à *vigência das normas jurídicas*, sua *projeção eficacial* e o seu *conteúdo*. A estabilidade jurídica, aglutina os institutos jurídicos destinados à conservação dos "direitos subjetivos e as expectativas que os indivíduos de boa-fé depositam na ação do Estado". Dentre estes institutos, destacam-se o *direito adquirido*, o *ato jurídico perfeito*, e a *coisa julgada*, assim como a prescrição e a decadência.[38]

Para Gustavo Marinho, os precedentes administrativos, tais como os judiciais, se inserem na esfera da certeza jurídica, uma vez que o que se busca é a previsibilidade do direito, mais especificamente com relação aos precedentes, na previsibilidade da interpretação e aplicação do direito. O agente público deve saber de antemão como se decidirá cada caso.

Mas é importante um breve adendo: não se está discutindo aqui a possibilidade de decisões administrativas que deem ensejo à reprovação do servidor público no estágio probatório e à consequente não confirmação no cargo ocupado, o que é medida de eficiência na Administração Pública. O que se objetiva é lançar uma visão crítica da relaçao entre a segurança jurídica e a necessidade de observância dos precedentes administrativos na decisão final do estágio probatório, bem como da necessidade de manutenção de um sistema uniforme, estável, íntegro e coerente de precedentes pela Administração Pública.

---

37 CARVALHO, Gustavo Marinho de. *Precedentes administrativos no direito brasileiro*. São Paulo: Contracorrente, 2015, p. 136.

38 VALIM, Rafael. *O princípio da segurança jurídica no direito administrativo brasileiro*. São Paulo, Malheiros: 2010, p. 91. *apud*. CARVALHO, Gustavo Marinho de. *Precedentes administrativos no direito brasileiro*. São Paulo: Contracorrente, 2015, p. 137.

4.1 A existência de uma categoria intermediária entre o direito adquirido e a expectativa de direito: a confiança legítima ou expectativa legítima

A segurança jurídica, conforme mencionado, está consagrada no art. 5º, XXXIV da CRFB, bem como, na noção de Estado Democrático de Direito (art. 1º, CF). Afora isso, a lei 9.784/1999 faz menção expressa ao princípio em seu art. 2º, além instituir diversos instrumentos com o objetivo de lhe conferir efetividade, tal como no art. 2º, parágrafo único, inciso XIII, que veda a aplicação retroativa de nova interpretação[39].

No seu sentido objetivo, demonstrou-se a sua relação com a estabilidade do ordenamento jurídico, com a irretroatividade das normas para atingir situações consolidadas e à certeza do direito. Esta dimensão está diretamente relacionada aos aspectos previstos no inciso XXXIV do art. 5º da CRFB: direito adquirido, ato jurídico perfeito e coisa julgada.

Para o objeto deste artigo, ganha relevo a noção de direito adquirido. De acordo com Daniel Sarmento[40], citando a lição de Francesco Gabba, o direito é adquirido quando: a) preenchidos todos os requisitos de acordo com a lei vigente ao tempo em que se realizou, embora ainda não tenha sido exercido de fato; e b) o direito passou a fazer parte integrante do patrimônio de quem o adquiriu.

Segundo Luís Roberto Barroso, o direito adquirido é mais bem compreendido quando comparado com duas categorias relacionadas: a expectativa de direito e o direito consumado. Inclusive, propõe uma compreensão com fundamento na posição jurídica do

---

[39] Art. 2º A Administração Pública obedecerá, dentre outros, aos princípios da legalidade, finalidade, motivação, razoabilidade, proporcionalidade, moralidade, ampla defesa, contraditório, segurança jurídica, interesse público e eficiência. Parágrafo único. Nos processos administrativos serão observados, entre outros, os critérios de: (...) XIII – interpretação da norma administrativa da forma que melhor garanta o atendimento do fim público a que se dirige, vedada aplicação retroativa de nova interpretação.

[40] SOUZA NETO, Cláudio Pereira. SARMENTO, Daniel. *Direito constitucional: teoria, história e métodos de trabalho*. 2 ed., 6 reimpr. Belo Horizonte: Fórum, 2019. p. 549.

sujeito relativamente ao direito posto, estando a expectativa de direito em primeiro lugar, depois o direito adquirido e, por fim, o direito consumado.[41]

A expectativa de direito identifica a situação em que o indivíduo ainda não completou o fato aquisitivo do direito, não tendo preenchido todos os requisitos para a sua fruição. Neste caso, quando sobrevém uma nova norma alterando o regime jurídico daquela matéria, não há proteção constitucional à situação do indivíduo, por mais que estivesse próximo de completar os requisitos para aquisição daquele direito no momento da alteração do regime.

Na sequência, quanto ao direito adquirido, o indivíduo já preencheu os requisitos para aquisição do direito material, preenchendo o fato aquisitivo, porém, por qualquer motivo, ainda não entrou no exercício deste direito.

Por fim, no direito consumado o fato aquisitivo foi preenchido e os efeitos previstos na norma já se produziram de forma integral.

A jurisprudência pacífica do STF e a tese mais difundida na doutrina é de que não há direito adquirido a regime jurídico:

> EMENTA: CONSTITUCIONAL. PREVIDENCIÁRIO. ART. 2º E EXPRESSÃO '8º' DO ART. 10, AMBOS DA EMENDA CONSTITUCIONAL N. 41/2003. APOSENTADORIA. TEMPUS REGIT ACTUM. REGIME JURÍDICO. DIREITO ADQUIRIDO: NÃO-OCORRÊNCIA. 1. A aposentadoria é direito constitucional que se adquire e se introduz no patrimônio jurídico do interessado no momento de sua formalização pela entidade competente. 2. Em questões previdenciárias, aplicam-se as normas vigentes ao tempo da reunião dos requisitos de passagem para a inatividade. 3. Somente os servidores públicos que preenchiam os requisitos estabelecidos na Emenda Constitucional 20/1998, durante a vigência das normas por ela fixadas, poderiam reclamar a aplicação das normas nela contida, com fundamento no art. 3º da Emenda Constitucional 41/2003.

---

41 BARROSO, Luís Roberto. *Constitucionalidade e legitimidade da Reforma da Previdência.* In: TAVARES, Marcelo Leonardo (org.). *A Reforma da Previdência Social: temas polêmicos e aspectos controvertidos.* Rio de Janeiro: Lumen Juris, 2004, p. 64.

> 4. Os servidores públicos, que não tinham completado os requisitos para a aposentadoria quando do advento das novas normas constitucionais, passaram a ser regidos pelo regime previdenciário estatuído na Emenda Constitucional n. 41/2003, posteriormente alterada pela Emenda Constitucional n. 47/2005. 5. Ação Direta de Inconstitucionalidade julgada improcedente. (ADI 3104, Relator(a): CÁRMEN LÚCIA, Tribunal Pleno, julgado em 26/09/2007, DJe-139 DIVULG 08-11-2007 PUBLIC 09-11-2007 DJ 09-11-2007 PP-00029 EMENT VOL-02297-01 PP-00139 RTJ VOL-00203-03 PP-00952).

Por este motivo, havendo alteração das regras que regem as relações do agente público com a Administração Pública, aquele não estaria protegido contra a modificação, mormente ainda se houvesse mera alteração da interpretação da norma sem alteração do texto legal. Havendo drástica alteração dessa interpretação, trazendo um resultado muito mais rigoroso ao segurado, este ficaria desprotegido perante a mudança, mesmo tendo pautado toda a sua conduta na interpretação anteriormente adotada.

Diante deste quadro é que surge a discussão relacionada à existência de uma categoria intermediária entre o direito adquirido e a expectativa de direito.

Defende-se, neste ponto, que a adoção de um modelo binário, formado apenas pelo direito adquirido e pela expectativa de direito, se mostra insuficiente, conforme entende Paulo Modesto, que sugere que rejeitemos "a lógica redutora do tudo ou nada".[42]

A segurança jurídica, por esse viés, como parte integrante e essencial ao Estado Democrático de Direito, não se restringe à proteção do direito adquirido, do ato jurídico perfeito e da coisa julgada, mas deve servir também à proteção da confiança legítima e consolidada.

---

42 MODESTO, Paulo. *Disposições constitucionais transitórias na reforma da previdência: proteção da confiança e proporcionalidade. Revista Brasileira de Direito Público – RBDP, Belo Horizonte, ano 15, n. 56, p. 9-54, jan./mar. 2017*, p. 9-54.

Nesta linha, Almiro Couto e Silva leciona:[43]

> A esse quadro de normas e instituições que defendem os interesses dos indivíduos contra os atos do Estado, agregou-se, mais recentemente, o reconhecimento da proteção da confiança como princípio constitucional, em processo de lenta elaboração, tanto no direito europeu quanto no direito brasileiro.

José dos Santos Carvalho Filho esclarece que, no direito comparado, especialmente no direito alemão, tem-se buscado uma forma de atender à necessidade de estabilização de certas situações jurídicas, especialmente em virtude do transcurso do tempo e da boa-fé do indivíduo em relação a atos, inclusive e principalmente do Estado.[44]

E continua afirmando que a doutrina moderna, fundamentada na experiência do direito alemão, que posteriormente foi adotada no âmbito do direito comunitário europeu, defende que a tutela da confiança legítima abrange o poder normativo da Administração e não apenas os atos de natureza concreta.[45] Este entendimento, por óbvio, também deve ser aplicado à atividade interpretativa das normas jurídicas por parte do Estado. Rafael Oliveira segue o mesmo raciocínio. Para o autor, a confiança legítima surge "como uma reação à utilização abusiva de normas jurídicas e de atos administrativos que surpreendem bruscamente os seus destinatários".[46]

---

43 COUTO E SILVA, Almiro. *Princípio da segurança jurídica no direito administrativo brasileiro.* Enciclopédia jurídica da PUC-SP. Celso Fernandes Campilongo, Alvaro de Azevedo Gonzaga e André Luiz Freire (coords.). Tomo: Direito Administrativo e Constitucional. Vidal Serrano Nunes Jr., Maurício Zockun, Carolina Zancaner Zockun, André Luiz Freire (coord. de tomo). 1. ed. São Paulo: Pontifícia Universidade Católica de São Paulo, 2017. <Disponível em: https://enciclopediajuridica.pucsp.br/verbete/17/edicao-1/principio-da-seguranca-juridica-no-direito-administrativo-brasileiro> Acesso em 15 set. 2020.

44 CARVALHO FILHO, José dos Santos. *Manual de direito administrativo.* Manual de direito administrativo. 24. ed. Rio de Janeiro: Lumen Juris, 2011, p. 38.

45 CARVALHO FILHO, José dos Santos. *Manual de direito administrativo.* Manual de direito administrativo. 24. ed. Rio de Janeiro: Lumen Juris, 2011, p. 40.

46 OLIVEIRA, Rafael Carvalho Rezende. *Curso de direito administrativo.* 7. Ed. São Paulo: Método, 2019, p. 57.

Tal princípio nasceu e se desenvolveu na Alemanha pós Segunda Guerra Mundial, especialmente na jurisprudência dos tribunais. Cita-se como marco fundamental o caso da "Viúva de Berlim", julgado pelo Superior Tribunal Administrativo de Berlim em 1956, em que a viúva de um funcionário alemão, que residia na Alemanha Oriental, mudou-se para a Berlim Ocidental, após a informação oficial de que receberia pensão do Estado caso realizasse a mudança. A pensão, no entanto, foi posteriormente retirada com a alegação de descumprimento de normas vigentes. O Tribunal alemão entendeu que a viúva deveria continuar recebendo a pensão em virtude do princípio da proteção à confiança legítima que, no caso, deveria prevalecer sobre a legalidade.[47]

Outro fundamento para a proteção da confiança seria a teoria do *venire contra factum proprium*, muito difundida no Direito Civil, mas que, modernamente, pode ser estendida ao Direito Público, objetivando evitar atuações contraditórias e desleais do Poder Público, especialmente diante da aproximação entre as esferas pública e privada.[48]

A proteção à confiança, portanto, enseja a tutela contra a utilização abusiva de normas jurídicas e atos administrativos que surpreendam drástica e negativamente os seus destinatários, estabelecendo proteção à legítima expectativa, que é justamente a situação intermediária entre o direito adquirido e mera expectativa de direito.

Nas relações jurídicas continuadas, isto é, relações que se prolongam no tempo, é imprescindível a proteção à expectativa legítima. O destinatário da norma (e da interpretação a ela conferida), adota condutas e ações com ela compatíveis durante toda a sua vida funcional – no caso do agente público – não sendo razoável que todas essas condutas e ações passem a ser valoradas retroativamente de acordo

---

47 OLIVEIRA, Rafael Carvalho Rezende. *Curso de direito administrativo*. 7. Ed. São Paulo: Método, 2019, p. 58.

48 OLIVEIRA, Rafael Carvalho Rezende. *Curso de direito administrativo*. 7. Ed. São Paulo: Método, 2019, p. 60.

com uma nova interpretação posterior, resultante de uma modificação sem qualquer sinalização prévia ao seu destinatário.

No Brasil, é possível perceber a grande difusão do princípio da proteção da confiança e da expectativa legítima entre os doutrinadores. Na legislação, pode-se citar, por exemplo, as leis que tratam das ações diretas para controle de constitucionalidade perante o STF. Tanto na lei 9.868/1999, que trata da ação direta de inconstitucionalidade, da ação direta de inconstitucionalidade por omissão e da ação declaratória de constitucionalidade, quanto na lei 9.882/1999, que trata da arguição de descumprimento de preceito fundamental, há dispositivo estabelecendo que o STF, ao declarar a inconstitucionalidade de ato normativo, por dois terços de seus membros, poderá restringir os efeitos daquela declaração ou decidir que ela só tenha eficácia a partir de seu trânsito em julgado ou de outro momento a ser fixado pela Corte, sempre em vista de razões de segurança jurídica ou de excepcional interesse social.

Neste caso, é evidente que os indivíduos não possuem um direito adquirido à aplicação do regime declarado inconstitucional durante o tempo definido pelo STF. Trata-se, portanto, de proteção à confiança e das expectativas legítimas, que ensejam a aplicação de lei inconstitucional durante um tempo de forma a evitar maiores prejuízos[49].

Também no âmbito legislativo, a lei 13.655/2018, ao alterar a LINDB, estabeleceu diversos instrumentos aptos a tutelar a proteção da confiança e a legítima expectativa. A lei estabelece que deverá ser previsto regime de transição quando houver nova interpretação ou orientação sobre conteúdo indeterminado que imponha novo dever ou novo condicionamento de direito, quando indispensável

---

49 Seguindo a mesma linha, recentemente, o STF alterou antigo entendimento para estabelecer o prazo de cinco anos para que os Tribunais de Contas apreciem o ato de concessão inicial de aposentadoria, reforma ou pensão, sob pena de registro automático, tendo em vista a proteção da segurança jurídica. O STF concluiu julgamento do RE 636553, definindo a seguinte tese de repercussão geral (Tema 445): Os Tribunais de Contas estão sujeitos ao prazo de cinco anos para o julgamento da legalidade do ato de concessão inicial de aposentadoria, reforma ou pensão, a contar da chegada do processo à respectiva Corte de Contas, em atenção aos princípios da segurança jurídica e da confiança legítima.

para que o novo dever ou condicionamento de direito seja cumprido de modo proporcional, equânime e eficiente e sem prejuízo aos interesses gerais (art. 23). Determina ainda que as revisões quanto à validade de ato, contrato, ajuste, processo ou norma administrativa cuja produção já se houver completado levará em conta as orientações gerais da época, sendo vedado que, com base em mudança posterior de orientação geral, se declarem inválidas situações plenamente constituídas (art. 24). E, por fim, estabelece a instituição de regulamentos, súmulas administrativas e respostas a consultas quanto à aplicação de normas, com caráter vinculante para o órgão ou entidade a que se destinam, com o objetivo de promover e aumentar a segurança jurídica (art. 30).

Todas essas modificações demonstram a imprescindibilidade da segurança jurídica para o Estado Democrático de Direito e para a pacificação social, seja em seu sentido objetivo, seja no sentido subjetivo, relacionado à proteção da confiança.

Desta forma, de fato, há uma consolidação da proteção à confiança na ordem jurídica nacional, podendo se falar ainda que, com fundamento neste princípio, também tem ocorrido uma preocupação em tutelar a expectativa legítima dos indivíduos. No entanto, obviamente que essa consolidação é gradual e ainda carece de maior aperfeiçoamento.

Diante deste quadro, considerando a proteção da confiança, resta evidente a necessidade de considerar a expectativa legítima, categoria intermediária entre o direito adquirido e a expectativa de direito, nas modificações interpretativas promovidas pela Administração Pública, especialmente diante da necessidade de manutenção de uma jurisprudência administrativa uniforme, estável, íntegra e coerente, o que é implementado, em grande medida, pelo sistema de precedentes.

Desse modo, no que tange à atuação da avaliação de desempenho, é preciso situar a posição jurídica do servidor avaliado, que não tem direito adquirido à confirmação na carreira e à obtenção da estabilidade, mas tem a seu favor certos critérios jurídicos que devem permear a atuação estatal na análise desse fenômeno.

5. OS PRECEDENTES ADMINISTRATIVOS

Segundo Rafael Carvalho Rezende Oliveira, os precedentes administrativos inserem-se na teoria das autolimitações ou autovinculações estatais[50], conceituando-os como "a norma jurídica retirada de decisão administrativa anterior, válida e de acordo com o interesse público, que, após decidir determinado caso concreto, deve ser observada em casos futuros e semelhantes pela Administração Pública[51]".

Conforme Gustavo Marinho de Carvalho, os precedentes administrativos se apresentam como "valioso instrumento de proteção dos administrados frente a possíveis desvios do administrador público"[52] conceituando-se como "norma jurídica extraída por indução de um ato administrativo individual e concreto, do tipo decisório, ampliativo ou restritivo da esfera jurídica dos administrados, e que vincula o comportamento da Administração Pública para todos os casos posteriores e substancialmente similares[53]".

Possuem como características básicas, portanto, o fato de serem normas jurídicas com caráter vinculante, extraídas a partir de decisões administrativas concretas, válidas e de acordo com o interesse público, dotadas de força vinculante, desde que haja uma identidade objetiva ("situações fático-jurídicas semelhantes") e subjetiva (mesma entidade administrativa)[54] entre as hipóteses analisadas.

A inobservância do precedente administrativo acarretará a invalidade do ato administrativo expedido em desacordo, assim como a

---

[50] OLIVEIRA, Rafael Carvalho Rezende. *Precedentes no Direito Administrativo*. Rio de Janeiro: Forense, 2018, p. 107.

[51] OLIVEIRA, Rafael Carvalho Rezende. *Precedentes no Direito Administrativo*. Rio de Janeiro: Forense, 2018, p. 95.

[52] DE CARVALHO, Gustavo Marinho. *Precedentes Administrativos no Direito Brasileiro*. São Paulo: Contracorrente, 2015, p. 114.

[53] DE CARVALHO, Gustavo Marinho. *Precedentes Administrativos no Direito Brasileiro*. São Paulo: Contracorrente, 2015, p. 121.

[54] OLIVEIRA, Rafael Carvalho Rezende. *Precedentes no Direito Administrativo*. Rio de Janeiro: Forense, 2018, p. 96.

indenização pelos prejuízos causados ao administrado[55], o que poderá ser decretado tanto pela própria Administração Pública quanto pelo Poder Judiciário[56].

Desse modo, observamos que se trata de corolário da segurança jurídica, meio de instrumentalizar a busca por um ordenamento jurídico mais equilibrado, coerente e previsível. Aplicando esses conceitos à problemática do presente artigo verifica-se: a decisão proferida pela comissão de avaliação ao final do estágio probatório é norma jurídica individual e concreta, de modo que a observância de suas balizas em casos posteriores semelhantes é justificada, dentre outros argumentos atinentes à própria teoria dos precedentes, pelo dever jurídico de respeito à confiança legítima daquele que é avaliado.

Dessarte, os precedentes administrativos operam como importante ferramenta para unir dois arcos: o estabelecimento de critérios impessoais de desempenho e a forma de identificação de eventuais desvios. Assim, ao final e ao cabo, consubstanciam-se em garantia de uma atuação isenta e equânime do administrador. Feitas essas considerações, passemos a minúcias no próximo subtópico.

5.1 Os precedentes administrativos como forma de garantia da segurança jurídica na avaliação do estágio probatório

O momento histórico-jurídico atual envolve uma incerteza no que tange à aplicação das normas, justificada pela tentativa de qualificar o direito após as atrocidades perpetradas pelo Estado nazista, baseada em sistema meramente formal de validade das leis. Além disso, a própria ciência vive um momento marcado pelas incertezas: o paradigma epistemológico anterior, baseado num lastro científico inspirado nos postulados da física clássica (newtoniana), que, por sua vez, se pautava em relações de causa e efeito ditando regras mecânicas

55 DE CARVALHO, Gustavo Marinho. *Precedentes Administrativos no Direito Brasileiro*. São Paulo: Contracorrente, 2015, p. 172.

56 DE CARVALHO, Gustavo Marinho. *Precedentes Administrativos no Direito Brasileiro*. São Paulo: Contracorrente, 2015, p. 172.

precisas e infalíveis, foi substituído por uma visão moderna na qual se trabalha com a teoria da relatividade, de Albert Einstein, e a consagração do princípio da incerteza, por Robert Eisberg, de modo a se deixar de lado as certezas para se trabalhar com probabilidades[57].

Esses dois fenômenos se uniram no direito na figura dos princípios jurídicos, normas que garantem uma valoração do fenômeno jurídico, mas, em contrapartida, tornam o sistema sujeito a maior sorte de interpretações. Desse modo, se a substantivação do direito, pôde satisfazer a um anseio de busca por justiça, a incerteza por eles trazida acabou por dificultar, de certa forma, as relações jurídicas e sociais, o que leva a acusações não raras de malferimento do princípio da segurança jurídica, vetor, como dito anteriormente, basilar do ordenamento jurídico pátrio.

Por essa razão, como meio de compatibilizar a inafastável pretensão de justiça com a segurança jurídica e princípios correlatos, é que os precedentes se apresentam como um salutar recurso aos administrados e cientistas do direito.

Analisando a problemática cá proposta, é possível estabelecer o seguinte: conforme afirmado anteriormente, para que um servidor submetido a regime probatório não venha a ser confirmado na respectiva carreira, é preciso que esse venha a praticar uma falta funcional, apurada e justificada na sua avaliação de desempenho, após o exercício do contraditório e da ampla defesa.

No entanto é fato que o regime disciplinar comporta os chamados tipos abertos, com a descrição de ações humanas de maneira excessivamente aberta, tais como "conduta escandalosa", "incontinência de conduta", "mau procedimento" e afins. Dessarte, para que essa garantia não se torne mera exortação legal, é imperioso que a aplicação desses critérios se dê de maneira uniforme, donde se observa a utilidade dos precedentes administrativos.

---

[57] MARTINS, Ricardo Marcondes. Abuso de direito e a constitucionalização do direito privado. São Paulo: Malheiros, 2010, p. 47-48

Com efeito, conforme ressaltamos, o simples cometimento de uma falta funcional durante o estágio probatório não implicará a automática consequência da não confirmação. Essa deverá ser analisada em si mesma, ou seja, ser verificada a sua gravidade, mas também o seu escrutínio de acordo com a consequência jurídica das demais faltas funcionais: em outras palavras, qual foi o precedente administrativo formado em caso de servidor na mesma situação que praticou falta semelhante. Sendo assim, é possível afirmar que a não confirmação será operada de acordo com os precedentes administrativos. Caso outra situação da mesma natureza se apresente, a comissão estará vinculada ao precedente anterior, salvo se demonstrar que se trata de situações distintas, ou mesmo de gravidade distinta.

Nesta esteira, acrescentamos que a mesma falta/conduta não poderá ser considerada grave para um caso e leve para outro. Do mesmo modo, se, em determinado caso, a administração decidiu que *apenas* as faltas sujeitas a demissão seriam motivo para não confirmação (proposta acima formulada por nós), não poderá, em outro, estabelecer que ilícitos sujeitos à pena de suspensão também seriam motivo de não confirmação. Isso seria inadmissível, verdadeira ofensa à confiança legítima. Em suma, a Administração está vinculada a suas decisões anteriores, pois essas são, efetivamente, precedentes.

Não obstante, conforme ressalvamos, a prática de falta funcional como pressuposto para a não confirmação não é tema pacífico, o que, todavia, apenas qualifica a presente proposta. Isso porque a hipótese ora suscitada pode ser operada ainda que o órgão competente entenda que não é necessária a prática de falta funcional para a não confirmação na carreira. Com efeito, seja qual for a orientação por ele adotada, *o órgão estará vinculado aos seus precedentes*, de sorte que situações semelhantes deverão ser tratadas da mesma forma, de modo que servidores com desempenho semelhante não poderão ser tratados de forma diversa.

Assim, se observamos servidores que tinham históricos semelhantes quanto aos indicadores objetivos, tais como produtividade, assiduidade, pontualidade, etc., não há como confirmar um e não confirmar outro. Caso o servidor venha a observar tal situação, poderá requerer a declaração da nulidade do ato, seja perante a própria administração, seja perante o Poder Judiciário.

Assim, seja pela análise da atuação da comissão avaliadora sob a ótica do princípio da eficiência, seja por meio de uma visão crítica do direito disciplinar, os precedentes se tornam indispensáveis para uma atuação coerente. Eles garantem que a atuação estatal se pautará de acordo com os mais rigorosos critérios de impessoalidade e de isonomia, salvaguardando o princípio da segurança jurídica e a confiança legítima do servidor avaliado, que poderá pautar sua atuação nas decisões anteriormente proferidas pelo órgão que o avalia. Um desvio nessa atuação poderá representar uma violação ao precedente, acarretando a invalidade do ato.

Por derradeiro, é possível que a Administração venha a superar o precedente anteriormente fixado, mas isso terá eficácia prospectiva, ou seja, apenas para os fatos praticados após essa mudança de perspectiva, conforme pontua Gustavo Marinho de Carvalho ao afirmar que "enquanto vigorar determinada interpretação, deve ser ela obrigatoriamente observada pela Administração Pública[58]".

6. CONCLUSÃO

Diante de todo o exposto, podemos concluir não só pela validade, mas como pela imperiosidade da utilização da teoria dos precedentes administrativos às avaliações de desempenho realizadas ao final do estágio probatório.

Para tanto partimos da ideia de que o serviço público é peça essencial à obtenção dos objetivos fixados pela Constituição da República e tem nos seus agentes a personificação da própria entidade estatal, razão pela qual garantir a atuação isenta dos servidores públicos é, ao final e ao cabo, garantir uma Administração Pública isenta.

58 DE CARVALHO, Gustavo Marinho. *Precedentes Administrativos no Direito Brasileiro*. São Paulo: Contracorrente, 2015, p. 144.

Nesta esteira, analisamos a estabilidade em si, como prerrogativa da função pública e garantia dos cidadãos, a qual, todavia, para que seja corretamente operada, carece de um mecanismo de confirmação isento, consubstanciado na avaliação de desempenho norteada apenas por critérios baseados no interesse público.

Assim, propusemos a consideração da prática de falta funcional como pressuposto para a não confirmação na carreira e a utilização dos precedentes administrativos como forma de controle, seja daquilo que efetivamente configura falta funcional, seja da consequência jurídica que acarretará.

Desse modo, a utilização dos precedentes administrativos torna-se mecanismo contundente de controle da atuação estatal, coibindo o mau uso da coisa pública e o desvio de finalidade, garantindo critérios equânimes e objetivos a todos aqueles que ingressem no serviço público.

7. REFERÊNCIAS BIBLIOGRÁFICAS

ALENCAR, Hermes Arrais (org.). *Reforma da previdência: EC 103/2019*. São Paulo: Editora foco, 2020.

ALMEIDA, Fernando Dias Menezes de. Contrato administrativo. São Paulo: Quartier Latin, 2012.

BANDEIRA DE MELLO, Celso Antônio. *Curso de Direito Administrativo*. 31 ed. São Paulo, Malheiros, 2014.

________, Celso Antônio. *Curso de Direito Administrativo*. 34. Ed. São Paulo: Malheiros, 2019.

BRITTO, Carlos Ayres. A Constituição e o monitoramento de suas emendas. *Revista Eletrônica de Direito do Estado*, Salvador, Instituto de Direito Público da Bahia, n. 1, jan. 2004. Disponível em <www.direitodoestado.com.br>.

________, Celso Antônio. Servidores públicos: aspectos constitucionais", Estudos de Direito Público – Revista da Associação dos Advogados da Prefeitura do Município de São Paulo 8/84.

BARROSO, Luís Roberto. *Curso de direito constitucional contemporâneo: os conceitos fundamentais e a construção do novo modelo*. 8ª ed. São Paulo: Saraiva, 2019.

CARVALHO FILHO, José dos Santos. Manual de direito administrativo. 24. ed. Rio de Janeiro: Lumen Juris, 2011.

_______, José dos Santos. *Manual de direito administrativo*. 30. Ed. São Paulo: Atlas, 2016.

DE CARVALHO, Gustavo Marinho. *Precedentes Administrativos no Direito Brasileiro*. São Paulo: Contracorrente, 2015.

COUTO E SILVA, Almiro. *Princípio da segurança jurídica no direito administrativo brasileiro*. Enciclopédia jurídica da PUC-SP. Celso Fernandes Campilongo, Alvaro de Azevedo Gonzaga e André Luiz Freire (coords.). Tomo: Direito Administrativo e Constitucional. Vidal Serrano Nunes Jr., Maurício Zockun, Carolina Zancaner Zockun, André Luiz Freire (coord. de tomo). 1. ed. São Paulo: Pontifícia Universidade Católica de São Paulo, 2017. <Disponível em: https://enciclopediajuridica.pucsp.br/verbete/17/edicao-1/principio-da-seguranca-juridica-no-direito-administrativo-brasileiro> Acesso em 15 set. 2020.

DE VASCONCELOS, Edson Aguiar. *Direito Administrativo Constitucional*. Rio de Janeiro: GZ, 2010.

DI Pietro, Maria Sylvia Zanella; MOTTA, Fabrício, FERRAZ, Luciano de Araújo. *Servidores Públicos na Constituição Federal*. 3 ed. São Paulo: Atlas, 2015.

FREITAS, Juarez. *Direito fundamental à boa Administração Pública*. 3. ed. São Paulo: Malheiros, 2014.

GORDILLO, Agustín A. *La administración paralela*. Madrid: Civitas, 1982, p. 50-51.

IBRAHIM, Fábio Zambite. *Curso de Direito Previdenciário*. 19. Ed. Rio de Janeiro: Impetus, 2014.

LAZZARI, João Batista *et al. Comentários à reforma da previdência*. Rio de Janeiro: Forense, 2020.

MAIA, Márcio Barbosa; QUEIROZ, Ronaldo Pinheiro de. *O regime jurídico do concurso público e seu controle jurisdicional*. São Paulo: Saraiva, 2007.

MARTINS, Ricardo Marcondes. *Estágio probatório e avaliação de desempenho*. Revista Brasileira de Estudos da Função Pública – RBEFP, Belo Horizonte, ano 5, n. 13, jan./abr. 2016. Disponível em: <http://www.bidforum.com.br/bid/PDI0006.aspx?pdiCntd=240271>.

_______, Ricardo Marcondes. Regime estatutário e estado de direito. Revista Trimestral de Direito Público – RTDP, Belo Horizonte, n. 55, 2013. Disponível em: <http://www.bidforum.com.br/PDI0006.aspx?pdiCntd=120629>.

MARTINS, Sérgio Pinto. *Reforma Previdenciária*. 3. Ed. São Paulo: Saraiva Educação, 2020.

MODESTO, Paulo. *A reforma da Previdência e a espera de Godot (parte 1)*. Revista Consultor Jurídico. Disponível em: <https://www.conjur.com.br/2019-mai-02/interesse-publico-reforma-previdencia-espera-godot-parte> Acesso em: 10 set. 2020.

MODESTO, Paulo. *A reforma da Previdencia e a espera de Godot (parte 2)*. Revista Consultor Jurídico. Disponível em: <https://www.conjur.com.br/2019-mai-09/interesse-publico-reforma-previdencia-espera-godot-parte> Acesso em 15 set. 2020.

MODESTO, Paulo. *Disposições constitucionais transitórias na reforma da previdência: proteção da confiança e proporcionalidade*. Revista Brasileira de Direito Público – RBDP, Belo Horizonte, ano 15, n. 56, p. 9-54, jan./mar. 2017.

OLIVEIRA, Rafael Carvalho Rezende. *Curso de direito administrativo*. 7. Ed. São Paulo: Método, 2019.

_______, Rafael Carvalho Rezende. *Precedentes no direito administrativo*. Rio de Janeiro, Forense: 2018.

SARLET, Ingo Wolfgang. *Curso de direito constitucional*. 8. Ed. São Paulo: Saraiva Educação, 2019.

SOUZA NETO, Cláudio Pereira. SARMENTO, Daniel. *Direito constitucional: teoria, história e métodos de trabalho*. 2 ed., 6 reimpr. Belo Horizonte: Fórum, 2019.

TAVARES, Marcelo Leonardo (org.). *A reforma da previdência social*. Rio de Janeiro: Editora Lumen Juris, 2004.

TAVARES, Marcelo Leonardo. *Direito previdenciário: regime geral de previdência social e regras constitucionais dos regimes próprios de previdência social*. 16ª ed. Ver. E atual. – Rio de Janeiro: Impetus, 2015.

CAPÍTULO 3

INTERVENÇÃO DE *AMICUS CURIAE* EM PROCESSO APTO À FORMAÇÃO DE PRECEDENTE ADMINISTRATIVO OBRIGATÓRIO[1]

Fredie Didier Jr[2]

Sumário • 1. Introdução: generalidades sobre a intervençao do *amicus curiae*. 2. Sistema brasileiro de precedentes administrativos obrigatórios. 3. Intervenção do *amicus curiae* e os processos administrativos aptos à formação de precedentes obrigatórios. 4. Conclusão. 5. Referências bibliográficas.

1. INTRODUÇÃO: GENERALIDADES SOBRE A INTERVENÇÃO DO *AMICUS CURIAE*

Uma questão dogmática importante tem passado despercebida da doutrina brasileira, tanto a que cuida do Direito administrativo, quanto à processualística: a partir do desenvolvimento, no Brasil, de um sistema de formação e respeito aos precedentes *administrativos* obrigatórios, sobretudo após as Leis n. 13.655/2018 (reforma da LINDB) e 13.874/2019 (Lei de Liberdade Econômica), é possível

---

1 Este artigo é também resultado do grupo de pesquisa "Transformações nas teorias sobre o processo e o Direito processual", vinculado à Universidade Federal da Bahia, cadastrado no Diretório Nacional de Grupos de Pesquisa do CNPq respectivamente nos endereços dgp.cnpq.br/dgp/espelhogrupo/7958378616800053. O grupo é membro fundador da "ProcNet – Rede Internacional de Pesquisa sobre Justiça Civil e Processo contemporâneo" (http://laprocon.ufes.br/rede-de-pesquisa). Email: frediedidier@gmail.com

2 Mestre em Direito pela UFBA. Doutor em Direito pela PUC/SP. Livre-docente pela USP. Pós--doutorado pela Universidade de Lisboa. Professor associado da Universidade Federal da Bahia, nos cursos de graduação, mestrado e doutorado. Membro da Associação Internacional de Direito Processual, do Instituto Iberoamericano de Direito Processual, do Instituto Brasileiro de Direito Processual e da Associação Norte e Nordeste de Professores de Processo. Advogado e consultor jurídico.

admitir a intervenção de *amicus curiae* em processo administrativo? Este texto é uma tentativa de apresentar uma resposta a essa pergunta.

A intervenção do *amicus curiae* está regulada, em termos gerais, pelo art. 138 do CPC. O *amicus curiae* é o terceiro que, espontaneamente, a pedido da parte ou por provocação do órgão jurisdicional, intervém no processo para fornecer subsídios que possam aprimorar a qualidade da decisão a ser proferida. A intervenção do *amicus curiae* passou a ser possível em qualquer processo, desde que se trate de causa relevante, ou com tema muito específico ou que tenha repercussão social (art. 138, *caput*, CPC). Esses pressupostos objetivos são alternativos[3]. *Generalizou-se a intervenção do amicus curiae.*

O *amicus curiae* pode ser pessoa natural[4], pessoa jurídica ou órgão ou entidade especializado. A opção legislativa é clara: ampliar o rol de entes aptos a ser *amicus curiae.* Exige-se, porém, que tenha *representatividade adequada* (art. 138, *caput*, CPC). Ou seja, o *amicus curiae* precisa ter algum vínculo com a questão litigiosa, de modo a que possa contribuir para a sua solução.

A adequação da representação será avaliada a partir da relação entre o *amicus curiae* e a *relação jurídica litigiosa.* Uma associação científica possui representatividade adequada para a discussão de temas relacionados à atividade científica que patrocina; um

---

3 Nesse sentido, o enunciado n. 395 do Fórum Permanente de Processualistas Civis: "Os requisitos objetivos exigidos para a intervenção do *amicus curiae* são alternativos".

4 No talvez mais emblemático julgamento do STF em tema de direitos humanos (STF, Pleno, HC 82.424, redator do acórdão Min. Maurício Correa, j. em 17.09.2003), em que se discutiu a relação entre racismo e antissemitismo, o Prof. Celso Lafer, Titular da Faculdade de Direito da Universidade de São Paulo e membro da Academia Brasileira de Letras, foi aceito como *amicus curiae*, em razão de seus conhecidos estudos sobre a história dos direitos humanos – e seu memorial foi amplamente mencionado pelos ministros em seus votos. O STF admitiu a intervenção de *amicus curiae* a despeito de à época não existir regra expressa no processo penal neste sentido. Trata-se de julgamento também por este aspecto histórico, pois serviu de paradigma para que se permita a intervenção de *amicus curiae* sempre a que a relevância da causa assim impuser, mesmo sendo pessoa natural – entendimento que o CPC encampou no art. 138.

antropólogo renomado pode colaborar, por exemplo, com questões relacionadas aos povos indígenas; uma entidade de classe pode ajudar na solução de questão que diga respeito à atividade profissional que ela representa etc.

A relação entre a participação do *amicus curiae* e a formação de precedentes obrigatórios, no Direito brasileiro, é evidente. Além da previsão genérica de intervenção de *amicus curiae* no art. 138 do CPC, há outras regras que autorizam essa intervenção: *a)* incidente de arguição de inconstitucionalidade em tribunal (art. 950, §§ 1º, 2º e 3º, CPC); *b)* no incidente de resolução de demandas repetitivas (art. 983, *caput* e § 1º, CPC); *c)* no procedimento de análise da repercussão geral em recurso extraordinário (art. 1.035, § 4º, CPC); *d)* no julgamento de recursos extraordinários ou especiais repetitivos (art. 1.038, CPC); *e)* no incidente de julgamento de recursos de revista repetitivos (art. 896-C, §8º, CLT). Em todos esses casos, autoriza-se a intervenção do *amicus curiae* em incidentes de formação concentrada de precedentes obrigatórios, exatamente para que se possa qualificar a formação desse precedente. Não é por acaso, portanto, que o legislador expressamente atribui legitimidade recursal ao *amicus curiae* para impugnar decisão proferida em julgamento de casos repetitivos (art. 138, § 3º, CPC)[5].

A possibilidade de participação de *amicus curiae* é, aliás, característica marcante do sistema brasileiro de formação de precedentes obrigatórios[6].

---

[5] Em razão da existência de um microssistema de julgamento de casos repetitivos (art. 928, CPC), a permissão de interposição de recursos deve estender-se ao julgamento de *recursos especiais ou extraordinários repetitivos*. Nesse sentido, o enunciado n. 391 do Fórum Permanente de Processualistas Civis: "O *amicus curiae* pode recorrer da decisão que julgar recursos repetitivos".

[6] DIDIER Jr., Fredie; BRAGA, Paula Sarno; OLIVEIRA, Rafael Alexandria de. *Curso de Direito Processual Civil.* 15ª ed. Salvador: Editora Juspodivm, 2020, v. 2, p. 583; DIDIER Jr., Fredie; CUNHA, Leonardo Carneiro da. *Curso de Direito Processual Civil.* 17ª ed. Salvador: Editora Juspodivm, 2020, v. 3, p. 748-753.

2. SISTEMA BRASILEIRO DE PRECEDENTES ADMINISTRATIVOS OBRIGATÓRIOS

Paralelamente, consolida-se, no Direito brasileiro, um sistema de formação e aplicação de precedentes obrigatórios no âmbito administrativo.

A expansão e o fortalecimento dos tribunais administrativos (Tribunais de Contas, CADE, CVM, tribunais de contribuintes etc.), que resolvem conflitos de modo imparcial e por heterocomposição, é uma das principais causas que justificam a criação desse sistema de respeito aos precedentes administrativos. A *cognoscibilidade do Direito*, dimensão da segurança jurídica que garante a todos saber como o Direito é compreendido e aplicado, e a *igualdade*, que garante aos administrados o direito de ser tratado de modo semelhante pela Administração Pública[7], o que significa ser tratado de modo isonômico perante as decisões administrativas, impõem o desenvolvimento desse sistema de formação e aplicação de precedentes administrativos[8].

Também a necessidade de a Administração Pública, na condição de litigante habitual, estruturar a sua litigância de acordo com os precedentes advindos do Poder Judiciário, e, com isso, concretizar o equilíbrio entre os poderes republicanos e diminuir os custos da Administração Judiciária, contribuiu para a construção desse sistema de respeito aos precedentes administrativos.

Exatamente por isso:

a) o art. 4º da Lei Complementar n. 73/1993 atribui ao Advogado-Geral da União as seguintes competências: "X – *fixar a interpretação da Constituição, das leis, dos tratados e demais atos normativos, a ser*

---

7 'Sobre a relação entre precedentes e igualdade, MARINONI, Luiz Guilherme. "O precedente na dimensão da igualdade. *A força dos precedentes*. Luiz Guilherme Marinoni (coord.) Salvador: Editora Juspodivm, 2010.

8 Sobre os precedentes administrativos no Direito brasileiro, BARROS, Marco Antonio Loschiavo Leme de. "Processo, precedentes e as novas formas de justificação da Administração Pública brasileira". *Revista Digital de Direito Administrativo* (RDDA), 2016, v. 3, n. 1, p. 133-149; BARREIROS, Lorena Miranda Santos. *Convenções processuais e Poder Público*. Salvador: Editora Juspodivm, 2017, p. 322-331.

uniformemente seguida pelos órgãos e entidades da Administração Federal; XI – unificar a jurisprudência administrativa, garantir a correta aplicação das leis, prevenir e dirimir as controvérsias entre os órgãos jurídicos da Administração Federal; XII – editar enunciados de súmula administrativa, resultantes de jurisprudência iterativa dos Tribunais";

b) o art. 2º, parágrafo único, XIII, da Lei n. 9.874/1999, determina que, nos processos administrativos, se confira "*interpretação da norma administrativa da forma que melhor garanta o atendimento do fim público a que se dirige, vedada aplicação retroativa de nova interpretação*". A vedação de interpretação retroativa é claro sinal de que o precedente (interpretação anterior) deve ser aplicado, até que haja justas razões para revisão do entendimento[9];

c) o art. 50, VII, da Lei n. 9.874/1999, ao concretizar o dever de motivar as decisões administrativas, impõe o dever ao órgão administrativo decisor de expor as razões para deixar "*de aplicar jurisprudência firmada sobre a questão ou discrepem de pareceres, laudos, propostas e relatórios oficiais*"[10];

d) o art. 496, §4º, IV, CPC, dispensa a remessa necessária ao tribunal de sentença proferida contra o Poder Público que veicule "*entendimento coincidente com orientação vinculante firmada no âmbito administrativo do próprio ente público, consolidada em manifestação, parecer ou súmula administrativa*";

---

9 Vendo neste artigo uma das bases normativas para a aplicação de precedente administrativos no Brasil, BARROS, Marco Antonio Loschiavo Leme de. "Processo, precedentes e as novas formas de Justificação da Administração Pública brasileira". *Revista Digital de Direito Administrativo* (RDDA), 2016, v. 3, n. 1, p. 138.

10 Vendo neste artigo uma das bases normativas para a aplicação de precedente administrativos no Brasil, MODESTO, Paulo. "Autovinculação da administração pública". *REDE – Revista Eletrônica de Direito do Estado*. Salvador, 2010, n. 24, p. 2-4; HACHEM, Daniel Wunder. "Vinculação da administração pública aos precedentes administrativos e judiciais: mecanismo de tutela igualitária dos direitos sociais". *Revista de Direito Administrativo & Constitucional*. Belo Horizonte: Fórum, 2015, ano 15, n. 59, p. 71; BARROS, Marco Antonio Loschiavo Leme de. "Processo, precedentes e as novas formas de justificação da Administração Pública brasileira". *Revista Digital de Direito Administrativo* (RDDA), 2016, v. 3, n. 1, p. 139.

e) a Lei de Introdução às Normas do Direito Brasileiro (LINDB, Decreto-lei n. 4.657/1942, alterado pela Lei n. 13.655/2018) não apenas consagra a "*jurisprudência administrativa majoritária*" (art. 24, par. ún.), como também impõe o dever de proceder a uma transição no caso de essa mesma jurisprudência vier a ser revista: "*art. 23. A decisão administrativa, controladora ou judicial que estabelecer interpretação ou orientação nova sobre norma de conteúdo indeterminado, impondo novo dever ou novo condicionamento de direito, deverá prever regime de transição quando indispensável para que o novo dever ou condicionamento de direito seja cumprido de modo proporcional, equânime e eficiente e sem prejuízo aos interesses gerais. (...) Art. 24. A revisão, nas esferas administrativa, controladora ou judicial, quanto à validade de ato, contrato, ajuste, processo ou norma administrativa cuja produção já se houver completado levará em conta as orientações gerais da época, sendo vedado que, com base em mudança posterior de orientação geral, se declarem inválidas situações plenamente constituídas. Parágrafo único. Consideram-se orientações gerais as interpretações e especificações contidas em atos públicos de caráter geral ou em jurisprudência judicial ou administrativa majoritária, e ainda as adotadas por prática administrativa reiterada e de amplo conhecimento público*";

f) a mesma LINDB, no art. 30, determina que "*as autoridades públicas devem atuar para aumentar a segurança jurídica na aplicação das normas, inclusive por meio de regulamentos, súmulas administrativas e respostas a consultas. Parágrafo único. Os instrumentos previstos no caput deste artigo terão caráter vinculante em relação ao órgão ou entidade a que se destinam, até ulterior revisão*". Assim, a lei não só supõe a existência de precedentes administrativos, como impõe a consolidação de seus enunciados em súmula administrativa e confere a eles força vinculante até futura revisão de entendimento[11], concretizando o comando do art. 2º, parágrafo único, XIII, da Lei n. 9.874/1999;

[11] Vendo neste artigo uma base normativa para a aplicação de precedente administrativos no Brasil, OLIVEIRA, Weber Luiz de. *Precedentes judiciais na administração pública – limites e possibilidades de aplicação*. Salvador: Editora Juspodivm, 2019, p. 153-154.

g) Exatamente por isso, o Decreto Presidencial 9.830/2019, ao regulamentar os arts. 20 a 30 da LINDB no âmbito federal, consolida esse sistema de precedentes obrigatórios no âmbito da administração federal (arts. 19-24, Decreto 9.830/2019);

h) o art. 3º, IV, da Lei n. 13.874/2019 (Lei da Liberdade Econômica), estabelece que é direito de toda pessoal, essencial ao desenvolvimento econômico do país: "*receber tratamento isonômico de órgãos e de entidades da administração pública quanto ao exercício de atos de liberação da atividade econômica, hipótese em que o ato de liberação estará vinculado aos mesmos critérios de interpretação adotados em decisões administrativas análogas anteriores, observado o disposto em regulamento*";

i) o art. 19 da Lei n. 10.522/2002, alterado pela Lei n. 13.874/2019 (Lei da Liberdade Econômica), determina que "*Fica a Procuradoria-Geral da Fazenda Nacional dispensada de contestar, de oferecer contrarrazões e de interpor recursos, e fica autorizada a desistir de recursos já interpostos, desde que inexista outro fundamento relevante, na hipótese em que a ação ou a decisão judicial ou administrativa versar sobre: (...) II – tema que seja objeto de parecer, vigente e aprovado, pelo Procurador-Geral da Fazenda Nacional, que conclua no mesmo sentido do pleito do particular; (...) IV – tema sobre o qual exista súmula ou parecer do Advogado-Geral da União que conclua no mesmo sentido do pleito do particular; (...) VII – tema que seja objeto de súmula da administração tributária federal de que trata o art. 18-A desta Lei*";

j) o art. 18-A da Lei n. 10.522/2002, acrescentado pela Lei n. 13.874/2019 (Lei da Liberdade Econômica), estabelece que: "*Comitê formado de integrantes do Conselho Administrativo de Recursos Fiscais, da Secretaria Especial da Receita Federal do Brasil do Ministério da Economia e da Procuradoria-Geral da Fazenda Nacional editará enunciados de súmula da administração tributária federal, conforme o disposto em ato do Ministro de Estado da Economia, que deverão ser observados nos atos administrativos, normativos e decisórios praticados pelos referidos órgãos*".

O dispositivo é claro ao criar um sistema de precedentes obrigatórios e colocar o CARF – Conselho Administrativo de Recursos Fiscais no centro decisório desse sistema.

Há, como se sabe, um quadro de enunciados da súmula da jurisprudência do CARF, atualmente com 161 enunciados, que orientam a atuação dos agentes fazendários, dos contribuintes e do próprio CARF. Muitos desses enunciados são vinculantes para a Administração Tributária Federal, conforme Portaria 129/2019 do Ministro da Economia.

O art. 47, §§ 1º a 3º do Regimento Interno do CARF estabelece procedimento para gestão e julgamento dos recursos administrativos repetitivos, semelhante àquele previsto para os recursos extraordinários repetitivos nos arts. 1.036-1041 do CPC, inclusive com a aplicação da tese firmada no recurso paradigma (aquele escolhido como representativo da controvérsia, nos termos do art. 47, § 1º) aos recursos sobrestados (art. 47, § 3º). O paralelo é evidente: cá como lá, o propósito é julgar casos pendentes e firmar precedentes (administrativos e judiciais, respectivamente) obrigatórios.

Não bastassem todas essas regras, e mesmo independentemente delas[12], o sistema de formação e aplicação de precedentes administrativos é desdobramento inexorável dos princípios da segurança jurídica (incluindo sua dimensão subjetiva, a proteção da confiança, porque respeitar o precedente é manter a coerência administrativa e proteger a confiança do administrado[13]) e da igualdade[14].

---

12 Assim, BARREIROS, Lorena Miranda Santos. *Convenções processuais e Poder Público.* Salvador: Editora Juspodivm, 2017, p. 330.

13 Relacionando o respeito aos precedentes administrativos com a proibição do *venire contra factum proprium* pela Administração, ARAGÃO, Alexandre Santos de. "Teoria das autolimitações administrativas: atos próprios, confiança legítima e contradição entre órgãos administrativos". *Revista de Direito do Estado.* Rio de Janeiro: Renovar, 2006, ano 1, n. 4, p. 231-244; BARROS, Marco Antonio Loschiavo Leme de. "Processo, precedentes e as novas formas de justificação da Administração Pública brasileira". *Revista Digital de Direito Administrativo* (RDDA), 2016, v. 3, n. 1, p. 141.

14 Longamente sobre o tema, HACHEM, Daniel Wunder. "Vinculação da administração pública aos precedentes administrativos e judiciais: mecanismo de tutela igualitária dos direitos

3. INTERVENÇÃO DO *AMICUS CURIAE* E OS PROCESSOS ADMINISTRATIVOS APTOS À FORMAÇÃO DE PRECEDENTES OBRIGATÓRIOS

De acordo com o art. 15 do CPC, as normas do processo jurisdicional civil aplicam-se, subsidiária e supletivamente, ao processo administrativo. Isso significa que as normas processuais civis servem para preencher lacunas das fontes normativas do processo administrativo (atuação subsidiária) e completar regramentos já existentes (atuação supletiva). Essa aplicação serve aos diversos tipos de processo administrativo (disciplinar, autorizativos, regulatórios, sancionadores, tributários etc.).

O art. 15 do CPC e todo esse quadro normativo que institui o sistema de precedentes administrativos obrigatórios facilitam a compreensão de que não é apenas recomendável, mas também imperiosa, a atuação de *amicus curiae* em processo que tenha aptidão para a produção de precedentes administrativos, como os oriundos de tribunais administrativos[15]. A qualificação desses precedentes é, além

sociais". *Revista de Direito Administrativo & Constitucional*. Belo Horizonte: Fórum, 2015, ano 15, n. 59, p. 63-91.

15 "Ficam assim delineadas as vantagens da intervenção do *amicus curiae* no processo, em termos de reforço do contraditório, respeito à soberania popular e princípio participativo; o 'contraditório' que ele proporciona é no sentido da cooperação com os julgadores, na busca de uma decisão mais justa e mais coerente com a realidade social. O instituto repousa, ainda, na necessidade da legitimação social dos julgamentos. Tudo isto aplica-se evidentemente ao processo administrativo que, como visto acima, é permeado hoje por uma relevante processualidade. Nada impede, e até recomenda, a admissão da intervenção do *amicus curiae* no processo administrativo, aplicando as regras contidas no art. 138 e parágrafos do CPC. Milita a favor da transposição do artigo do Código não só a regra expressa de sua aplicação subsidiária, mas também o princípio do diálogo das fontes, segundo o qual deve ser sempre possível a adoção de uma regra oriunda de outra disciplina jurídica, desde que compatível com as regras próprias de outro sistema. Também a analogia pode ser aplicada no caso da intervenção do *amicus* no processo administrativo, que apresenta frequentemente os requisitos indicados pelo CPC para sua aplicação: 'A relevância da matéria, a especificidade do objeto da demanda ou a repercussão social da controvérsia'. O processo administrativo pode perfeitamente preencher esses requisitos. Basta pensar, por exemplo, nas súmulas administrativas do Conselho Nacional de Incentivo à Cultura, nas súmulas da Advocacia Geral da União, no efeito vinculante previsto pela Lei nº 13.457/09-SP em relação às súmulas do TIT, na jurisprudência do Senacon – Sistema Nacional de Defesa do Consumidor em relação a empresas

de concretização da segurança jurídica e da igualdade, também uma importante dimensão do princípio da eficiência[16], na medida em que tem potencial para tornar a atuação administrativa substancialmente mais justa. É, também, reforço ao dever de motivação das decisões administrativas (art. 50, da Lei n. 9.784/1999), corolário do devido processo legal administrativo[17]: com a ampliação do debate, tendencialmente se aperfeiçoa a cognição e, consequentemente, a decisão administrativa.

Há exemplo importante de intervenção de *amicus curiae* em processo administrativo. No procedimento "de edição, revisão ou cancelamento de enunciado da súmula vinculante do STF, o relator poderá admitir, por decisão irrecorrível, a manifestação de terceiros na questão, nos termos do Regimento Interno do Supremo Tribunal Federal" (art. 3º, § 2º, da Lei n. 11.417/2006).

Outro bom exemplo de intervenção de *amicus curiae* em processo administrativo está previsto no art. 50 da Lei n. 12.529/2011 (Lei do CADE): "*Art. 50. A Superintendência-Geral ou o Conselheiro--Relator poderá admitir a intervenção no processo administrativo de:*

fabricantes nos atos anticoncorrenciais julgados pelo CADE. Isso tudo engloba matérias extremamente relevantes, de objeto específico e nas quais fica clara a repercussão social da controvérsia. Bem-vindo o *amicus curiae* no processo administrativo. E que os juízos e Tribunais o acolham de braços abertos." (GRINOVER, Ada Pellegrini. "O *Amicus Curiae* no processo administrativo". *Revista Lex Magister*, Porto Alegre. Disponível em: lex.com.br/doutrina_27470852_O_AMICUS_CURIAE_NO_PROCESSO_ADMINISTRATIVO.aspx. Acessado em 16.03.2020). Admitindo a intervenção em processos nos tribunais de contas, PEREIRA, César A. Guimarães. "A participação das câmaras de arbitragem como *amicus curiae* em processos do Tribunal de Contas da União relativos a processos arbitrais". *Revista Brasileira de Arbitragem*, v. 3, n. 12, p. 43-51.

16 HACHEM, Daniel Wunder. "Vinculação da administração pública aos precedentes administrativos e judiciais: mecanismo de tutela igualitária dos direitos sociais". *Revista de Direito Administrativo & Constitucional.* Belo Horizonte: Fórum, 2015, ano 15, n. 59, p. 63-91; BARROS, Marco Antonio Loschiavo Leme de. "Processo, precedentes e as novas formas de justificação da Administração Pública brasileira". *Revista Digital de Direito Administrativo* (RDDA), 2016, v. 3, n. 1, p. 134, 138.

17 Considerando que o *amicus curiae* no processo administrativo pode ser de grande valia para a construção do devido processo legal administrativo, SILVA, Daniela Juliano. "Aplicação supletiva e subsidiária do Código de Processo Civil aos processos administrativos e seus reflexos na jurisdição administrativa". *Revista CEJ*. n. 71, Ano XXI, Brasília, 2017, p. 13.

I – terceiros titulares de direitos ou interesses que possam ser afetados pela decisão a ser adotada; ou II – legitimados à propositura de ação civil pública pelos incisos III e IV do art. 82 da Lei 8.078, de 11 de setembro de 1990".

Há, ainda, os arts. 32-34 da Lei n. 9.784/1999 (Lei do Processo Administrativo federal), que cuidam, especificamente, da possibilidade de participação de terceiros em processo administrativo, com o propósito de aperfeiçoar a decisão administrativa. Essa atuação é semelhante à do *amicus curiae*[18], e certamente supõe que a interpretação do ente administrativo pode repercutir para além caso concreto que está sendo decidido: "*art. 32. Antes da tomada de decisão, a juízo da autoridade, diante da relevância da questão, poderá ser realizada audiência pública para debates sobre a matéria do processo; art. 33. Os órgãos e entidades administrativas, em matéria relevante, poderão estabelecer outros meios de participação de administrados, diretamente ou por meio de organizações e associações legalmente reconhecidas; art. 34. Os resultados da consulta e audiência pública e de outros meios de participação de administrados deverão ser apresentados com a indicação do procedimento adotado*".

"No processo administrativo a mais completa instrução é *dever* do agente administrativo"[19].

4. CONCLUSÃO

Tudo isso demonstra que, a partir da aplicação do art. 15 do CPC, é admissível, e muitas vezes obrigatória, a intervenção do *amicus curiae* em processo administrativo, não sendo algo estranho ao sistema jurídico brasileiro, sobretudo nos processos administrativos

18 CABRAL, Antonio do Passo. "Pelas asas de Hermes: a intervenção do *amicus curiae*, um terceiro especial. Uma análise dos institutos interventivos similares – o *amicus* e o Vertreter des öffentlichen *Interesses*". *Revista de processo*. São Paulo: RT, 2004, v. 117, p. 13, 18; BUENO, Cassio Scarpinella. *Amicus curiae no processo civil brasileiro – um terceiro enigmático*. São Paulo: Saraiva, 2006, p. 76-77.

19 MOREIRA, Egon Bockmann. *Processo administrativo – princípios constitucionais e a Lei 9.784/1999*. 2ª ed. São Paulo: Malheiros Ed., 2003, p. 288.

aptos à produção de precedente obrigatório de tribunal administrativo, como o Conselho Administrativo de Recursos Fiscais-CARF, CADE, Tribunais de Contas etc.

5. REFERÊNCIAS BIBLIOGRÁFICAS

ARAGÃO, Alexandre Santos de. "Teoria das autolimitações administrativas: atos próprios, confiança legítima e contradição entre órgãos administrativos". *Revista de Direito do Estado.* Rio de Janeiro: Renovar, 2006, ano 1, n. 4, p. 231-244.

BARREIROS, Lorena Miranda Santos. *Convenções processuais e Poder Público.* Salvador: Editora Juspodivm, 2017.

BARROS, Marco Antonio Loschiavo Leme de. "Processo, precedentes e as novas formas de justificação da Administração Pública brasileira". *Revista Digital de Direito Administrativo* (RDDA), 2016, v. 3, n. 1, p. 133-149.

BUENO, Cassio Scarpinella. *Amicus curiae no processo civil brasileiro – um terceiro enigmático.* São Paulo: Saraiva, 2006.

CABRAL, Antonio do Passo. "Pelas asas de Hermes: a intervenção do *amicus curiae*, um terceiro especial. Uma análise dos institutos interventivos similares – o *amicus* e o Vertreter des öffentlichen *Interesses*". *Revista de processo.* São Paulo: RT, 2004, v. 117, p. 13, 18.

DIDIER Jr., Fredie; BRAGA, Paula Sarno; OLIVEIRA, Rafael Alexandria de. *Curso de Direito Processual Civil.* 15ª ed. Salvador: Editora Juspodivm, 2020, v. 2.

DIDIER Jr., Fredie; CUNHA, Leonardo Carneiro da. *Curso de Direito Processual Civil.* 17ª ed. Salvador: Editora Juspodivm, 2020, v. 3.

GRINOVER, Ada Pellegrini. "O *Amicus Curiae* no processo administrativo". *Revista Lex Magister*, Porto Alegre. Disponível em: lex.com.br/doutrina_27470852_O_AMICUS_CURIAE_NO_PROCESSO_ADMINISTRATIVO.aspx. Acessado em 16.03.2020.

HACHEM, Daniel Wunder. "Vinculação da administração pública aos precedentes administrativos e judiciais: mecanismo de tutela igualitária dos direitos sociais". *Revista de Direito Administrativo & Constitucional.* Belo Horizonte: Fórum, 2015, ano 15, n. 59, p. 71

MARINONI, Luiz Guilherme. "O precedente na dimensão da igualdade. *A força dos precedentes.* Luiz Guilherme Marinoni (coord.) Salvador: Editora Juspodivm, 2010.

MODESTO, Paulo. "Autovinculação da administração pública". *REDE – Revista Eletrônica de Direito do Estado.* Salvador, 2010, n. 24, p. 2-4;

MOREIRA, Egon Bockmann. *Processo administrativo – princípios constitucionais e a Lei 9.784/1999.* 2ª ed. São Paulo: Malheiros Ed., 2003.

OLIVEIRA, Weber Luiz de. *Precedentes judiciais na administração pública – limites e possibilidades de aplicação.* Salvador: Editora Juspodivm, 2019.

PEREIRA, César A. Guimarães. "A participação das câmaras de arbitragem como *amicus curiae* em processos do Tribunal de Contas da União relativos a processos arbitrais". *Revista Brasileira de Arbitragem*, v. 3, n. 12, p. 43-51.

SILVA, Daniela Juliano. "Aplicação supletiva e subsidiária do Código de Processo Civil aos processos administrativos e seus reflexos na jurisdição administrativa". *Revista CEJ.* n. 71, Ano XXI, Brasília, 2017, p. 13.

CAPÍTULO 4

PROTEÇÃO DA CONFIANÇA LEGÍTIMA EM DECISÕES DO CONSELHO DE CONTRIBUINTES DO ESTADO DO RIO DE JANEIRO ACERCA DO ICMS

Gustavo da Gama Vital de Oliveira[1]

Sumário • 1. Introdução. 2. Segurança jurídica e proteção da confiança legítima no Direito Tributário. 3. O conselho de contribuintes do estado do rio de janeiro e a tutela da confiança legítima. 4. Considerações finais. 5. Referências Bibliográficas.

1. INTRODUÇÃO

Os precedentes administrativos, na seara tributária, desempenham função de elevada importância na garantia da proteção da segurança jurídica e da confiança legítima do contribuinte.

No Direito Tributário, costuma-se por ênfase na importância do princípio da legalidade estrita (art. 150, I, Constituição Federal), que desautoriza a exigência de tributo sem amparo em ato normativo emanado do Poder Legislativo. Tal abordagem é importante, mas não se pode deixar de enfatizar que a legalidade não é o único princípio aplicável à tributação e que o próprio Código Tributário Nacional, em alguns dispositivos, realizou verdadeira ponderação legislativa entre a legalidade e a segurança jurídica (especialmente na sua dimensão de

1 Professor Adjunto de Direito Financeiro pela Universidade do Estado do Rio de Janeiro – UERJ. Mestre e Doutor em Direito Público pela UERJ. Procurador do Município do Rio de Janeiro. Advogado.

proteção da confiança legítima do contribuinte), com nítida prevalência pelo segundo princípio apontado.

Todavia, de nada adiantaria a existência de dispositivos constitucionais e legais tutelando a segurança jurídica, se os órgãos de aplicação do Direito não os invocassem na prática. No presente estudo, examinaremos como decisões do Conselho de Contribuintes do Estado do Rio de Janeiro, relacionados a controvérsias envolvendo o ICMS, prestigiaram a aplicação do princípio da proteção da confiança legítima.

2. SEGURANÇA JURÍDICA E PROTEÇÃO DA CONFIANÇA LEGÍTIMA NO DIREITO TRIBUTÁRIO

O princípio da proteção da confiança legítima é uma manifestação da dimensão subjetiva da segurança jurídica (art. 5º, *caput*, da CF), que protege a confiança do cidadão com base nas normas jurídicas e nas condutas estatais.[2] É natural que, diante das ambiguidades e imprecisões das leis tributárias, o contribuinte venha a orientar suas condutas não apenas com base no texto da lei, mas também por meio das interpretações e atos normativos que a própria Fazenda Pública, na função de aplicadora da legislação, venha a consagrar.

Nesse sentido, Flávio Bauer Novelli destaca que a interpretação administrativa constitui também uma espécie de interpretação oficial, destinada a formular de modo mais concreto o enunciado normativo, tornando-o compreensível na tentativa de descobrir o significado do texto.[3]

Quando o contribuinte cumpre a legislação tributária a partir dos parâmetros fixados pela Administração Tributária, mas ocorre

---

2 Ávila, Humberto. *Segurança Jurídica*: entre permanência, mudança e realização no Direito Tributário. São Paulo: Malheiros, 2011, p. 366.

3 NOVELLI, Flavio Bauer. A propósito da interpretação administrativa do Direito Tributário. In: *Temas de Interpretação do Direito Tributário*. TORRES, Ricardo Lobo (org.) Rio de Janeiro: Renovar, 2003, p. 76.

posterior modificação em tais critérios, eventual exigência do tributo (com base no princípio da legalidade) deve ser necessariamente ponderada pela circunstância de que a confiança legítima do contribuinte precisa ser tutelada. Embora não se possa negar à administração fiscal o direito a reconsiderar sua posição de forma a adequá-la aos fatos futuros, a proteção da confiança veda a possibilidade de buscar a aplicação do novo entendimento aos fatos passados.

A confiança depositada pelo contribuinte em uma conduta emanada da administração fiscal, posteriormente revista, se afigura ainda mais intensa quando é construída não só por meio de atos normativos gerais, mas também por *atos administrativos concretos*, que revelam um grau maior de proximidade do Fisco com o contribuinte.[4]

Na doutrina alemã, também é notória preocupação em compatibilizar a legalidade com a proteção da confiança, como bem revela a lição de Klaus Tipke e Joacquim Lang:

> Correspondentemente não podem preceitos administrativos em princípio ser decretados retroativamente. Com efeito, também prescrições administrativas estão sujeitas à lei. Sua finalidade formativa de proteção à confiança não é entretanto a aquisição de direitos no caso concreto, mas sim a execução uniforme da lei no processo em massa. A Administração Tributária está obrigada muito especialmente em consideração ao princípio "nenhuma igualdade no "injusto", a substituir preceitos administrativos contrários ao direito por ajustados ao direito. Entretanto proíbe a tutela da confiança constitucional à Administração Tributária modificar a execução da lei regulada para o passado mediante preceito administrativo. Pelo contrário, deve a praxe administrativa adaptar pro futuro a "correta" aplicação da lei.(...)[5]

O Código Tributário Nacional possui duas normas que são emblemáticas em favor da proteção da confiança legítima:

---

4 ÁVILA, Humberto. *Ob. Cit.*, p. 453/454.

5 Tipke, Klaus; LANG, Joachim. *Direito Tributário*. Porto Alegre: Sergio Antonio Fabris, 2008, p. 260.

> Art. 146. A modificação introduzida, de ofício ou em conseqüência de decisão administrativa ou judicial, nos critérios jurídicos adotados pela autoridade administrativa no exercício do lançamento somente pode ser efetivada, em relação a um mesmo sujeito passivo, quanto a fato gerador ocorrido posteriormente à sua introdução."
>
> Art. 100. São normas complementares das leis, dos tratados e das convenções internacionais e dos decretos:
>
> I - os atos normativos expedidos pelas autoridades administrativas;
>
> II - as decisões dos órgãos singulares ou coletivos de jurisdição administrativa, a que a lei atribua eficácia normativa;
>
> III - as práticas reiteradamente observadas pelas autoridades administrativas;
>
> IV - os convênios que entre si celebrem a União, os Estados, o Distrito Federal e os Municípios.
>
> Parágrafo único. A observância das normas referidas neste artigo exclui a imposição de penalidades, a cobrança de juros de mora e a atualização do valor monetário da base de cálculo do tributo.

Luís Eduardo Schoueri, em comentário à regra do art. 146 do CTN, destaca que seu objetivo é resolver a tensão entre a legalidade tributária e a confiança legítima, havendo a prevalência da proteção da boa-fé, ao não se admitir a revisão do lançamento por erro de direito.[6]

Leandro Paulsen também esclarece a íntima relação entre o art. 146 do CTN e o princípio da proteção da confiança legítima:

> O art. 146 do CTN positiva, em nível infraconstitucional, a necessidade da proteção da confiança do contribuinte na Administração Tributária, abarcando, de um lado, a impossibilidade de retratação de atos administrativos concretos que implique prejuízo relativamente a situação consolidada à luz de critérios anteriormente adotados e, de outro, a irretroatividade de atos administrativos normativos quando o contribuinte confiou nas normas anteriores.[7]

[6] Schoueri, Luís Eduardo. *Direito Tributário*. São Paulo: Saraiva, 2011, p. 534.

[7] Paulsen, Leandro. *Direito Tributário*: Constituição e Código Tributário à luz da doutrina e da jurisprudência. Porto Alegre: Livraria do Advogado, 2012, p. 1021.

A regra do parágrafo único do art. 100 do CTN, além de possuir nítida inspiração na tutela da confiança legítima, também é informada pelo princípio da vedação do comportamento contraditório. Assim, Ruy Barbosa Nogueira assevera que a regra pode ser interpretada a partir da máxima *nemo potest venire contra factum propium*, pois a Administração não pode punir ou onerar alguém por ter seguido as orientações do Fisco, ainda que o mesmo as venha repudiar.[8]

O critério de diferenciação para aplicação do art. 146 e do art. 100, parágrafo único, do CTN, consiste na circunstância de que, no primeiro caso, a norma protege o contribuinte em relação ao *critério individualizado* adotado pela administração fiscal. Na segunda hipótese, a norma faz referência à mudança do critério adotada por *norma genérica*.[9] Note-se que na hipótese do art. 146 do CTN a mudança de critério veda a possibilidade de retroatividade inclusive para a exigência do próprio tributo, o que não ocorre em relação ao art. 100, parágrafo único do mesmo diploma.

É interessante notar a extrema aproximação axiológica existente entre as regras do CTN indicadas (que datam de 1966) com dispositivos da Lei de Introdução às Normas do Direito Brasileiro (DL 4657/42) – **LINDB**, incluídos pela Lei 13.665/2018, revelando a atualidade dos enunciados normativos indicados constantes do CTN:

> Art. 23. A decisão administrativa, controladora ou judicial que estabelecer interpretação ou orientação nova sobre norma de conteúdo indeterminado, impondo novo dever ou novo condicionamento de direito, deverá prever regime de transição quando indispensável para que o novo dever ou condicionamento de direito seja cumprido de modo proporcional, equânime e eficiente e sem prejuízo aos interesses gerais.
>
> Art. 24. A revisão, nas esferas administrativa, controladora ou judicial, quanto à validade de ato, contrato, ajuste, processo ou norma administrativa cuja produção já se houver completado levará em conta as orientações gerais da época, sendo vedado que, com base em mudança posterior de orientação geral, se declarem inválidas situações plenamente constituídas.

---

8 Nogueira, Ruy Barbosa. *Curso de Direito Tributário*. São Paulo: Saraiva, 1995, p. 66.

9 Torres, Ricardo Lobo. *Tratado de Direito Constitucional Financeiro e Tributário*, v. II, Rio de Janeiro: Renovar, 2005, p. 578.

> Parágrafo único. Consideram-se orientações gerais as interpretações e especificações contidas em atos públicos de caráter geral ou em jurisprudência judicial ou administrativa majoritária, e ainda as adotadas por prática administrativa reiterada e de amplo conhecimento público."
>
> Art. 30. As autoridades públicas devem atuar para aumentar a segurança jurídica na aplicação das normas, inclusive por meio de regulamentos, súmulas administrativas e respostas a consultas.
>
> Parágrafo único. Os instrumentos previstos no caput deste artigo terão caráter vinculante em relação ao órgão ou entidade a que se destinam, até ulterior revisão.

A proteção da confiança legítima também constitui princípio expressamente previsto na Lei de Processo Administrativo no Estado do Rio de Janeiro (Lei nº 5.427/2009), que também veda a aplicação retroativa de nova interpretação desfavorável ao administrado:

> Art. 2º O processo administrativo obedecerá, dentre outros, aos princípios da transparência, legalidade, finalidade, motivação, razoabilidade, proporcionalidade, moralidade, ampla defesa, contraditório, segurança jurídica, impessoalidade, eficiência, celeridade, oficialidade, publicidade, participação, proteção da confiança legítima e interesse público.
>
> §1º Nos processos administrativos serão observadas, entre outras, as seguintes normas:
>
> XII – interpretação da norma administrativa da forma que melhor garanta o atendimento do fim público a que se dirige, vedada a aplicação retroativa de nova interpretação, desfavorável ao administrado, que se venha dar ao mesmo tema, ressalvada a hipótese de comprovada má-fé.

O art. 75 da lei referida determina a aplicação subsidiária aos processos administrativos específicos por legislação própria, como o Processo Administrativo Fiscal no Estado do Rio de Janeiro, que é regulado pelo Decreto 2.473/79. Há diversos precedentes do Conselho de Contribuintes do Estado do Rio de Janeiro invocando a aplicação subsidiária da Lei 5427/2009 no contencioso fiscal.[10]

[10] A título exemplificativo, o Acórdão 8.729, Relatora Conselheira Fábia Trope, Sessão de 21 de junho de 2017.

Ademais, a mesma base axiológica do parágrafo único do art. 100 do CTN é reproduzida no art. 196 do Decreto-lei estadual 5/1975 (Código Tributário do Estado do Rio de Janeiro):

> Art. 196. Não será passível de penalidade aquele que proceder em conformidade com decisão da autoridade competente, nem aquele que apresentar consulta, enquanto não terminar o prazo para cumprimento do decidido nesta.

A tutela da confiança legítima também é reconhecida, no âmbito do processo administrativo fiscal no Estado do Rio de Janeiro, pelo Regimento Interno da Junta de Revisão Fiscal (Resolução SER 023, de 16 de maio de 2003), responsável pelo julgamento de impugnações dos contribuintes aos autos de infração:

> Art. 25. Ao Auditor que atuar como Relator incumbe:
>
> VII – velar pelos princípios informadores do processo administrativo tributário, em especial os da transparência, legalidade, finalidade, motivação, razoabilidade, proporcionalidade, moralidade, ampla defesa, contraditório, segurança jurídica, impessoalidade, eficiência, celeridade, oficialidade, publicidade, participação, proteção da confiança legítima, interesse público, verdade material e economia processual.

A Procuradoria Geral do Estado do Rio de Janeiro também já editou relevantes pareceres para a interpretação da legislação do ICMS, destacando a necessidade de aplicação de novo critérios jurídicos apenas em relação aos fatos geradores posteriores à adoção do novo entendimento:

> Regime especial de tributação e recolhimento do ICMS (Leis estaduais n°4.533/05 e n°5.636/10). Caracterização de um estabelecimento como industrial, atacadista ou varejista. Critério da predominância (RICMS/RJ). Nova interpretação fixada. Vinculação da Administração ao critério jurídico por ela estabelecido, no passado, em resposta dada a consulta então formulada pelo contribuinte. Modificação, agora, deste critério jurídico. Aplicação do novo critério apenas aos fatos geradores posteriores à adoção do novo entendimento (art. 146 do CTN).[11]

[11] Parecer n°2/2014 – LAMGS – Revista PGE-RJ 69 (2015).

Existe nítida aproximação da proteção da confiança do contribuinte ao princípio da boa-fé, de forma que o Estado deve respeitar a segurança dos direitos fundamentais do contribuinte, com a consequente vedação de alterações de critérios jurídicos da Administração na revisão de lançamentos tributários ou na revogação de benefícios fiscais.[12]

A tutela da confiança legítima do contribuinte costuma ser colocada em situações nas quais a administração fiscal, ao modificar atos normativos ou individuais considerados supostamente divorciados da legalidade, muda sua interpretação e pretende aplicar o novo entendimento para situações do passado. Aqui, a proteção da confiança legítima se apresenta como princípio capaz de justificar o temperamento da legalidade, preservando os fatos praticados em data anterior à nova interpretação. É bastante elucidativa nesse sentido a lição de Ricardo Lobo Torres:

> Com efeito, o valor jurídico fundamental da segurança jurídica agasalha simultaneamente os princípios da *legalidade tributária* e da *proteção da boa-fé* do contribuinte. Em certas ocasiões tais princípios podem se colocar em contradição, o que exige o recurso a técnica de ponderação de interesses para eliminar a antinomia e para garantir a harmonia do sistema jurídico. Enquanto a aplicação das regras jurídicas se funda em argumentação binária, em que uma regra corrige ou revoga a que lhe contradiz, a dos princípios se baseia na ponderação, de tal forma que, em determinadas situações, um princípio apresenta peso menor que o de outro que se ajusta melhor ao caso, sem dá se poder concluir pela superioridade de qualquer deles. Exatamente isso acontece com a tensão entre a legalidade a boa-fé do contribuinte diante da interpretação errônea do direito tributário, que deve ser solucionada com a prevalência da proteção da confiança do sujeito passivo.[13]

O princípio da unidade da Constituição impede que intérprete possa simplesmente optar por um princípio constitucional e ignorar

---

12 Torres, Ricardo Lobo. IR. Anulação de incentivos fiscais – efeitos no tempo. In *Estudos e Pareceres de Direito Tributário*. TORRES, Silvia Faber (org), 2014, p. 25.

13 Torres, Ricardo Lobo. IR. Ob.cit. p. 4.

a aplicação de outro, como se houvesse hierarquia entre eles.[14] Ora, a legalidade tributária não é o único princípio que deve ser protegido pelo aplicador, pois é preciso considerar a necessidade de proteção de outros princípios, como a segurança jurídica em sua dimensão subjetiva – a proteção da confiança legítima.

No próximo item, destacaremos decisões do Conselho de Contribuintes do Estado do Rio de Janeiro que, na solução de controvérsias envolvendo diversos temas relacionados ao ICMS, adotaram decisões que prestigiaram a tutela da confiança legítima do contribuinte.

3. O CONSELHO DE CONTRIBUINTES DO ESTADO DO RIO DE JANEIRO E A TUTELA DA CONFIANÇA LEGÍTIMA

O Conselho de Contribuintes do Estado do Rio de Janeiro, em diversas oportunidades, reconheceu a necessidade de tutelar a confiança legítima do contribuinte. Em precedente invocando a regra do art. 146 do CTN, o Conselho de Contribuintes rejeitou tentativas do fisco estadual de impor efeitos retroativos à mudança de interpretação de normas tributárias. Nessa linha, o voto vencedor do Conselheiro Luiz Carlos Sampaio Afonso, no acórdão 7.852:

> É certo que a autoridade administrativa tributária pode modificar os métodos que emprega na atividade do lançamento (inclusive face à decisão judicial). Agora, a aplicação dos novos critérios só pode ser efetivada, em relação a um mesmo sujeito passivo, com vistas a fatos geradores ocorridos posteriormente as ditas modificações. (Acórdão 7.852, Quarta Turma, Sessão de 22 de setembro de 2009)

A aplicação da regra do parágrafo único do art. 100 do CTN, pelo afastamento da aplicação de multa e juros ao contribuinte que obteve orientação de um canal oficial de órgão fazendário, também foi admitida pelo órgão administrativo:

---

14 Barroso, Luís Roberto. O começo da história. A nova interpretação constitucional e o papel dos princípios no direito brasileiro. In: *Temas de Direito Constitucional* – Tomo III. Rio de Janeiro: Renovar, 2005, p. 21.

> (...) NORMAS GERAIS DE DIREITO TRIBUTÁRIO. BOA-FÉ. CONFIANÇA LEGÍTIMA DO CONTRIBUINTE. AFASTAMENTO DA MULTA E JUROS. Considerando que o sujeito passivo demonstrou ter obtido orientação escrita de um canal oficial do órgão fazendário no sentido de confirmar a isenção prevista no Convênio ICM nº 44/75 para produtos hortifrutigranjeiros processados nos termos da legislação do IPI, em momento anterior ao período autuado, tem-se presente a sua boa-fé e a confiança legítima instaurada, dando ensejo à aplicação do art. 100, parágrafo único, do CTN para afastar a cobrança de multa proporcional e juros moratórios. RECURSO PARCIALMENTE PROVIDO. (Quarta Câmara, Acórdão 15.692, Redator Daniel Gudino, Sessão de 13 de dezembro de 2016)

Em outro precedente, o Conselho Pleno do órgão administrativo decidiu pela não aplicação de multa a contribuinte que havia seguido orientação da autoridade administrativa:

> (...) MULTA. CRÉDITO IRREGULAR. TRANSFERÊNCIA DE CRÉDITOS AUTORIZADA PELA ADMINISTRAÇÃO. Impossibilidade de aplicação de penalidade ao contribuinte que agiu em conformidade com a administração fazendária, ainda que esta posteriormente tenha revisto o ato praticado. Proteção à segurança jurídica do contribuinte. Afastada a penalidade aplicada. RECURSO DO CONTRIBUINTE PARCIALMENTE PROVIDO. (Acórdão 9.223, Redatora do Mérito Fábia Trope de Alcântara, Sessão de 8 de agosto de 2018)

Em seu voto, a Conselheira Fábia Trope destacou a necessidade de tutela da segurança jurídica do contribuinte:

> É certo que, diante do princípio da legalidade, não se pode dispensar a exigência do imposto, uma vez que os transferidos eram ilegítimos. Entretanto, não se pode admitir a imposição de multa ao terceiro de boa fé, que agiu com respaldo na legislação, autorizado pela autoridade administrativa, que referendara a higidez dos créditos acumulados. O fato de a Recorrente ter sido intimada não afasta a aplicação do parágrafo único do artigo 100 do CTN, que exclui a imposição de penalidades no caso de observância das normas complementares à legislação tributária – entre as quais o decreto que previu a transferência de créditos, e o ato administrativo que autorizou a transferência.

Em relação à interpretação dos benefícios fiscais de ICMS, a tutela da confiança legítima do contribuinte também se afigura fundamental, considerando que empresas são estabelecidas e realizam seus planejamentos financeiros confiando em seu enquadramento nos benefícios, muitas vezes a partir de manifestações da própria Fazenda Pública.

O Conselho de Contribuintes também já decidiu que a interpretação dos benefícios fiscais pela fiscalização deve observar o princípio da segurança jurídica, conforme precedente mencionado a seguir:

> ICMS – INCENTIVOS FISCAIS – INTERPRETAÇÃO No exame de incentivos fiscais não se pode afastar o raciocínio de que um benefício foi concedido em face da legislação tributária e por ela permitido, não se podendo ferir o princípio da segurança jurídica (Primeira Câmara, Acórdão 8.342, Sessão de 09/09/2009)

O voto do Redator Conselheiro Antonio Silva Duarte é contundente pela defesa da segurança jurídica na interpretação dos benefícios fiscais:

> Com efeito, como é do conhecimento médio, os Estados, na busca de investimentos de empresas estrangeiras, costumam conceder algumas vantagens fiscais que seriam largamente compensadas com a entrada desse capital, não só pela arrecadação futura como pelo oferecimento de substancial número de empregos.
>
> De outro lado, mais do que benefício fiscal, as empresas procuram a segurança jurídica, isto é, a certeza de que as regras preestabelecidas não mudarão.
>
> Dessa forma, a interpretação sobre a concessão de benefícios fiscais a essas empresas devem preocupar-se, sobremodo, com o respeito à essa segurança.
>
> Ressalte-se que esse cuidado não só protege os contratantes contra o possível exagero da administração tributária, como proporcionará estímulo a pretensos investidores.

Outro tema em relação ao qual nota-se a tutela do órgão administrativo fiscal pela proteção da confiança legítima envolve a negativa de reconhecer a legitimidade à lavratura de auto de infração na pendência de solução definitiva de processo de consulta formulado pelo contribuinte.

O Conselho de Contribuintes do Estado do Rio de Janeiro já decidiu pela nulidade de auto de infração lavrado na pendência de solução definitiva de consulta em algumas oportunidades:

> NULIDADE – AUTO DE INFRAÇÃO Enquanto não solucionada definitivamente a consulta, nenhum procedimento fiscal será instaurado contra o consulente
>
> ACOLHIDA A NULIDADE DO AUTO DE INFRAÇÃO
>
> (Segunda Câmara, Recurso 41.805, Relator Conselheiro Luiz Carlos Sampaio Afonso, Sessão de 07/06/2011)

> ICMS – CRÉDITO EM DESACORDO COM A LEGISLAÇÃO.
>
> Conforme a inteligência do artigo 163 do Decreto nº 2.473/79, enquanto não solucionada definitivamente a consulta formulada ao Órgão competente, nenhum procedimento fiscal será instaurado contra a consulente em relação a matéria consultada.
>
> Verifica-se nos autos, que o auto de infração em discussão foi lavrado em data anterior a ciência da resposta à consulta formulada pelo sujeito passivo."
>
> (Primeira Câmara, Recurso 21.488, Relator Conselheiro Antônio Silva Duarte, Sessão de 21/09/2005)

> IMPOSTO SOBRE CIRCULAÇÃO DE MERCADORIAS E SERVIÇOS. CONSULTA Enquanto não solucionada a consulta, nenhum procedimento fiscal será promovido contra o consulente, em relação à matéria consultada.
>
> (Quarta Câmara, Recurso 16.570, Relator Conselheiro José Eduardo Pinaud Madruga, Sessão de 14/07/1999)

Admitir a lavratura de auto de infração em tal hipótese representaria manifesta afronta à proteção da confiança legítima, pois representaria verdadeira punição ao contribuinte que utilizou de legítimo instrumento, disponibilizado pelo próprio Estado, para dirimir suas dúvidas acerca da tributação.[15]

4. CONSIDERAÇÕES FINAIS

A necessária ponderação entre a legalidade e a segurança jurídica (especialmente em sua dimensão da proteção da confiança legítima) não constitui um problema apenas do Direito Tributário. Conjugar a aplicação equilibrada dos dois princípios é um desafio do próprio Estado de Direito.

A Comissão de Veneza divulgou em março de 2016 estudo sobre as características que devem ser verificadas em um país para que seja possível reconhecer a existência de um Estado de Direito ("Rule of law checklist"). Os dois primeiros princípios desenvolvidos foram, justamente, a *legalidade e a segurança jurídica*. O item 61 do Estudo traz relevante reflexão para o caso da presente consulta, ao mencionar a necessidade de compatibilizar legalidade e proteção da confiança legítima, destacando que a última noção:

> expressa a ideia de que as autoridades públicas não devem apenas respeitar a lei, mas também as expectativas geradas. De acordo com a doutrina da confiança legítima, aqueles que atuam de boa-fé com base na lei, não podem ter frustradas em suas expectativas. Todavia, novas situações podem justificar mudança legislativas que podem frustrar expectativas in casos excepcionais. Tal doutrina aplica-se não apenas à legislação mas também para decisões individuais adotadas por autoridades públicas.[16]

---

15 Processo Administrativo Tributário (Decreto 2.473/79) "Art. 163. Enquanto não solucionada definitivamente a consulta, nenhum procedimento fiscal será instaurado contra o consulente, em relação à matéria consultada."

16 Disponível em http://www.venice.coe.int/webforms/documents/default.aspx?pdffile=CDL-AD(2016)007-e. No original: "The principle of legitimate expectations is part of the general principle of legal certainty in European Union law, derived from national laws. It also expresses the idea that public authorities should not only abide by the law but also by their promises and raised expectations. According to the legitimate expectation doctrine, those who act in good faith on the basis of law as it is, should not be frustrated in their legitimate expectations. However, new situations may justify legislative changes going frustratingle-

A tarefa de compatibilização dos dois princípios, por óbvio, não é exclusiva do Poder Judiciário. A Administração Pública também deve desempenhar tal função, inclusive em processos administrativos decisórios, que formarão precedentes administrativos. Assim, acórdãos de órgãos administrativos, como o Conselho de Contribuintes do Estado do Rio de Janeiro, que identificam a necessidade de tutela da confiança legítima, são fundamentais para a consolidação do próprio Estado de Direito.

5. REFERÊNCIAS BIBLIOGRÁFICAS

ÁVILA, Humberto. *Segurança Jurídica*: entre permanência, mudança e realização no Direito Tributário. São Paulo: Malheiros, 2011.

BARROSO, Luís Roberto. O começo da história. A nova interpretação constitucional e o papel dos princípios no direito brasileiro. In: *Temas de Direito Constitucional* - Tomo III. Rio de Janeiro: Renovar, 2005.

NOGUEIRA, Ruy Barbosa. *Curso de Direito Tributário*. São Paulo: Saraiva, 1995.

NOVELLI, Flavio Bauer. A propósito da interpretação administrativa do Direito Tributário. In: *Temas de Interpretação do Direito Tributário*. TORRES, Ricardo Lobo (org.) Rio de Janeiro: Renovar, 2003.

Parecer nº2/2014 - LAMGS - Revista PGE-RJ 69 (2015).

PAULSEN, Leandro. *Direito Tributário*: Constituição e Código Tributário à luz da doutrina e da jurisprudência. Porto Alegre: Livraria do Advogado, 2012.

SCHOUERI, Luís Eduardo. *Direito Tributário*. São Paulo: Saraiva, 2011.

TIPKE, Klaus; LANG, Joachim. *Direito Tributário*. Porto Alegre: Sergio Antonio Fabris, 2008.

TORRES, Ricardo Lobo. IR. Anulação de incentivos fiscais – efeitos no tempo. In *Estudos e Pareceres de Direito Tributário*. TORRES, Silvia Faber (org), 2014.

_______. *Tratado de Direito Constitucional Financeiro e Tributário*, v. II, Rio de Janeiro: Renovar, 2005.

gitimate expectations in exceptional cases. This doctrine applies not only to legislation but also to individual decisions by public authorities."

CAPÍTULO 5

A CONSTRUÇÃO DO PRECEDENTE ADMINISTRATIVO, NO ÂMBITO DOS ÓRGÃOS COLEGIADOS, E O PROBLEMA DA EXTRAÇÃO DA *RATIO DECIDENDI*

Luís Manoel Borges do Vale[1]

Sumário • 1. Introdução. 2. Considerações gerais sobre a teoria dos precedentes administrativos. 3. Os modelos de deliberação colegiada e o problema da extração da *ratio decidendi*. 4. Os órgãos administrativos de deliberação colegiada, no Brasil, e a necessidade de readaptação do sistema decisório, a fim de viabilizar a correta extração da *ratio decidendi*. 5. Conclusão. 6. Referências bibliográficas.

1. INTRODUÇÃO

A doutrina brasileira ainda carece de estudos mais sólidos sobre a teoria dos precedentes administrativos, principalmente em razão da mudança de paradigma empreendida pela edição de novos enunciados normativos, a exemplo do que se verifica na Lei de Introdução às Normas do Direito Brasileiro – LINDB.

1 Procurador do Estado de Alagoas, nomeado Procurador Federal, Ex-Advogado da Petrobras, Mestre em Direito Processual pela Universidade Federal de Alagoas, Especialista pela Ohio University, Professor de Direito Processual Civil na Pós-Graduação da UERJ, na Escola Superior da Magistratura de Alagoas – ESMAL e nos cursos ATC e FORUM, membro da Internacional Association of Privacy Professionals – IAPP, do Instituto Brasileiro de Direito Processual – IBDP e da Associação Norte e Nordeste de Professores de Processo – ANNEP. *E-mail*: borgesdovale@hotmail.com.

É preciso destacar, nesse contexto, que houve uma nítida consolidação, em sede administrativa, do *stare decisis*[2], de modo a ampliar a vinculatividade dos pronunciamentos oriundos da Administração Pública, tal como ocorreu com as decisões judiciais, através da edição do Código de Processo Civil de 2015.

Um dos pontos nodais, quando se está a discutir precedentes administrativos, refere-se ao processo de construção da decisão que será considerada obrigatória, na medida em que ela deve ser fruto de um aprofundamento argumentativo e seus contornos estruturais devem viabilizar a adequada extração da *ratio decidendi.*

Nessa linha de intelecção, o presente artigo se destina a analisar os precedentes administrativos derivados de órgãos colegiados, a fim de esquadrinhar os parâmetros do modelo decisório que mais se amolda à nova realidade de maior efetivação da isonomia, da segurança jurídica, da eficiência e da razoável duração do processo, no bojo das atividades desenvolvidas pelo Poder Público.

2. CONSIDERAÇÕES GERAIS SOBRE A TEORIA DOS PRECEDENTES ADMINISTRATIVOS

As alterações empreendidas na Lei de Introdução às Normas do Direito Brasileiro (LINDB) pela Lei 13.655/18 provocaram profundo impacto na rotina administrativa, na medida em que estabeleceram novas diretrizes relacionadas à tomada de decisões, à responsabilização dos gestores e às hipóteses de realização de consulta pública em casos de grande relevância.

---

2 A doutrina do *stare decisis* propõe a necessidade de observância dos precedentes, considerando que se deve prestar obséquio à isonomia, à segurança jurídica, à integridade, à coerência e à estabilidade das manifestações oriundas do aparato estatal. Assim, não se pode conferir soluções diversas a casos análogos, de tal sorte que o pronunciamento paradigma há de ser observado. Nesse sentido, Bryan A. Garner define *stare decisis*: "The doctrine of precedent, under which a court must follow earlier judicial decisions when the same points arise again in litigation." (GARNER, Bryan A. *et al. The law of judicial precedent.* USA: Thomson Reuters, 2016, p. 807).

A cognominada Lei Anastasia (Lei 13.655/18) foi duramente criticada por diversos órgãos e entidades, mormente pelo fato de, em tese, permitir que agentes públicos não sejam adequadamente responsabilizados por condutas avessas ao interesse coletivo, pois alguns dos seus enunciados normativos admitem justificativas amplas e subjetivas para afastar a imputação de prática de irregularidade.

Nesse sentido, o art. 22, §1º, da LINDB, estabelece que em decisão sobre regularidade de conduta ou validade de ato, contrato, ajuste, processo ou norma administrativa, serão consideradas as circunstâncias práticas que houverem imposto, limitado ou condicionado a ação do agente.

Percebe-se, assim, que a referência à análise das circunstâncias práticas permite uma apreciação subjetiva e que, de certa forma, pode dar margem a exclusões indevidas de responsabilidade.

Sem embargo do disposto, os contornos atuais da Lei de Introdução às Normas do Direito Brasileiro também contribuem para o resguardo da segurança jurídica, principalmente pelo prestígio que é conferido aos precedentes administrativos.

É natural que o administrado exija do Poder Público um mínimo de previsibilidade/calculabilidade, cognoscibilidade e estabilidade dos posicionamentos dos agentes estatais[3]. Afinal de contas, não é possível chancelar uma verdadeira jurisprudência lotérica[4] administrativa, a qual produz manifestações anti-isonômicas e violadoras de direitos e garantias fundamentais.

Em linha de convergência é preciso lembrar que o dever de integridade também se impõe à Administração Pública, na medida em que o seu histórico institucional decisório deve ser observado, quando da prolação de novos pronunciamentos. Vale destacar, nesse ponto, a célebre analogia do "romance em cadeia" professada por Ronald

3 ÁVILA, Humberto. *Segurança jurídica: entre permanência, mudança e realização no direito tributário.* 2ª edição. São Paulo: Malheiros, 2012.

4 CAMBI, Eduardo. *Neoconstitucionalismo e neoprocessualismo: direitos fundamentais, políticas públicas e protagonismo judiciário.* São Paulo: Almedina, 2016, p. 185.

Dworkin[5], cujos termos estabelecem que as manifestações judiciais (e administrativas) são correlatas a capítulos de um mesmo livro escritos por autores distintos. Dessa forma, jamais poderá o autor do segundo capítulo se lançar à empreitada literária, sem observar a narrativa descrita no capítulo primeiro, sob pena de produzir um texto completamente incoerente. Do mesmo modo, ao se debruçar sobre um caso e firmar um posicionamento administrativo, não pode o Poder Público ignorar o que já havia sobre aquele tema, de tal sorte que deverá promover o necessário diálogo com o passado, ainda que seja para afastar as premissas anteriormente assentadas.

Imagine, por exemplo, que dois servidores pleiteiem o implemento de certa gratificação, na via administrativa, e, apesar de se encontrarem na mesma situação, recebem respostas divergentes. Esse cenário, longe de parecer mera especulação, faz parte da realidade da Administração Pública brasileira e revela um cenário de total falta de racionalidade decisória.

Apesar de pouco aventado pela doutrina administrativista moderna, os precedentes administrativos constituem verdadeiros referenciais para pronunciamentos futuros da Administração Pública, com vistas a evitar, como se disse, tratamento desigual e violador da segurança jurídica. Quando se está lidando com casos parelhos, é mister que se aplique a mesma razão decisória, sob pena de conspurcar a isonomia entre os administrados, gerando, por conseguinte, dispersão de posicionamentos administrativos.

Perceba que a isonomia não é atendida, como sói destacar a doutrina, com a mera previsibilidade legislativa. Assim, a plena efetividade do princípio da isonomia depende da aplicação igualitária do plexo normativo[6].

---

5 DWORKIN, Ronald. *O império do direito*. Traduzido por Jefferson Luiz Camargo. São Paulo: Martins Fontes, 2014, p. 275.

6 VALE, Luís Manoel Borges do. *Precedentes vinculantes no processo civil brasileiro e a razoável duração do processo*. Rio de Janeiro: GZ, 2019, p. 64-65.

Nessa linha de intelecção, Rafael Carvalho Rezende de Oliveira[7] bem sintetiza o conceito de precedente administrativo:

> (...) o precedente administrativo pode ser conceituado como a norma jurídica retirada da decisão administrativa anterior, válida e de acordo com o interesse público, que, após decidir determinado caso concreto, deve ser observada em casos futuros e semelhantes pela Administração.

Desse modo, não é possível confundir o precedente administrativo com a jurisprudência administrativa, na medida em que, como delineia Michele Taruffo[8], a jurisprudência pressupõe um conjunto reiterado de decisões em um mesmo sentido, enquanto o precedente é oriundo de um pronunciamento administrativo único com viés paradigmático.

Por sua vez, a súmula administrativa é apenas um verbete que condensa o entendimento consolidado pela jurisprudência administrativa, não se confundindo, portanto, com o precedente. É preciso lembrar que tanto na construção como na aplicação das súmulas administrativas devem levadas em consideração as peculiaridades dos casos que ensejaram a sua edição. Desse modo, é plenamente aplicável ao processo administrativo o art. 926, §2º, do Código de Processo Civil: "Ao editar enunciados de súmula, os tribunais devem ater-se às circunstâncias fáticas dos precedentes que motivaram sua criação."

Tal como pontuado em linhas pretéritas, a Lei nº 13.655/2018 transmudou a Lei de Introdução às Normas do Direito Brasileiro (LINDB) (Decreto-Lei nº 4.657/42), chancelando a necessidade de proteção à segurança jurídica, em sede de pronunciamentos administrativos, nos moldes do que é possível verificar da redação do art. 30, da LINDB:

---

7 OLIVEIRA, Rafael Carvalho Rezende de Oliveira. *Precedentes no Direito Administrativo*. Rio de Janeiro: Forense, 2018, p. 95.

8 TARUFFO, Michele. *Precedente y Jurisprudencia: paginas sobre justicia civil*. Madrid: Marcial Pons, 2009, n. 33.

> Art. 30. As autoridades públicas devem atuar para aumentar a segurança jurídica na aplicação das normas, inclusive por meio de **regulamentos, súmulas administrativas** e **respostas a consultas**.
>
> Parágrafo único. **Os instrumentos previstos no caput deste artigo terão caráter vinculante em relação ao órgão ou entidade a que se destinam, até ulterior revisão**. (Grifos nossos)

O Decreto Federal nº 9.830/2019, cujos termos regulamentaram os novos dispositivos da LINDB, reforçou o enunciado normativo acima transcrito, por ducto de seu art. 19:

> Art. 19. As autoridades públicas atuarão com vistas a aumentar a segurança jurídica na aplicação das normas, inclusive por meio de normas complementares, orientações normativas, súmulas, enunciados e respostas a consultas. Parágrafo único.

Os instrumentos previstos no caput terão caráter vinculante em relação ao órgão ou à entidade da administração pública a que se destinarem, até ulterior revisão. Com efeito, as alterações da LINDB reforçaram, no contexto administrativo moderno, a regra do *stare decisis*, com o escopo de determinar a vinculatividade dos precedentes administrativos, tanto sob o prisma vertical (observando-se a estrutura hierárquica estabelecida na Administração Pública) como horizontal (observância do padrão decisório pelo próprio órgão/entidade que o proferiu – autovinculação).

Ao aprofundarem a análise do já mencionado art. 30 da LINDB, Floriano de Azevedo Marques Neto e Rafael Veras de Freitas[9] aduzem que:

> O referido dispositivo teve o desiderato de realizar o trespasse da *stare decisis* às decisões administrativas – racional que remonta ao precedente London Tramways v. London County Council, de 1998, no qual se consagrou, pela primeira vez, a vinculação da House of Lords às suas próprias decisões.

---

[9] MARQUES NETO, Floriano de Azevedo; FREITAS, Rafael Véras de. *Comentários à lei nº 13.655/2018*. Belo Horizonte: Fórum, 2019, p. 160.

Antes mesmo da edição da Lei 13.655/2018, já era possível defender a vinculatividade dos precedentes administrativos, com fundamentos no art. 2º, parágrafo único, XIII, e no art. 50, VII, da Lei 9.784/99:

> Art. 2º A Administração Pública obedecerá, dentre outros, aos princípios da legalidade, finalidade, motivação, razoabilidade, proporcionalidade, moralidade, ampla defesa, contraditório, segurança jurídica, interesse público e eficiência.
>
> Parágrafo único. Nos processos administrativos serão observados, entre outros, os critérios de:
>
> (...)
>
> XIII – interpretação da norma administrativa da forma que melhor garanta o atendimento do fim público a que se dirige, vedada aplicação retroativa de nova interpretação. (...)
>
> Art. 50. Os atos administrativos deverão ser motivados, com indicação dos fatos e dos fundamentos jurídicos, quando:
>
> (...)
>
> VII – deixem de aplicar jurisprudência firmada sobre a questão ou discrepem de pareceres, laudos, propostas e relatórios oficiais.

O novel enunciado normativo trata de densificar, portanto, os princípios da segurança jurídica, da isonomia, da razoável duração do processo administrativo e da eficiência.

Afinal de contas, a título exemplificativo, inexiste racionalidade da atuação administrativa, quando o órgão inferior deixa de aplicar o entendimento consolidado do órgão superior, forçando, por conseguinte, um retrabalho das autoridades responsáveis por proferir a última palavra relativa à determinada questão jurídica.

Além disso, esse tipo de postura retarda o curso do processo, de tal modo que há prejuízo à efetividade da tutela administrativa. Nessa linha de intelecção, consoante consigna Gustavo Marinho de Carvalho[10]:

---

[10] CARVALHO, Gustavo Marinho de. *Precedentes administrativos no direito brasileiro*. São Paulo: Contracorrente, 2015, p. 142.

> Uma das maneiras de a Administração Pública torna-se mais eficiente na realização de suas atribuições, dá-se também pela adoção dos precedentes administrativos. Ao se estabelecer que diante de situações similares deve-se adotar a mesma decisão, é inegável que a Administração se torna mais eficiente, pois minimizam-se as oscilações e contradições no momento de aplicar determinada norma jurídica, sem contar que o tempo despendido diminui consideravelmente.

Ademais, insta salientar que o Código de Processo Civil de 2015, ao regular o instituto da remessa necessária, alçou os precedentes administrativos à condição de fonte do direito[11], a ser observada, inclusive, pelos magistrados. O art. 496, §4º, IV, dispensa a remessa necessária, quando a decisão judicial coincidir com orientação vinculante firmada no âmbito administrativo do próprio ente público, ou seja, a legislação processual civil, aplicável supletiva e subsidiariamente ao processo administrativo, preocupou-se com a formatação de uma dogmática dos precedentes administrativos.

Em reforço ao acima aduzido, cumpre rememorar que a Lei de Liberdade Econômica (Lei 13.874/19), por exemplo, dispensou a Procuradoria Geral da Fazenda Nacional – PGFN de contestar, de oferecer contrarrazões e de interpor recursos, na hipótese em que a ação ou a decisão judicial ou administrativa versar sobre tema que seja objeto de parecer, vigente e aprovado, pelo Procurador-Geral da Fazenda Nacional, que conclua no mesmo sentido do pleito do particular. Com efeito, atribui-se ao parecer lavrado pelo chefe da PGFN a natureza de precedente administrativo vinculante.

Os argumentos expendidos em linhas pretéritas demonstram que as noveis modificações legislativas ampliaram, sobremaneira, o espectro de vinculatividade dos pronunciamentos administrativos, pois, era comum, em tempos outros, apenas reconhecer a obrigatoriedade de padrões decisórios devidamente sumulados ou encartados em pareceres normativos.

---

11 TUCCI, José Rogério Cruz e. *Precedente judicial como fonte do direito*. São Paulo: Revista dos Tribunais, 2004, p. 24.

Isso resulta, definitivamente, em uma mudança de cultura jurídica no âmbito da Administração Pública, tendo em vista que é preciso certo refinamento teórico para que sejam aplicados, de forma adequada, os precedentes administrativos.

O primeiro ponto de relevo é a necessidade de compreensão da *ratio decidendi* do precedente administrativo, posto que a ementa decisória ou a conclusão arrematada pelo órgão/entidade, desde que tomadas em caráter exclusivo, não servem à compreensão daquilo que efetivamente se traduz como fundamento determinante.

A norma precedental, para que seja dimensionada de forma precisa, depende da análise vertical dos argumentos centrais levados em consideração para o deslinde da questão jurídica, bem como da compreensão das circunstâncias fáticas.

É impossível compreender e aplicar o precedente administrativo, sem que sejam levadas em conta as peculiaridades do caso tomado como referencial decisório. Rafael Carvalho Rezende de Oliveira[12] dispõe que: "O caráter vinculante dos precedentes administrativos é retirado do motivo e do conteúdo da decisão administrativa, devendo ser adotada a mesma *ratio decidendi* em casos futuros e semelhantes."

Nesse sentido, por exemplo, pode o administrado suscitar o *distinguishing* (distinção), em função da aplicação inadvertida do precedente administrativo pelo Poder Público ao seu caso.

Assim, é preciso que os agentes públicos estejam preparados para trabalhar com precedentes administrativos, sob pena de, ao invés de prestigiarem a tão necessária segurança jurídica, gerarem um estado de instabilidade e inefetividade deletérios.

Nessa ordem de ideias, é fundamental destacar que a LINDB também se preocupou com o eventual *overruling* (superação total) do precedente administrativo, na medida em que previu, em seu art. 23, um regime de transição, quando em jogo o estabelecimento

---

12 OLIVEIRA, Rafael Carvalho Rezende de Oliveira. *Precedentes no Direito Administrativo*. Rio de Janeiro: Forense, 2018, p. 129.

de interpretação ou orientação nova sobre norma de conteúdo indeterminado, cujos contornos imponham novo dever ou novo condicionamento de direito. Tem-se aí, por exemplo, uma espécie de modulação de efeitos, em compasso com o que prevê o art. 927, §3º, do Código de Processo Civil, com o intuito de guarnecer a estabilidade das relações jurídicas.

Fica claro, nessa perspectiva, que o trabalho com precedentes administrativos não significa engessamento do direito, uma vez que a segurança jurídica deve ser enxergada sob o prisma da continuidade, de modo a possibilitar que eventuais mudanças possam ocorrer, mas não de forma abrupta. Perlustrando a mesma senda, pronuncia-se Antônio do Passo Cabral[13]: "Continuidade, portanto, não significa petrificação, mas mudança com consistência".

Tomando-se por base as considerações expendidas, é que serão analisados os caminhos possíveis para a hígida construção de precedentes administrativos, por ducto dos órgãos colegiados do Poder Público.

3. OS MODELOS DE DELIBERAÇÃO COLEGIADA E O PROBLEMA DA EXTRAÇÃO DA *RATIO DECIDENDI*

São reconhecidos, no mundo, dois modelos tradicionais de julgamento, quais sejam: a) *seriatim* e b) *per curiam*. A depender da sistemática adotada, podem surgir problemas quanto à construção e à formaçao do pronunciamento colegiado.

No modelo de julgamento *seriatim*, o posicionamento adotado pelo Tribunal é externalizado através de um compilado de manifestações individuais. Assim, o acórdão é formado por um conjunto difuso de votos que, por vezes, obstaculiza a compreensão acerca daquilo que, efetivamente, restou decidido pelo órgão jurisdicional.

---

13 CABRAL, Antonio do Passo. *Segurança jurídica e regras de transição nos processos judicial e administrativo: introdução ao art. 23 da LINDB*. Salvador: Juspodivm, 2020, p. 43.

Esse modelo de julgamento é adotado, em regra, em países nos quais as sessões do Tribunal são públicas[14], de modo que o posicionamento de cada um dos julgadores é revelado a todos, mesmo que não represente a tese vencedora.

A Inglaterra, por exemplo, adota o modelo de julgamento *seriatim*. Como destaca André Rufino do Vale[15], tal modelo corresponde à tradição dos órgãos judiciais colegiados do *Common Law*, cujas sessões deliberativas ficaram caracterizadas pelo "pronunciamento 'em série' (*seriatim*) dos discursos (*speech*) individuais de cada juiz, os quais eram dessa forma consignados nos textos das decisões destinadas à publicação (*published reports*)".

No Brasil, essa é a sistemática adotada. Dessa forma, a manifestação do Supremo Tribunal Federal é geralmente representada por um emaranhado de votos de cada um dos ministros, como se, na prática, existissem 11 (onze) Supremos.

A situação não é diferente nos órgãos colegiados administrativos que, em regra, adotam o modelo *seriatim*. No âmbito do Conselho Administrativo de Recursos Fiscais – CARF, por exemplo, tem-se a possibilidade de inclusão, no acórdão, das declarações de voto dos demais Conselheiros que não tenham figurado na condição de relator, consoante estabelece o art. 63, § 6º, do regimento interno: "As declarações de voto somente integrarão o acórdão ou resolução quando formalizadas no prazo de 15 (quinze) dias do julgamento".

Se, por um lado, o modelo de julgamento *seriatim* é positivo, na medida em que está correlacionado a sessões deliberativas públicas (em prestígio aos arts. 93, IX, da Constituição Federal e 11 do CPC/15), por outro, dificulta o dimensionamento dos exatos termos

---

14 Sobre os modelos de deliberação – público ou secreto –, bem como as vantagens e desvantagens de cada sistemática de votação, ver CÂMARA, Alexandre Freitas; MARÇAL, Felipe Barreto. Repensando os dogmas da publicidade e do sigilo na Justiça brasileira. *Revista de Processo*. São Paulo: Revista dos Tribunais, nº 299, jan./2020, p. 43-68.

15 VALE, André Rufino do. *Argumentação constitucional: um estudo sobre a deliberação nos tribunais constitucionais*. São Paulo: Almedina, 2019, p. 149-150.

da decisão judicial, pois nem sempre os fundamentos adotados pelos julgadores são convergentes[16].

A questão ganha contornos relevantes quando se verifica que a falta de uniformidade em relações aos fundamentos determinantes gera um impasse quanto à existência (ou não) de um precedente de observância obrigatória. Diante de um plexo de manifestações difusas, ainda que convirjam na conclusão, é impraticável extrair a *ratio decidendi*.

Como bem observa Alexandre Freitas Câmara[17], no modelo de deliberação *seriatim* a decisão não é construída em um verdadeiro diálogo entre os integrantes do colegiado. Em regra, os julgadores proferem seus votos sem dialogar com os demais, "fazendo com que o acórdão seja uma 'sucessão de monólogos'". Em sua visão, essa dinâmica acrescenta "uma camada de confusão desnecessária aos entendimentos do tribunal", dificultando, por exemplo, a identificação dos fundamentos determinantes de um pronunciamento judicial (a fim de determinar se ele é ou não um precedente).

Desse modo, não se pode falar em uma efetiva colegialidade, já que a soma de posições individuais não tem o condão de estabelecer um verdadeiro diálogo institucional.

Cabe registrar que o Superior Tribunal de Justiça possui regras em seu Regimento Interno que, de certo modo, desidratam a discussão, o que será explorado mais adiante.

Sob outro prisma, no modelo *per curiam* (expressão que significa "pelo tribunal"), o pronunciamento emitido pelo Tribunal é externalizado através de um único texto, o qual representa a posição institucional do órgão julgador[18]. Essa forma deliberativa é vinculada, em

---

16 CORNIELLES-HERNÁNDEZ, Jose Angel. *¿Seriatim o per curiam? Modelos de decisiones colegiadas emitidas por las cortes constitucionales*. Civil Procedure Review, v. 11, n. 1: jan.-abr. 2020.

17 CÂMARA, Alexandre Freitas. *Levando os padrões decisórios a sério*: formação e aplicação de precedentes e enunciados de súmula. São Paulo: Atlas, 2018, p. 257.

18 GARNER, Bryan A. *et al. The law of judicial precedent*. USA: Thomson Reuters, 2016, p. 214.

regra, aos tribunais que possuem sessões fechadas, tal como acontece em países como França, Itália, Alemanha e Espanha. Veja-se, nesse sentido, o art. 276 do Código de Processo Civil Italiano (*Codice di Procedura Civile*): "*La decisione è deliberata in segreto nella camera di consiglio. Ad essa possono partecipare soltanto i giudici che hanno assistito alla discussione*"

Uma das principais vantagens do modelo *per curiam*, em detrimento do modelo *seriatim,* é a facilidade em se compreender, verdadeiramente, aquilo que foi objeto de decisão pelo tribunal, tendo em vista que a manifestação do órgão judicante, enquanto instituição, é traduzida em um texto que expressa aquilo que o colegiado, em essência, deliberou por maioria ou unanimidade.

Não se tem, assim, um emaranhado de votos, mas sim um texto coerente e uno, o que facilita a extração da *ratio decidendi* do precedente judicial.

Mas o modelo *per curiam* também apresenta as suas vicissitudes, mormente em ambientes decisionais que se estruturam sem a necessária publicidade das sessões de julgamento, tal como ocorre na Itália e na França, por exemplo. Da mesma forma, a formulação de um texto único peca pela omissão das opiniões dissidentes, as quais são extremamente relevantes no âmbito de um processo democrático.

Por essa razão, países como Alemanha e Espanha, a despeito de adotarem um modelo *per curiam,* publicam, em conjunto com o texto representativo da posição institucional da corte, as manifestações divergentes. Isso também ocorre nos Estados Unidos, em que se publiciza a *opinion of the Court* e as eventuais *separate opinions*[19]. Esse modelo poderia ser adotado, no bojo dos processos administrativos do Brasil, a fim de viabilizar uma melhor compreensão dos fundamentos determinantes do acórdão.

---

19 VALE, André Rufino do. *Argumentação constitucional*: um estudo sobre a deliberação nos tribunais constitucionais. São Paulo: Almedina, 2019, p. 147.

De qualquer forma, é fundamental intensificar a preocupação com a formação do precedente judicial (convergência dos fundamentos determinantes), sobretudo para facilitar a extração da *ratio decidendi*, de acordo com o que será possível vislumbrar no tópico vindouro.

4. OS ÓRGÃOS ADMINISTRATIVOS DE DELIBERAÇÃO COLEGIADA, NO BRASIL, E A NECESSIDADE DE READAPTAÇÃO DO SISTEMA DECISÓRIO, A FIM DE VIABILIZAR A CORRETA EXTRAÇÃO DA *RATIO DECIDENDI*

Na tentativa de garantir previsibilidade e segurança jurídica, o CPC/15 delineia um sistema de "precedentes judiciais", tal como já vaticinado em linhas pretéritas. Nesse compasso, determina que os tribunais devem manter sua jurisprudência estável, íntegra e coerente (art. 926), bem como indica uma lista de decisões que devem ser observadas pelos julgadores (art. 927). Perslustrando a mesma senda, as previsões estampadas na Lei 9.784/99 e na Lei de Introdução às Normas do Direito Brasileiro – LINDB possibilitaram a sistematização dos precedentes administrativos.

Ocorre que, no Brasil, o desenho estrutural dos padrões decisórios vinculantes muito se distancia daquilo que se verifica em países como a Inglaterra e Estados Unidos[20], nos quais a teoria do *stare decisis* (vinculatividade dos precedentes) já é madura o suficiente para reduzir incongruências sistêmicas.

Os principais exemplos de dificuldades operacionais do sistema de precedentes brasileiro (**incluído o também incipiente sistema de precedentes administrativos**) podem ser assim enumerados: a) tomar ementa por precedente; b) não distinguir, de maneira adequada, o que é *ratio decidendi/holding* (razão determinante para decidir

[20] A prolação de decisões escorada em fundamentos não coincidentes é criticada pela doutrina norte-americana, chamando essa prática de "juridical cripple". DAVIS, John F.; REYNOLDS, William L. *Juridical cripples: plurality opinions in the Supreme Court*. Duke Law Journal, v. 59, 1974.

– parte vinculante do precedente judicial) e o que é *obiter dictum* (dito de passagem – parte não vinculante); c) aplicar o precedente judicial apenas com base no método subsuntivo; d) não levar em consideração os fatos substanciais relevantes para o julgamento do caso (*material facts*); e) inadequada motivação das decisões judiciais; f) realização de distinções inconsistentes, muitas vezes com o intuito de não aplicar o precedente obrigatório (*inconsistent distinguishing*); g) cultura jurídica não adaptada a lidar com a análise de casos (cases); h) modelo decisório dos Tribunais que, muitas vezes, obstaculiza a extração da *ratio decidendi*, em razão da ausência de fundamentos determinantes, dentre outros.

Neste tópico, serão analisados especificamente os obstáculos à extração da *ratio decidendi*, na hipótese de decisões plurais, analisando-se o contributo do Regimento Interno do Superior Tribunal de Justiça quanto ao tema, para fins de aperfeiçoamento das decisões colegiadas administrativas.

Especialmente no caso de decisões plurais, a existência de diversos fundamentos para embasar o mesmo resultado dificulta a identificação da *ratio decidendi*, pois não se sabe qual deles foi preponderante para o resultado.[21]

Em certa medida, os entraves operacionais ligados à correta compreensao da *ratio decidendi* são vinculados ao modelo decisório adotado pelo Tribunal (*seriatim* ou *per curiam)*[22].

Quando adotado o modelo de julgamento *seriatim*, há maior dificuldade em destacar a *ratio decidendi*, pois os votos individuais podem conter diferentes fundamentos que levam ao mesmo resultado.

---

21 As decisões plurais já foram objeto de intenso debate na doutrina alienígena, uma vez que suscitam dúvidas quanto à própria existência do precedente judicial. Afinal de contas, se o precedente engloba a *ratio decidendi* e esta não pode ser extraída, não é crível cogitar que exista verdadeiro precedente: "A plurality opinion results when a majority of sitting court agrees on the ultimate results but not on a single rationale to support the result". GARNER, Bryan A. et al. *The law of judicial precedent*. USA: Thomson Reuters, 2016, p. 195.

22 ABBOUD, Georges. *Processo constitucional brasileiro*. 2. ed. São Paulo: Revista dos Tribunais, 2018, p. 926.

No Brasil, as Cortes Superiores e a maior parcela dos órgãos colegiados administrativos adotam o modelo de julgamento *seriatim* e, em diversas ocasiões, as deliberações adotadas materializam decisões plurais, mormente pela extremada preocupação em julgar o caso, sem a reflexão necessária da sua função nomofilácica.

Desse modo, em muitos casos há maioria (ou mesmo unanimidade) quanto à conclusão, mas os fundamentos apresentados seguem as mais diversas linhas argumentativas (a exemplo do que ocorreu no julgamento do Recurso Especial nº 422.778-SP, quando estava em jogo a discussão sobre a inversão do ônus da prova, no âmbito do direito do consumidor).

Durante a tramitação do Projeto do atual CPC – mais especificamente no substitutivo da Câmara dos Deputados –, havia uma proposta de enunciado normativo que objetivava amenizar o problema das decisões plurais. O art. 521, de forma expressa, previa que, caso os fundamentos não fossem referendados pela maioria da Corte, o precedente não seria revestido de eficácia vinculante, tendo em conta a clara impossibilidade de extração da *ratio decidendi*.

Ocorre que tal dispositivo não foi inserido no código e alguns autores passaram a defender a necessidade de pronunciamento expresso das Cortes quanto ao fundamento (s) determinante (s) do julgado, ou seja, haveria votação não apenas quanto ao resultado, mas também em relação ao fundamento preponderante para se chegar a certa conclusão[23].

A preocupação é relevante porque a correta identificação e formação da *ratio decidendi* não só consolida a decisão como precedente obrigatório, mas também evita aplicações inadvertidas e contrárias ao que foi decidido.[24]

---

23 MARINONI, Luiz Guilherme. *Julgamento nas Cortes Supremas*: precedente e decisão do recurso diante do novo CPC. São Paulo: Revista dos Tribunais, 2015, p. 100.

24 "É absolutamente fundamental, para o correto julgamento por órgão colegiado, que cada um dos fundamentos seja apreciado separadamente, sendo analisado em cada um dos votos proferidos. Imagine-se, então, que em um determinado processo tenha o relator identificado cinco argumentos distintos que tenham sido suscitados e devam ser examinados:

Note-se que o Superior Tribunal de Justiça, de forma louvável, alterou o seu Regimento Interno, com o escopo de estabelecer, em algumas hipóteses (padrões decisórios vinculantes), a necessidade de se fixar a adequada *ratio decidendi/holding*:

> Art. 104-A. Os acórdãos proferidos em julgamento de incidente de assunção de competência e de recursos especiais repetitivos deverão, nos termos do § 3º do art. 1.038, c/c art. 984, § 2º, do Código de Processo Civil, conter: (Incluído pela Emenda Regimental n. 24, de 2016)
>
> I – os fundamentos relevantes da questão jurídica discutida, favoráveis ou contrários, entendidos esses como a conclusão dos argumentos deduzidos no processo capazes de, em tese, respectivamente, confirmar ou infirmar a conclusão adotada pelo órgão julgador; (Incluído pela Emenda Regimental n. 24, de 2016)
>
> II – a definição dos fundamentos determinantes do julgado; (Incluído pela Emenda Regimental n. 24, de 2016)
>
> III – a tese jurídica firmada pelo órgão julgador, em destaque; (Incluído pela Emenda Regimental n. 24, de 2016)
>
> IV – a solução dada ao caso concreto pelo órgão julgador. (Incluído pela Emenda Regimental n. 24, de 2016)

é preciso que cada um dos integrantes do órgão colegiado se pronuncie separadamente sobre cada um desses argumentos, de forma a permitir que se verifique quais terão sido acolhidos (e quais os rejeitados) pela turma julgadora (por unanimidade ou por maioria). Pois para que isto funcione, é absolutamente essencial que os votos 'dialoguem'. Impõe-se, então, que – proferido o primeiro voto – os demais integrantes da turma julgadora enfrentem, individualizadamente, cada um dos fundamentos do voto do relator. E no caso de algum magistrado enfrentar algum fundamento novo, que não tivesse sido apreciado nos votos anteriores, é essencial que aqueles que já tinham votado retomem a palavra, a fim de se pronunciar sobre este novo fundamento. Só assim teremos uma colegialidade verdadeira, capaz de permitir definir quais foram, realmente, os fundamentos determinantes da decisão (assim compreendidos os fundamentos da decisão que tenham sido expressamente acolhidos em votos suficientes para formar a maioria). Vale registrar, aliás, que o art. 984, § 2º, expressamente estabelece que o conteúdo do acórdão a ser proferido no julgamento de incidente de resolução de demandas repetitivas deverá abranger 'a análise de todos os fundamentos suscitados concernentes à tese jurídica discutida, sejam favoráveis ou contrários'. E disposição idêntica se encontra em relação ao julgamento dos recursos extraordinários e especiais repetitivos (art. 1.038, § 3º)". CÂMARA, Alexandre Freitas. O novo CPC e os julgamentos colegiados. Disponível em: http://www.justificando.com/2015/07/08/o-novo-cpc-e-os-julgamentos-colegiados/. Acesso em 13.02.2021.

> § 1º *Para definição dos fundamentos determinantes do julgado, o processo poderá ter etapas diferentes de deliberação, caso o órgão julgador, mesmo com votos convergentes, tenha adotado fundamentos diversos para a solução da causa.* (Incluído pela Emenda Regimental n. 24, de 2016)
>
> § 2º *O Presidente do órgão julgador, identificando que o(s) fundamento(s) determinante(s) para o julgamento da causa não possui(em) a adesão da maioria dos votos dos Ministros, convocará, na mesma sessão de julgamento, nova etapa de deliberação, que contemplará apenas a definição do(s) fundamento(s) determinante(s).*

Interessante observar que o STJ exige, em caso de discordância quanto aos fundamentos, a convocação de nova deliberação, para que se defina qual é o fundamento determinante do julgado.

Percebe-se, assim, a preocupação do STJ em evitar a formação de decisões plurais e, com isso, minimizar os problemas advindos da extração da *ratio decidendi*.

Nada obstante, o aludido dispositivo regimental, ao confirmar a relevância da definição dos fundamentos determinantes para o delineamento dos contornos da decisão-modelo, prestigia a importância de uma teoria dos precedentes judiciais, o que, há muito, já era defendido por Luiz Guilherme Marinoni[25].

O Conselho Administrativo de Recursos Fiscais – CARF possui dispositivo no seu regimento interno preocupado com a adequada extração da *ratio decidendi* do precedente administrativo colegiado, evitando-se as cognominadas decisões plurais:

> Art. 63.
>
> § 8º Na hipótese em que a decisão por maioria dos conselheiros ou por voto de qualidade acolher apenas a conclusão do relator, caberá ao relator reproduzir, no voto e na ementa do acórdão, os fundamentos adotados pela maioria dos conselheiros.

---

[25] "O STJ deve caminhar em busca de um acórdão que expresse as 'razões da Corte', sem deixar com que fundamentos não devidamente individualizados como objeto da discussão ou não analisados por todos os Ministros povoem o seu espaço. MARINONI, Luiz Guilherme. *O STJ enquanto corte de precedentes*. São Paulo: Revista dos Tribunais, 2013, p. 209.

Não obstante o disposto, inexiste regra correlata àquela do Superior Tribunal de Justiça, cujos termos resolvem o problema da definição do fundamento determinante, quando existe divergência quanto aos motivos centrais que dão ensejo à conclusão adotada no acórdão.

Por essa razão, sugere-se a inclusão nos diplomas normativos que disponham sobre as deliberações colegiadas de órgãos administrativos de dispositivo correlato ao art. 104-A do Regimento Interno do Superior Tribunal de Justiça, para que se possa, de fato, construir adequadamente o precedente administrativo e viabilizar a idônea aplicação.

5. CONCLUSÃO

A incipiente teoria dos precedentes administrativos, no Brasil, precisa delimitar os caminhos necessários à escorreita construção e aplicação dos padrões decisórios vinculantes, com o escopo de guarnecer, destacadamente, os princípios da isonomia, da segurança jurídica e da eficiência.

Particularmente quanto à construção do precedente administrativo, deve-se atentar para a necessidade de mudança do parâmetro decisório, haja vista que a maior parcela dos órgãos de deliberação colegiada, no âmbito da Administração Pública, adotam o modelo *seriatim*, de tal sorte há dificuldade em se compreender a *ratio decidendi* do julgado.

Por isso, no presente trabalho, foi proposta a adoção da estrutura decisória verificada em países como Alemanha, Espanha e Estados Unidos, nos quais os Tribunais pronunciam o entendimento da Corte, por ducto de um texto único, mas promovem a publicização das opiniões dissentes.

Lado outro, há que se corrigir o problema das decisões plurais administrativos, pois não é incomum que o colegiado adote uma determinada conclusão, valendo-se de fundamentos diversos. Assim, os diplomas normativos que regem os órgãos colegiados administrativos, devem adotar solução semelhante àquela esquadrinhada no art. 104-A do Superior Tribunal de Justiça.

Espera-se que o Poder Público esteja atento à mudança de paradigma advinda da consolidação dos precedentes administrativos, para que possa aperfeiçoar, na prática, esse importante instituto de contenção da deletéria oscilação decisória.

6. REFERÊNCIAS BIBLIOGRÁFICAS

ABBOUD, Georges. *Processo constitucional brasileiro.* 2. ed. São Paulo: Revista dos Tribunais, 2018.

ÁVILA, Humberto. *Segurança jurídica: entre permanência, mudança e realização no direito tributário.* 2ª edição. São Paulo: Malheiros, 2012.

CABRAL, Antonio do Passo. *Segurança jurídica e regras de transição nos processos judicial e administrativo: introdução ao art. 23 da LINDB.* Salvador: Juspodivm, 2020.

CÂMARA, Alexandre Freitas. *Levando os padrões decisórios a sério*: formação e aplicação de precedentes e enunciados de súmula. São Paulo: Atlas, 2018, p. 257.

CÂMARA, Alexandre Freitas. *O novo CPC e os julgamentos colegiados.* Disponível em: http://www.justificando.com/2015/07/08/o-novo-cpc-e-os--julgamentos-colegiados/. Acesso em 13.02.2021.

CÂMARA, Alexandre Freitas; MARÇAL, Felipe Barreto. *Repensando os dogmas da publicidade e do sigilo na Justiça brasileira. Revista de Processo.* Sao Paulo: Revista dos Tribunais, nº 299, jan./2020, p. 43-68.

CAMBI, Eduardo. *Neoconstitucionalismo e neoprocessualismo: direitos fundamentais, políticas públicas e protagonismo judiciário.* São Paulo: Almedina, 2016.

CARVALHO, Gustavo Marinho de. *Precedentes administrativos no direito brasileiro.* São Paulo: Contracorrente, 2015.

CORNIELLES-HERNÁNDEZ, Jose Angel. *¿Seriatim o per curiam? Modelos de decisiones colegiadas emitidas por las cortes constitucionales.* Civil Procedure Review, v. 11, n. 1: jan.-abr. 2020.

DAVIS, John F.; REYNOLDS, William L. *Juridical cripples: plurality opinions in the Supreme Court.* Duke Law Journal, v. 59, 1974.

DWORKIN, Ronald. *O império do direito*. Traduzido por Jefferson Luiz Camargo. São Paulo: Martins Fontes.

GARNER, Bryan A. *et al. The law of judicial precedent*. USA: Thomson Reuters, 2016.

MARINONI, Luiz Guilherme. *Julgamento nas Cortes Supremas*: precedente e decisão do recurso diante do novo CPC. São Paulo: Revista dos Tribunais, 2015.

MARINONI, Luiz Guilherme. *O STJ enquanto corte de precedentes*. São Paulo: Revista dos Tribunais, 2013.

MARQUES NETO, Floriano de Azevedo; FREITAS, Rafael Véras de. *Comentários à lei nº 13.655/2018*. Belo Horizonte: Fórum, 2019.

OLIVEIRA, Rafael Carvalho Rezende de Oliveira. *Precedentes no Direito Administrativo*. Rio de Janeiro: Forense, 2018.

TARUFFO, Michele. *Precedente y Jurisprudencia: paginas sobre justicia civil*. Madrid: Marcial Pons, 2009, n. 33.

TUCCI, José Rogério Cruz e. *Precedente judicial como fonte do direito*. São Paulo: Revista dos Tribunais, 2004.

VALE, André Rufino do. *Argumentação constitucional: um estudo sobre a deliberação nos tribunais constitucionais*. São Paulo: Almedina, 2019, p. 149-150

VALE, Luís Manoel Borges do. *Precedentes vinculantes no processo civil brasileiro e a razoável duração do processo*. Rio de Janeiro: GZ, 2019.

CAPÍTULO 6

PRECEDENTES ADMINISTRATIVOS – COMPREENSÃO DO INSTITUTO E ADEQUADA APLICABILIDADE NA ADVOCACIA PÚBLICA

Luís Fernando Demartine Souza[1]

O presente artigo decorre do voto-vista divergente apresentado por este Procurador de Estado em processo administrativo submetido à apreciação do Conselho Superior da Procuradoria Geral do Estado de Alagoas, na sessão ordinária de 31 de outubro de 2019, através do qual a Associação dos Procuradores do Estado de Alagoas, provocada por Procuradores de Estado que se sentiram violados em sua prerrogativa funcional de não ser constrangido, por qualquer modo ou forma, a agir em desconformidade com a sua consciência ético-profissional, impugnou os termos da Instrução Normativa nº 01/2019, editada pela Corregedoria Geral da Procuradoria Geral do Estado, que versava sobre os precedentes administrativos no âmbito da Procuradoria Geral do Estado de Alagoas, com o seguinte teor:

> Art.1º. Os pronunciamentos fixados pelo Procurador-Geral do Estado, com a definição de questão jurídica pertinente à Administração Pública, são considerados precedentes administrativos vinculantes da Procuradoria Geral do Estado de Alagoas, nos termos do que dispõem o art. 30, do Decreto-Lei 4.657, de 04 de setembro de 1942, e o art. 4º, VIII, da Lei Complementar Estadual nº 07, de 18 de julho de 1991.

[1] Procurador do Estado de Alagoas. Pós-graduado em Direito Empresarial pelo Instituto Brasileiro de Mercado de Capitais – IBMEC. Membro do Conselho Superior da Procuradoria Geral do Estado de Alagoas nos biênios 2016/2018 e 2018/2020.

§1º. Os precedentes administrativos vinculantes lavrados pelo Procurador-Geral do Estado devem ser comunicados às Coordenações de todas as unidades operativas, com o objetivo de cientificar os Procuradores de Estado nelas lotados.

§2º. Os precedentes administrativos vinculantes deverão ser mantidos em pasta específica, no sistema interno da Procuradoria Geral do Estado, cujo acesso será franqueado a todos os Procuradores de Estado.

§3º. Competirá ao Centro de Estudos da Procuradoria Geral do Estado de Alagoas o gerenciamento dos precedentes administrativos vinculantes firmados pelo Procurador-Geral do Estado.

Art. 2º. Os Procuradores de Estado observarão, ao emitirem seus pronunciamentos, os precedentes administrativos vinculantes firmados pelo Procurador-Geral do Estado, a fim de prestar obséquio aos princípios da isonomia, segurança jurídica, razoável duração do processo e eficiência.

Parágrafo único. O Procurador de Estado que não concordar com o entendimento jurídico fixado poderá ressalvar seu entendimento, com as razões jurídicas divergentes, devendo, porém, aplicar o precedente.

Art. 3º. Na aplicação do precedente administrativo, devem ser observadas as circunstâncias fáticas e as razões jurídicas que lhe serviram de fundamento.

Art. 4º. Caso o Procurador de Estado identifique argumentos jurídicos que não foram levados em consideração, quando da constituição do precedente administrativo, e que sejam capazes, em tese, de alterar o entendimento jurídico fixado, deverá requerer ao Procurador-Geral do Estado a superação do precedente.

§1º. Considerando as razões apresentadas pelo Procurador de Estado, nos termos do caput, e os princípios da segurança jurídica, da proteção da confiança e da isonomia, o Procurador-Geral poderá revogar, total ou parcialmente, o precedente administrativo.

§2º. As razões do Despacho que rechaçar o pedido de superação serão incorporadas ao precedente administrativo.

§3º. Nas hipóteses dos §§1º e 2º deste artigo, observar-se-á o procedimento dos §§ 1º e 2º do art. 1º.

Art. 5º. O Procurador de Estado poderá deixar de aplicar o precedente administrativo, caso demonstre, de maneira fundamentada, que existe distinção substancial entre o caso em análise e o caso paradigma.

Art. 6º Esta Instrução Normativa entra em vigor na data de sua publicação.

Antes de se adentrar na análise quanto ao mérito da Instrução Normativa nº 01/2019 – CG/PGE, importante ter mente que a interpretação dos dispositivos legais que gravitam em torno do caso, com o devido consentimento, não se deve dar de modo literal, isolado e reducionista, mas sim de maneira sistemática, levando em conta não só a estrutura funcional hierarquizada da própria Procuradoria Geral do Estado, mas também, essencialmente, o papel constitucional desenhado para a Advocacia Pública, os princípios constitucionais que regem a atividade administrativa e o direito fundamental dos administrados, que, é bom rememorar, jamais devem se distanciar dos casos concretos postos à análise deste importante órgão de consultoria jurídica do Estado de Alagoas.

Como bem pontua Gustavo Binenbojm ao discorrer no capítulo intitulado "A crise da lei: da legalidade como vinculação positiva à lei e ao princípio da juridicidade administrativa", "a atuação da atividade administrativa só será válida, legítima e justificável quando condizente, muito além da simples legalidade, com o sistema de princípios e regras delineado na Constituição, de maneira geral, e com os direitos fundamentais, em particular"[2].

Mais adiante, o consagrado doutrinador arremata, com bastante pertinência:

> Contudo, pelas razões já estudadas acima, atinentes à crise da lei formal, assim como em virtude da emergência do neoconstitucionalismo, não mais se pode pretender explicar as relações da Administração Pública com o ordenamento jurídico à base de uma estrita vinculação positiva à lei. Com efeito, a vinculação da atividade administrativa ao direito não obedece a um esquema único, nem se reduz a um tipo específico de norma jurídica – a lei formal. Essa vinculação, ao revés, dá-se em relação ao ordenamento jurídico como unidade (Constituição, leis, regulamentos gerais, regulamentos setoriais), expressando-se em diferentes graus e distintos tipos de normas, conforme a disciplina estabelecida na matriz constitucional.

2 BINENBOJM, Gustavo. *Uma teoria do direito administrativo: direitos fundamentais, democracia e constitucionalização.* 3ª ed. revista e atualizada. Rio de Janeiro: Renovar, 2014, p. 138.

> A vinculação da Administração não se circunscreve, portanto, à lei formal, mas a esse bloco de legalidade (ordenamento jurídico como um todo sistêmico), a que aludia Hauriou, que encontra melhor enunciação, para os dias de hoje, no que Merkl chamou de princípio da juridicidade administrativa.[3]

Assim, na linha da moderna doutrina do direito administrativo, entendo que a Instrução Normativa nº 01/2019 – CG/PGE deve ser analisada à luz do princípio da juridicidade administrativa.

Nesse viés, lendo atentamente a exposição de motivos e o inteiro teor dos artigos da instrução sob análise, entendo que os fundamentos jurídicos lançados e as sólidas doutrinas utilizadas são plenamente suficientes para demonstrar sua higidez e sua compatibilidade com o ordenamento jurídico posto.

Não é por demais lembrar que, "no âmbito da desconcentração administrativa, os órgãos são escalonados de forma hierarquizada, o que demonstra o efeito vinculante vertical dos precedentes adotados pelos órgãos de maior hierarquia"[4].

Comumente usa-se o argumento de que, na Lei Complementar Estadual nº 7, de 18 de julho de 1991 – Lei Orgânica da Procuradoria Geral do Estado de Alagoas, o único instrumento previsto para vinculação do Procurador de Estado é a súmula administrativa e que a determinação para que os Procuradores de Estado observem os precedentes administrativos vinculantes firmados pelo Procurador-Geral do Estado viola a prerrogativa assegurada ao Procurador de Estado em não ser constrangido, por qualquer modo ou forma, a agir em desconformidade com a sua consciência ético-profissional.

No entanto, as únicas menções à súmula administrativa feitas pela Lei Complementar nº 7, de 1991, estão nos arts. 7º, XIII, e 11,

---

3 BINENBOJM, Gustavo. *Uma teoria do direito administrativo: direitos fundamentais, democracia e constitucionalização*. 3ª ed. revista e atualizada. Rio de Janeiro: Renovar, 2014, pág. 147.

4 OLIVEIRA, Rafael Carvalho Rezende. *Precedentes no direito administrativo*. Forense. Rio de Janeiro, 2018, p. 117.

XV, nenhuma delas com atribuição de caráter vinculante para o Procurador de Estado. Confira-se os seus enunciados:

> Art. 7º São atribuições do Conselho Superior:
>
> XIII – propor ao Procurador-Geral a elaboração e o reexame de súmulas de jurisprudência administrativa;
>
> Art. 11. Compete ao Procurador-Geral do Estado:
>
> XV – presidir o Conselho Superior da Procuradoria Geral do Estado, dar cumprimento às suas deliberações e divulgar as Súmulas de Jurisprudência administrativa por ele estabelecidas.

A vinculatividade da súmula administrativa somente está prevista no art. 50 do Decreto Estadual nº 4.804, de 24 de fevereiro de 2010 (Regimento Interno da Procuradoria Geral do Estado), assim disposto:

> Art. 50. As súmulas de jurisprudência administrativa, editadas pelo Procurador-Geral do Estado, após publicadas na imprensa oficial, vinculam obrigatoriamente todos os órgãos da Administração Pública Estadual Direta e Indireta, conforme o procedimento previsto neste Decreto.

E como se observa da redação do dispositivo regulamentar, verifica-se que esse comando é dirigido a todos os órgãos da Administração Pública Direta e Indireta, não traduzindo, primariamente, uma diretriz destinada exclusivamente para a atividade interna da Procuradoria Geral do Estado.

Não se quer dizer, com isso, que a Procuradoria Geral do Estado esteja fora de seu âmbito de incidência. Claro que, sendo um dos órgãos da Administração Direta, a Procuradoria Geral do Estado nele também se inclui.

A intenção é apenas reforçar que, na Lei Orgânica da PGE, não há nenhuma determinação expressa de vinculatividade da súmula para o Procurador de Estado.

Há ainda, um dispositivo no próprio Regimento Interno da Procuradoria que, de maneira cristalina, fundamenta a vinculatividade dos entendimentos jurídicos do Procurador-Geral do Estado:

> Art. 5º As normas, orientações e decisões da Procuradoria Geral do Estado, na condição de órgão central do Sistema Jurídico, vinculam todos os órgãos e entidades da Administração Pública Estadual, inclusive as empresas públicas e as sociedades de economia mista, podendo avocar quaisquer decisões e processos para sua análise.

Isto porque, a expedição das normas, orientações e decisões da Procuradoria Geral do Estado cabem ao Procurador-Geral do Estado, na condição de chefe da instituição.

Vê-se, pois, que a súmula é apenas um dos instrumentos aptos à vincular a Administração Pública, mas, definitivamente, não o único, como ficará aclarado adiante.

Por isso mesmo, entendo que o mesmo fundamento jurídico que justifica a vinculatividade da súmula administrativa, além do que já claramente determinado pelo art. 5º do Regimento Interno da PGE, se encontra presente na vinculatividade dos precedentes administrativos.

Antes, porém, de apontar especificamente os fundamentos jurídicos dessa vinculatividade no âmbito da Procuradoria Geral do Estado, e com o intuito de evitar comparações inadequadas com outras instituições públicas que, por força constitucional, também exercem funções essenciais à justiça (Capítulo IV, Seção I – Ministério Público, Seção II – Advocacia Pública e Seção IV – Defensoria Pública, todos da Constituição Federal), acredito ser necessário que se compreenda o papel constitucional atribuído a Advocacia Pública e às demais instituições públicas essenciais à justiça, quais sejam, o Ministério Público e a Defensoria Pública.

Para a Advocacia Pública (Advocacia-Geral da União e Procuradoria dos Estados e do Distrito Federal), o constituinte atribuiu, nos artigos 131 e 132[5], a função de representação judicial e extrajudicial,

[5] Art. 131. A Advocacia-Geral da União é a instituição que, diretamente ou através de órgão vinculado, **representa a União**, **judicial e extrajudicialmente**, cabendo-lhe, nos termos da lei complementar que dispuser sobre sua organização e funcionamento, as **atividades de consultoria e assessoramento jurídico do Poder Executivo**.

para União Federal, e judicial, para as unidades federadas, de consultoria jurídica e assessoramento jurídico para o Poder Executivo da União, e de consultoria jurídica para as unidades federadas.

Como se extrai, trata-se de uma instituição integrante (o que não se confunde com subordinada, é bom que se registre) dos entes federados, mas que só tem capacidade de agir em representação do ente público ou na sua consultoria ou assessoramento jurídico. Não dispõe, assim, de autonomia para agir em nome próprio, nem a Constituição assegura aos seus membros a independência funcional que, em meu sentir, muitas vezes é confundida com a prerrogativa do inciso I do art. 81 da Lei Orgânica da PGE (não ser constrangido, por qualquer modo ou forma, a agir em desconformidade com a sua consciência ético-profissional).

Já para as outras duas instituições públicas essenciais à justiça (Ministério Público – art. 127, e a Defensoria Pública – art. 134), o Constituinte conferiu atribuições que possibilitam sua atuação direta (e não de representação) em nome próprio, e estabeleceu como princípio institucional a independência funcional de seus membros[6].

Art. 132. Os Procuradores dos Estados e do Distrito Federal, organizados em carreira, na qual o ingresso dependerá de concurso público de provas e títulos, com a participação da Ordem dos Advogados do Brasil em todas as suas fases, exercerão a **representação judicial** e a **consultoria jurídica das respectivas unidades federadas**.

6 Art. 127. O Ministério Público é instituição permanente, essencial à função jurisdicional do Estado, **incumbindo-lhe** a **defesa da ordem jurídica, do regime democrático e dos interesses sociais e individuais indisponíveis**.
§ 1º – São **princípios institucionais** do Ministério Público a unidade, a indivisibilidade e a **independência funcional**.
Art. 134. A Defensoria Pública é instituição permanente, essencial à função jurisdicional do Estado, **incumbindo**-lhe, como expressão e instrumento do regime democrático, fundamentalmente, a **orientação jurídica, a promoção dos direitos humanos e a defesa, em todos os graus, judicial e extrajudicial, dos direitos individuais e coletivos, de forma integral e gratuita, aos necessitados**, na forma do inciso LXXIV do art. 5º desta Constituição Federal.
§ 4º São **princípios institucionais** da Defensoria Pública a unidade, a indivisibilidade e **a independência funcional**, aplicando-se também, no que couber, o disposto no art. 93 e no inciso II do art. 96 desta Constituição Federal.

Em artigo publicado sobre a advocacia pública, o jurista, professor e advogado Elpídio Donizetti[7], mesmo asseverando a autonomia e independência da advocacia pública frente aos poderes do ente que integra, observou com pertinência a diferença central entre essas instituições:

> Não se pode negar, no entanto, que à Advocacia Pública, diferentemente do que ocorre com a Defensoria Pública e com o Ministério Público, não se confere capacidade de ser parte. A Defensoria, no processo coletivo, atua em nome próprio. O Ministério Público, a seu turno, de regra, atua como parte ou como fiscal da lei, mas nunca como representante. A Advocacia Pública, ao revés, mesmo quando atua na Ação Civil Pública, age como representante do ente ou órgão público. Essa diferenciação se de um lado não lhe retira a importância, deixa-a em posição de inferioridade na defesa dos interesses sociais mais sensíveis.

De se ver que o Supremo Tribunal Federal, em recente julgamento da Ação Direta de Inconstitucionalidade nº 1246, apreciou controvérsia sobre a independência funcional dos Procuradores de Estado (naquele caso, para fins de garantia de inamovibilidade), tendo a Corte Suprema, registrado importante lição sobre o tema:

> DIREITO CONSTITUCIONAL. AÇÃO DIRETA. CONSTITUIÇÃO ESTADUAL. GARANTIA DE INAMOVIBILIDADE AOS PROCURADORES DO ESTADO. INCONSTITUCIONALIDADE.
>
> 1. A Procuradoria-Geral do Estado é o órgão constitucional e permanente ao qual se confiou o exercício da advocacia (representação judicial e consultoria jurídica) do Estado-membro (CF/88, art. 132). A parcialidade é inerente às suas funções, sendo, por isso, inadequado cogitar-se independência funcional, nos moldes da Magistratura, do Ministério Público ou da Defensoria Pública (CF/88, art. 95, II; art. 128, § 5º, I, b; e art. 134, § 1º).
>
> 2. A garantia da inamovibilidade é instrumental à independência funcional, sendo, dessa forma, insuscetível de extensão a uma carreira cujas funções podem envolver relativa parcialidade e afinidade de ideias, dentro

7 https://portalied.jusbrasil.com.br/artigos/375207035/das-funcoes-essenciais-a-justica-a--advocacia-publica. Acesso em 21/02/2022.

da instituição e em relação à Chefia do Poder Executivo, sem prejuízo da invalidação de atos de remoção arbitrários ou caprichosos.

3. Procedência do pedido. (ADI 1246, Relator(a): Min. ROBERTO BARROSO, Tribunal Pleno, julgado em 11/04/2019, PROCESSO ELETRÔNICO DJe-108 DIVULG 22-05-2019 PUBLIC 23-05-2019)

No voto condutor do acórdão, Sua Excelência, o Exmo. Sr. Ministro Relator Roberto Barroso, egresso da Procuradoria Geral do Estado do Rio de Janeiro, cuidou de registrar:

4. Inicialmente, ressalto que não é o silêncio da Carta da República que impede os Estados de estender a inamovibilidade aos membros de suas Procuradorias. A Constituição não esgota o regime jurídico de todas as carreiras estaduais e, por isso, não veda, em princípio, que o legislador local considere relevante oferecer maior proteção aos integrantes de determinadas carreiras.

5. O que se decidiu na ADI 291 – e me parece que de forma bastante clara – foi que a atribuição da garantia de inamovibilidade aos Procuradores do Estado seria incompatível com os contornos que a Carta deu a essa carreira em particular. Nas palavras do Ministro Carlos Ayres Britto, no voto que proferiu, "há um regime jurídico da Advocacia Pública que é de berço constitucional". Não se trata de qualquer órgão, mas de uma instituição permanente, qualificada como função essencial à justiça e, por isso, sujeita a uma disciplina constitucional específica. Seu regime, portanto, não pode ser totalmente assimilado àquele aplicável ao funcionalismo público em geral. Por outro lado, contudo, tampouco se pode confundi-lo com a disciplina das demais funções essenciais à justiça. Em relação a elas, a Advocacia Pública guarda diversas diferenças importantes. Nas palavras do Ministro Ilmar Galvão, relator da ADI 470: "Evidente [...] a incompatibilidade entre autonomia funcional e o mister desenvolvido pelas Procuradorias dos Estados, que, nos termos do art. 132 da Constituição Federal, exercem a representação judicial e a consultoria jurídica das respectivas unidades federadas, em atividade cuja parcialidade é necessária e que exige perfeita sintonia com as diretrizes fixadas pela Chefia da Administração. Emprestar à advocacia pública a autonomia típica do Ministério Público implica, pois, o desvirtuamento da configuração jurídica fixada pelo texto constitucional para as Procuradorias estaduais, em patente desrespeito à Carta da República." (ADI 470, Plenário, Rel. Min. Ilmar Galvão, j. em 01.07.2002)

6. Ressalvado o importante papel que desempenham no controle de juridicidade da Administração Pública, as Procuradorias frequentemente desempenham funções que podem exigir alguma parcialidade (e.g., na

representação judicial da Fazenda), além de uma relativa afinidade de ideias, dentro da própria instituição e em relação à Chefia do Executivo. Naturalmente, como os advogados em geral, os Procuradores dos Estados, gozam da isenção técnica necessária ao exercício livre da sua elevada função. Garante-se mesmo o direito de se recusarem a defender certa pretensão em algumas hipóteses, mas isso não lhes confere, em caráter geral, a independência funcional típica de quem deve contas apenas ao direito e à própria consciência quanto às providências que toma (a Magistratura e o Ministério Público). (...)

Assim, a partir da atribuição constitucional de representação judicial e consultoria jurídica, sem a atribuição de independência funcional de seus membros, a Lei Complementar nº 7, de 1991, delineou os contornos da atuação desta instituição, de maneira claramente hierarquizada, atribuindo ao Procurador-Geral do Estado a condição de chefe da Procuradoria Geral do Estado, a quem compete dirigir, superintender, coordenar as atividades e orientar-lhe a atuação e de aprovar os pareceres e as informações dos Procuradores de Estado. Eis o que previsto no art. 10 e art. 11, I, XII:

> Art. 10. A Procuradoria Geral do Estado, órgão superior de coordenação e supervisão administrativa da Advocacia-Geral do Estado, será dirigida pelo Procurador-Geral do Estado, escolhido dentre os integrantes da carreira de Procurador de Estado, ativos e inativos na forma do que dispõe a Constituição do Estado de Alagoas.
>
> Parágrafo único. Ao Procurador-Geral do Estado, chefe da Procuradoria Geral do Estado, são conferidas as mesmas prerrogativas e vantagens asseguradas aos Secretários de Estado.
>
> Art. 11. Compete ao Procurador-Geral do Estado:
>
> I – dirigir a Procuradoria Geral do Estado, superintender e coordenar suas atividades e orientar-lhe a atuação;
>
> XII – aprovar pareceres e informações dos Procuradores de Estado.

Com a leitura dos dispositivos acima, parece-me de clareza solar que o entendimento jurídico externado pela Procuradoria Geral do Estado é de competência do Procurador-Geral do Estado e que tal entendimento deve ser observado pelos Procuradores de Estado em seus pronunciamentos.

Do contrário, qual seria o conteúdo semântico dos vocábulos "dirigir", "superintender", "coordenar", "orientar" e "aprovar" estampados nos incisos I e XII do art. 11 da Lei Orgânica da PGE?

Se concluirmos que, com base na prerrogativa do Procurador de Estado em não ser constrangido, por qualquer modo ou forma, a agir em desconformidade com a sua consciência ético profissional, o Procurador de Estado possa pronunciar contrariamente ao entendimento jurídico já fixado pelo Procurador-Geral do Estado, como se daria o exercício da competência a ele atribuída para, na condição de Chefe da Procuradoria, dirigir, superintender, coordenar suas atividades orientar a atuação e aprovar os pareceres dos Procuradores de Estado? A mim me parece que tais competências ficariam absolutamente esvaziadas e esses comandos se tornariam verdadeiras letras mortas, permitindo que o entendimento jurídico do Procurador Geral do Estado fosse solenemente ignorado pelos seus coordenados e orientados.

Olhando em sentido inverso, será mesmo possível entender que, ao ter de aplicar um entendimento jurídico fixado pelo Procurador-Geral do Estado, a quem compete, repita-se, na condição de Chefe da Procuradoria dirigir, superintender, coordenar suas atividades e orientar sua atuação, o Procurador de Estado estará sendo constrangido a agir em desconformidade com a sua consciência ético-profissional?

Com o devido respeito, não consigo, em hipótese alguma, admitir que tal situação se enquadraria no conceito de constrangimento, sob pena, em meu sentir, de subverter completamente a estrutura hierárquica da Procuradoria Geral do Estado, admitindo-se a absurda situação de se deixar prevalecer, no pronunciamento do Procurador de Estado, o seu entendimento pessoal, mesmo quando já houver um entendimento jurídico diverso fixado pelo Chefe da Instituição.

Demais disso, há que se indagar qual seria o efeito prático dessa manifestação dissonante da orientação jurídica fixada pela instância superior, se, após a manifestação do Procurador de Estado, o processo deverá ser submetido à aprovação da Coordenação da unidade operativa e do próprio Procurador-Geral do Estado.

Estes argumentos, no meu entender, já seriam suficientes para se concluir pela obrigatoriedade da observância, pelos Procuradores de Estado, dos entendimentos jurídicos fixados pelo Chefe da Instituição.

E para além do modelo constitucional delineado para a Advocacia Pública e dos dispositivos previstos na lei orgânica da Procuradoria Geral do Estado, não tenho dúvidas de que a observância dos precedentes administrativos densificam os princípios constitucionais da isonomia, da segurança jurídica, da boa-fé, da confiança legítima e da eficiência administrativa.

Nesse sentido a doutrina já se posicionava, antes mesmo da alteração da Lei de Introdução às Normas do Direito Brasileiro – LINDB, entendendo pela necessidade se dar aplicabilidade aos precedentes administrativos pela Administração Pública.

Importante, aqui, em primeiro lugar, analisarmos o conceito de precedente, na medida em que, como leciona com bastante pertinência o professor Luís Manoel Borges do Vale[8], "em todo e qualquer ramo do conhecimento, os conceitos estruturam a base metodológica necessária à compreensão das noções fundamentais do objeto epistemológico, de tal sorte que devem ser sistematizados, a fim de viabilizar uma racionalidade interconectiva dos diversos pólos da ciência." Assim, prossegue o autor, "entender como fundamental um conceito, portanto, significa reconhecer sua essencialidade frente a projeções jurídicas universalizáveis, na medida em que se está a tratar de noções construídas e aperfeiçoadas, no contexto da Teoria Geral do Direito."[9]

Faço o registro dessa importância, pois, ao que nos parece, muitas vezes quando da análise do instituto dos precedentes administrativos, conceitos essenciais à sua compreensão não são tecnicamente

---

8 VALE, Luís Manoel Borges do. *Precedentes vinculantes no processo civil brasileiro e a razoável duração do processo.* 1ª ed., Rio de Janeiro: LMJ Mundo Jurídico, 2019, pág. 5.

9 VALE, Luís Manoel Borges do. *Precedentes vinculantes no processo civil brasileiro e a razoável duração do processo.* 1ª ed., Rio de Janeiro: LMJ Mundo Jurídico, 2019, pág. 12.

observados, especialmente no tocante à distinção entre precedente, jurisprudência e súmula.

Alguns argumentam não ser possível que um único entendimento do Procurador Geral do Estado seja considerado precedente administrativo, apto a vincular o Procurador de Estado.

Ora, o precedente (administrativo ou judicial), por definição conceitual, é justamente a norma jurídica extraída de uma decisão em concreto, que reúne atributos que lhe possibilitam qualificar como decisão-quadro (*stare decisis*), cujos fundamentos jurídicos sejam aptos a incidir em casos futuros que guardem similitude fática.

Ao discorrer sobre a teoria dos precedentes administrativos, Rafael Carvalho Rezende Oliveira[10] o conceitua como sendo "a norma jurídica retirada de decisão administrativa anterior, válida e de acordo com o interesse público, que, após decidir determinado caso concreto, deve ser observada em casos futuros e semelhantes pela Administração Pública."

Logo adiante, o autor esclarece que

> a reiteração de decisões em casos semelhantes não é uma condição necessária para a criação do precedente, ainda que esse fator contribua para maior estabilidade do ordenamento e confiança administrativa. Em verdade, uma única decisão administrativa pode ser considerada precedente administrativo a ser seguido, em razão do princípio da igualdade e de outros princípios que serão indicados o tópico seguinte.

Afinando-se nesse mesmo sentido Gustavo Marinho de Carvalho[11] conceitua: "precedente administrativo é a norma jurídica extraída por indução de um ato administrativo individual e concreto, do tipo decisório, ampliativo ou restritivo da esfera jurídica dos administrados, e que vincula o comportamento da Administração Pública para todos os casos posteriores e substancialmente similares.".

---

10 OLIVEIRA, Rafael Carvalho Rezende. *Precedentes no direito administrativo*. Forense. Rio de Janeiro, 2018, pág. 95.

11 CARVALHO, Gustavo Marinho de. Precedentes Administrativos no Direito Brasileiro. São Paulo, Editora Contracorrente, 2015, p. 121.

O conceito de precedente administrativo se identifica também com o conceito de precedente judicial. Confira-se a definição trazida pelo nosso colega Luís Manoel Borges do Vale[12], em sua obra sobre os precedentes vinculantes no processo civil brasileiro e a razoável duração do processo:

> (...) valendo-se de um ponto de vista macro, é possível conceituar o precedente judicial como a decisão proferida em determinado caso, que ganha foro paradigmático, na medida em que pode se tornar elemento de referência para decisões futuras, haja vista que nele se encontra inserida uma tese jurídica passível de ser universalizável, no bojo de circunstâncias fáticas que embasam a controvérsia.

O autor ainda acrescenta: "(...) cumpre grafar, mais uma vez com supedâneo nas lições de Taruffo, que o precedente judicial, em regra, pressupõe uma decisão qualitativamente mais elaborada, tendo em conta sua predisposição para servir de modelo aos casos futuros."[13]

Como se extrai do conceito desse instituto, pode se afirmar que o precedente administrativo se forma a partir de uma determinada decisão, qualificada, por trazer em seu conteúdo fundamentos jurídicos necessários à solução de um caso concreto submetido à apreciação da administração, que deverá ser aplicado aos casos que apresentem contexto fático semelhantes, até que haja sua superação.

Por essa mesma natureza, Floriano de Azevedo Marques Neto (este, aliás, um dos coautores do Projeto de Lei que originou na Lei nº 13.655, de 2018) e Rafael Véras de Freitas[14], afirmam que "a formação do precedente é extraída da interpretação de uma situação casuísta, da realidade. Cuida-se da consagração normativa do viés programático que deve nortear a interpretação de todos os dispositivos

---

12 VALE, Luís Manoel Borges do. Precedentes vinculantes no processo civil brasileiro e a razoável duração do processo. 1ª ed., Rio de Janeiro: LMJ Mundo Jurídico, 2019, pág. 13.

13 VALE, Luís Manoel Borges do. Precedentes vinculantes no processo civil brasileiro e a razoável duração do processo. 1ª ed., Rio de Janeiro: LMJ Mundo Jurídico, 2019, pág. 19.

14 MARQUES NETO, Floriano de Azevedo; FREITAS, Rafael Véras de. *Comentários à Lei nº 13.655/2018*. Belo Horizonte: Fórum, 2019, pág. 161.

incluídos pela Lei nº 13.655/2018. É dizer, enquanto o texto de lei, de rigor, veicula comandos genéricos e abstratos, o precedente é concreto, devendo se imiscuir nas especificidades da situação ocorrida na realidade. Disso decorre a força normativa e vinculante da interpretação jurídica (enactment force). Daí que a necessidade de estabilização das relações jurídicas vem atribuindo aos tribunais, cada vez mais, o papel de criadores do direito, valorizando o manejo dos precedentes. Em outras palavras, cada situação é confrontada com casos previamente decididos, de modo a verificar se são abordadas as mesmas questões fáticas e de direito."

Por outro lado, o conceito de jurisprudência e de súmula jamais pode ser confundido com o conceito de precedente.

Sobre o ponto, Luís Vale adverte:

> a despeito da clara diferenciação entre o precedente, a jurisprudência, a súmula administrativa e a ementa, muitos operadores do Direito realizam verdadeira confusão terminológica, de modo a lidar com os termos como se sinônimos fossem. Tal postura resta por prejudicar a adequada aplicabilidade dos institutos, haja vista que deles decorrem efeitos distintos e atraem forma diferenciada de interpretação.[15]

E prossegue:

> Diversamente do precedente judicial, que, sob o ponto de vista quantitativo, constitui uma única decisão, a qual, como se disse, poderá servir de modelo, quando da prolação a posteriori, de decisões envolvendo casos correlatos/análogos, a jurisprudência não se resume, quantitativamente, a um isolado pronunciamento, ao revés, ela se remete a um corpo decisional, que se perfectibiliza uníssono, na medida em as soluções dos casos postos à apreciação do judiciário são lavradas com aplicação dos mesmos preceitos. Portanto, para a configuração da jurisprudência é necessária a compilação de um acervo estável, construído ao longo do tempo e que toma por premissa originária um dado precedente.[16]

---

15 VALE, Luís Manoel Borges do. *Precedentes vinculantes no processo civil brasileiro e a razoável duração do processo*. 1ª ed., Rio de Janeiro: LMJ Mundo Jurídico, 2019, pág. 18.

16 VALE, Luís Manoel Borges do. *Precedentes vinculantes no processo civil brasileiro e a razoável duração do processo*. 1ª ed., Rio de Janeiro: LMJ Mundo Jurídico, 2019, pág. 18/19.

Súmula, por sua vez, não constitui decisão ou conjunto de decisões reiteradas, consubstanciado, como lembra nosso colega, "como um verbete, o qual condensa a tese ou princípio jurídico extraível do acervo jurisprudencial. Dessarte a súmula nada mais é do que um texto que tem por telos generalizar e abstrativizar a conclusão assente do Tribunal sobre dada matéria, derivada do plexo de decisões anteriores"[17]. Sobre essas importantes distinções, recomenda-se a leitura do item 2.1.4 da já citada obra do colega Luís Vale, onde o autor faz a precisa diferenciação conceitual entre precedente, jurisprudência, súmula e ementa.

E a aplicação dos precedentes no direito administrativo, como dito linhas acima, já era recomendado pela doutrina, como forma de se concretizar os princípios constitucionais da isonomia, da segurança jurídica, da boa-fé, da confiança legítima e da eficiência administrativa.

Gustavo Marinho de Carvalho, em obra publicada antes mesmo da alteração da Lei de Introdução às Normas do Direito Brasileiro, já lecionava que "a eficácia vinculante dos precedentes administrativos pode ser extraída a partir dos princípios da igualdade, segurança jurídica, boa-fé e da eficiência, dotados de eficácia normativa, assim como pela interpretação dos arts. 2º parágrafo único, XIII, e art. 50, VII, ambos da Lei de Processo Administrativo Federal"[18]. Observe-se que o disposto nos mencionados artigos da Lei de Processo Administrativo Federal consta dos mesmos dispositivos da Lei Estadual nº 6.161, de 26 de junho de 2000.[19]

---

17 VALE, Luís Manoel Borges do. *Precedentes vinculantes no processo civil brasileiro e a razoável duração do processo.* 1ª ed., Rio de Janeiro: LMJ Mundo Jurídico, 2019, pág. 20.

18 CARVALHO, Gustavo Marinho de. *Precedentes Administrativos no Direito Brasileiro.* São Paulo: Editora Contracorrente, 2015, p. 131.

19 Art. 2º A Administração Pública obedecerá, dentre outros, aos princípios da legalidade, finalidade, motivação, razoabilidade, proporcionalidade, moralidade, ampla defesa, contraditório, segurança jurídica, interesse público e eficiência.
Parágrafo único. Nos processos administrativos serão observados, entre outros, os critérios de:
XIII – interpretação da norma administrativa da forma que melhor garanta o atendimento do fim público a que se dirige, vedada aplicação retroativa de nova interpretação.

Nessa mesma linha, Rafael Carvalho Rezende Oliveira[20] também lecionava:

> Conforme destacado anteriormente, os precedentes administrativos inserem-se na teoria das autolimitações ou autovinculações administrativas, que pressupõe coerência na atuação estatal.
>
> Em consequência, em processos administrativos ou relações jurídicas semelhantes, ainda que envolvam particulares diversos, a Administração deve aplicar tratamento isonômico e coerente, o que revela a necessidade de aplicar os seus próprios precedentes aos casos futuros e análogos.
>
> É possível afirmar que os precedentes e o dever de coerência estatal se fundamentam nos seguintes princípios constitucionais: a) princípio da igualdade (...); b) princípios da segurança jurídica, boa-fé e proteção da confiança legítima (...); c) princípio da razoabilidade e proporcionalidade (...); princípio da eficiência (...).

Esse mesmo autor já advertia que "não é razoável conceber que a Administração Pública exerça suas atividades de forma aleatória e irracional, o que acarretaria insegurança jurídica e colocaria em risco a efetividade dos direitos fundamentais. A previsibilidade gerada pela atuação administrativa coerente é uma exigência do Estado Democrático de Direito, (...)"[21].

E a advertência, em nosso sentir, tem absoluta razão, pois a atuação Estatal exige a adoção de uma conduta coesa, racional e lógica por parte dos administradores públicos, e nesse ponto, entendo que a Procuradoria Geral do Estado, como órgão de consultoria jurídica do ente público, tem por dever prezar pela coesão e estabilidade de seus entendimentos jurídicos, cuja competência para fixação, como

---

Art. 50. Os atos administrativos deverão ser motivados, com indicação dos fatos e dos fundamentos jurídicos, quando:

VII – deixem de aplicar jurisprudência firmada sobre a questão ou discrepem de pareceres, laudos, propostas e relatórios oficiais.

20 OLIVEIRA, Rafael Carvalho Rezende. *Precedentes no direito administrativo*. Rio de Janeiro: Forense, 2018, p. 107/108.

21 OLIVEIRA, Rafael Carvalho Rezende. *Precedentes no direito administrativo*. Rio de Janeiro: Forense, 2018, pág. 104.

instância superior e de chefia da Instituição, é atribuída ao Procurador-Geral do Estado.

Observe-se que o próprio Regimento Interno da Procuradoria Geral do Estado, no parágrafo único do já citado art. 5º, contém norma nesse mesmo sentido:

> Art. 5º. (...)
>
> Parágrafo único. O Sistema Jurídico tem por finalidade assegurar a concentração e a articulação do esforço técnico para padronização, uniformização, integração, racionalização, eficiência, eficácia, efetividade, economicidade, celeridade e economia processuais, aumento da rentabilidade, combate ao desperdício, contenção e progressiva redução dos custos operacionais.

Para atender ainda mais à essa realidade, houve, no campo legislativo, significativas modificações na Lei de Introdução às normas do Direito Brasileiro, introduzidas pela Lei Federal nº 13.655, de 25 de abril de 2018, dentre as quais (e a que mais importa à presente análise) a inclusão do art. 30, que, no entender do eminente Conselheiro Relator, é previsão genérica que não serve de fundamentação para a criação de novo instrumento que vincule não apenas os Procuradores, mas toda Administração Pública. Eis o comando do citado art. 30:

> Art. 30. As autoridades públicas devem atuar para aumentar a segurança jurídica na aplicação das normas, inclusive por meio de regulamentos, súmulas administrativas e respostas a consultas.

A demonstrar o equívoco, com o devido consentimento, da conclusão a que chegou o eminente Relator, importante trazer à colação o relato de um dos co-autores do projeto de lei que desaguou na promulgação da Lei nº 13.655, de 2018, Floriano de Azevedo Marques Neto, registrado na obra citada anteriormente, em co-autoria com Rafael Véras de Freitas[22]:

---

[22] MARQUES NETO, Floriano de Azevedo; FREITAS, Rafael Véras de. *Comentários à Lei nº 13.655/2018*. Belo Horizonte: Fórum, 2019, págs. 14/15.

> Muitas críticas foram dirigidas à lei, argumentando que ela seria prenhe de conceitos também indeterminados e que trariam mais insegurança na aplicação jurídica. Nada mais sem sentido. A LINDB existe há quase um século e não se argumenta que ela traz insegurança, embora do seu texto constem prescrições como 'fins sociais e bem comum' (art.5º) e 'bons costumes'. E assim deve ser, pois a LINDB contém normas de aplicação reflexa, destinadas não a criar ou limitar direitos dos indivíduos, mas, sim, normas de interpretação que serão utilizadas pelo intérprete que para bem aplicar outras normas. Jamais uma norma que contém pautas e parâmetros hermenêuticos será de textura normativa fechada. (...) regras de interpretação sempre haverão de ser construídas com pautas e texturas normativas mais abertas.

E sobre o objetivo inequívoco da alteração legislativa em dar primazia à segurança jurídica, pautada nos vetores da estabilidade, da previsibilidade e da proporcionalidade, o coautor do projeto de lei deixou claro que o "os artigos que se acrescentaram à LINDB original tem como objetivo explícito reforçar a segurança jurídica num quadro de incerteza e de mudança permanente."[23]

Dentro dessa premissa teleológica, autor esclareceu a respeito da inclusão do sobredito art. 30:

> O art. 30, por fim, impõe um dever para que o poder público confira previsibilidade e estabilidade às suas interpretações, pela edição de regulamentos, súmulas administrativas e respostas a consultas. Cuida-se de mais um dispositivo que caminha na firme trilha de incorporar a stare decisis (decisão-quadro, tida como precedente administrativo) ao ordenamento jurídico brasileiro. O racional dos precedentes é, de um lado, garantir previsibilidade a propósito de entendimentos administrativos, e, de outro, não tratar situações iguais de forma distinta – o que afrontaria a isonomia. Nesse quadrante, a vinculação do precedente predica uma vinculação subjetiva (no âmbito, pois, da mesma entidade administrativa) e objetiva (desde que tenham os mesmos fundamentos fáticos e jurídicos). Daí que o racional é estabilizar a vigência da norma extraída do precedente até sua ulterior revogação.[24]

---

23 MARQUES NETO, Floriano de Azevedo; FREITAS, Rafael Véras de. *Comentários à Lei nº 13.655/2018*. Belo Horizonte: Fórum, 2019, pág. 17.

24 MARQUES NETO, Floriano de Azevedo; FREITAS, Rafael Véras de. *Comentários à Lei nº 13.655/2018*. Belo Horizonte: Fórum, 2019, pág. 168.

Vê-se, pois, a inegável e expressa a positivação, no sistema jurídico brasileiro, da vinculatividade dos precedentes administrativos.

Cumpre esclarecer, por fim, que ínsito ao instituto dos precedentes, tem-se as técnicas de distinção e de superação.

Através da distinção (distinguishing) permite-se o afastamento do precedente quando se demonstrar que a situação fática analisada difere da situação fática na qual foi proferida a decisão-quadro. E "a necessidade de promover o distinguishing é uma obrigação não apenas do julgador, como do próprio interessado, que deve, desde logo, apresentar em sua peça processual, na esfera judicial ou administrativa, argumentos que demonstrem a disparidade do precedente com o caso atual pendente da decisão"[25].

Já pela superação, transpõe-se a norma extraída do precedente por ser considerada ultrapassada ou equivocada, ou por ela derivar de interpretação equivocada de determinada norma jurídica ou da análise açodada de determinados fatos, ou ainda, quando se tornar incompatível com a nova legislação vigente.[26]

E tais técnicas são extremamente necessárias pois "a eficácia vinculante (...) não torna o precedente administrativo imutável, mas impõe maior cautela na sua superação – tal como ocorre com os precedentes judiciais".[27]

A partir de todos os fundamentos jurídicos indicados, analisando com atenção os exatos termos da Instrução Normativa nº 01/2019 – CGE/PGE, entendemos que a referida instrução (A) está em perfeita compatibilidade com normas constitucionais e legais que regem a atividade da Advocacia Pública Estadual, (B) foi expedida no regular exercício das atribuições da Corregedoria-Geral

---

[25] LIVEIRA, Rafael Carvalho Rezende. *Precedentes no direito administrativo*. Rio de Janeiro: Forense, 2018, pág. 132.

[26] CARVALHO, Gustavo Marinho de. *Precedentes Administrativos no Direito Brasileiro*. São Paulo, Editora Contracorrente, 2015, pág. 175.

[27] CARVALHO, Gustavo Marinho de. *Precedentes Administrativos no Direito Brasileiro*. São Paulo, Editora Contracorrente, 2015, pág. 175.

para expedir instruções visando à regularidade e ao aperfeiçoamento da atividade dos Procuradores de Estado, (C) leva em consideração a estrutura orgânica hierárquica da Procuradoria Geral do Estado, (D) versa adequadamente sobre o instituto jurídico dos precedentes administrativos, em sintonia com o conceito do instituto (art. 1º), a obrigatoriedade de se proceder com a distinção (arts. 3º e 5º) e a possibilidade de solicitar a sua superação (art. 4º), (E) densifica os princípios constitucionais da isonomia, da segurança jurídica, da razoável duração do processo e da eficiência administrativa e, ainda, (F) resguarda ao Procurador de Estado que com ele divirja, a possibilidade da ressalva de seu entendimento pessoal (parágrafo único do art. 2º).

Esperamos que o tema relativo aos precedentes administrativos seja objeto de maior reflexão e de uma análise mais aprofundada por parte dos advogados públicos, a fim de se aplicar adequadamente o instituto no âmbito dos processos administrativos, de maneira a racionalizar a atuação administrativa e, o mais importante, assegurar aos administrados a aplicação efetiva dos princípios constitucionais da isonomia, da segurança jurídica, da boa-fé, da confiança legítima e da eficiência administrativa.

REFERÊNCIAS BIBLIOGRÁFICAS

BINENBOJM, Gustavo. *Uma teoria do direito administrativo: direitos fundamentais, democracia e constitucionalização.* 3ª ed. revista e atualizada. Rio de Janeiro: Renovar, 2014.

CARVALHO, Gustavo Marinho de. *Precedentes Administrativos no Direito Brasileiro.* São Paulo, Editora Contracorrente, 2015.

VALE, Luís Manoel Borges do. *Precedentes vinculantes no processo civil brasileiro e a razoável duração do processo.* 1ª ed., Rio de Janeiro: LMJ Mundo Jurídico, 2019.

DONIZETTI, Elpídio. Das funções essenciais à justiça: a Advocacia Pública. Disponível em: <https://portalied.jusbrasil.com.br/artigos/375207035/das-funcoes-essenciais-a-justica-a-advocacia-publica>. Acesso em 21/02/2021.

MARQUES NETO, Floriano de Azevedo; DE FREITAS, Rafael Véras. *Comentários à Lei nº 13.655/2018*. Belo Horizonte: Fórum, 2019.

OLIVEIRA, Rafael Carvalho Rezende. *Precedentes no direito administrativo*. Forense. Rio de Janeiro, 2018.

CAPÍTULO 7

AUTOVINCULAÇÃO CONVENCIONAL DA ADMINISTRAÇÃO PÚBLICA: O CONTRATO DE GESTÃO NO INTERIOR DA ADMINISTRAÇÃO PÚBLICA BRASILEIRA

PAULO MODESTO[1]

[1] Professor de Direito Administrativo da Universidade Federal da Bahia. Presidente do Instituto Brasileiro de Direito Público. Presidente do Instituto de Direito Administrativo da Bahia. Membro do Ministério Público da Bahia e da Academia de Letras Jurídicas da Bahia. Diretor da Revista Brasileira de Direito Público. Conselheiro Técnico da Sociedade Brasileira de Direito Público. Membro do Conselho de Pesquisadores do Instituto Internacional de Estudos de Direito do Estado. Ex-Assessor Especial do Ministério da Administração Federal e Reforma do Estado do Brasil. Editor do site www.direitodoestado.com.br.

1. AUTOVINCULAÇÃO ADMINISTRATIVA

A expressão *autovinculação administrativa* não é de emprego usual pela doutrina do direito administrativo brasileiro. Nada obstante, os tribunais nacionais e a literatura jurídica nacional surpreendem, sob denominações diversas, hipóteses variadas de *autovinculação (ou autolimitação) da Administração Pública.*[2] Para esclarecer o alcance desse conceito, bem como encartar nele situações novas e formas tradicionais de autovinculação, como a proibição de ir contra atos próprios (*venire contra factum proprium*) e novas formas convencionais de autovinculação, convém distinguir um *sentido estrito* e um *sentido amplo de autovinculação administrativa.*

1.1 Autovinculação administrativa em sentido estrito

A autovinculação administrativa, em sentido estrito, denota uma hipótese importante de *redução da discricionariedade*, no âmbito dos *atos concretos da Administração Pública*, de invocação especialmente útil para impedir *atuações caprichosas de agentes públicos* ou *alterações repentinas no padrão decisório do Poder Público.*

A teoria nasceu de uma nova abordagem sobre a situação do administrado (cidadão ou pessoa jurídica) que observa a Administração

---

2 É raro encontrar estudos brasileiros sobre o tema da autovinculação no âmbito do direito administrativo, inclusive aplicações incidentais da teoria. São exceções: ARAGÃO, Alexandre Santos. Teoria das autolimitações administrativas: atos próprios, confiança legítima e contradição entre órgãos administrativos. *Revista Eletrônica de Direito Administrativo Econômico (REDAE)*, Salvador: Instituto Brasileiro de Direito Público, n. 14, mai./jun./jul. 2008. Disponível na Internet: <http://www.direitodoestado.com/revista/REDAE-14-MAIO-2008--ALEXANDRE%20ARAGAO.pdf>; MOTTA, Fabrício. *Função normativa da administração pública.* Belo Horizonte: Fórum, 2007. p. 233-234; VALLE, Vanice Lírio do. Dever constitucional de enunciação de políticas públicas e autovinculação: caminhos possíveis de controle jurisdicional. *Fórum Administrativo*, Belo Horizonte, ano 7, n. 82, dez. 2007; NOBRE JUNIOR, Edilson Pereira. *O princípio da boa-fé e sua aplicação no direito administrativo brasileiro.* Porto Alegre: Sergio Fabris, 2002; SCHIRATO, Vitor Rhein. Discricionariedade e poder sancionador: uma breve análise da proposta de regulamento da ANATEL. *Revista Eletrônica de Direito Administrativo Econômico – REDAE*, Salvador: Instituto Brasileiro de Direito Público, n. 17, fev./mar./abr. 2009. Disponível na internet: <http://www.direitodoestado.com/revista/REDAE-17-FEVEREIRO-2009-VITOR%20RHEIN.pdf>.

Pública adotar reiteradamente uma determinada forma de agir, decidir ou interpretar disposições jurídicas, *em casos concretos*, ao longo do tempo, fixando um *padrão decisório* que suscita *confiança*. Ao provocar a Administração, no entanto, diante do novo caso concreto, o interessado assiste o Poder Público abandonar o padrão decisório reiteradamente adotado no passado sem *fundamentação ou motivação especial acerca das razões da mudança de critério.*

A doutrina é firme em que, nestes casos, em face do *princípio da igualdade, da boa-fé e da segurança jurídica*, a reiteração de um mesmo modo de decidir em casos concretos impõe que o mesmo padrão seja adotado nas demandas futuras de mesma natureza, salvo *motivação especial*, fundada em *alteração das circunstâncias e na necessidade de reformar o atendimento anterior em face do interesse público.*

A Administração Pública, como regra, portanto, mesmo diante de competência aparentemente discricionária, deve considerar-se "*autovinculada ao precedente*", isto é, *predeterminada* na escolha de uma decisão dentre as possíveis no exercício de competência discricionária em razão da *reiterada adoção por ela mesma de um mesmo padrão decisório.*

O *princípio da igualdade* é percebido, nesta hipótese, sob um ângulo diacrônico ou dinâmico, associando-se ainda à proteção da confiança, inerente a exigência de previsibilidade e lealdade da boa-fé objetiva. Não se cogita aqui de discriminação desarrazoada em face de situações concretas, ou sujeitos concretos, aqui e agora (perspectiva estática, sincrônica, tradicional do princípio da igualdade). Mas constata-se *discriminação desarrazoada entre casos análogos*, ou equivalentes, *ao longo do tempo*, no transcurso do tempo, a partir de uma abordagem que reclama *coerência no padrão decisório* da Administração Pública.

É que o *tempo, por si mesmo e enquanto tal*, não pode servir de critério de discriminação entre situações equivalentes, ensinou luminosamente Celso Antonio Bandeira de Mello, em passagem de sua conhecida monografia sobre o conteúdo jurídico do princípio da igualdade:

> A lei não pode tomar tempo ou data como fator de discriminação entre pessoas a fim de lhes dar tratamentos díspares, sem com isto pelejar à arca partida com o princípio da igualdade. O que pode tomar como elemento discriminador é o fato, é o acontecimento, transcorrido em certo tempo por ele delimitado. (...)
>
> As coisas é que residem no tempo. O tempo não se aloja nos fatos ou pessoas. Portanto o tempo não é uma diferença que neles assiste. Deste ponto de vista, pessoas, fatos e situações são iguais. Por isso se disse que o tempo é neutro. Se o tempo não é uma inerência, uma qualidade, um atributo próprio das coisas (pois são elas que estão no tempo e não o tempo nelas), resulta que em nada diferem pelo só fato de ocorrerem em ocasiões já ultrapassadas. Todas existiram. E se existiram do mesmo modo, sob igual feição, então, são iguais e devem receber tratamento paritário.[3]

Na hipótese, à primeira vista, o princípio da boa-fé e da igualdade, como *parâmetros obrigatórios, heterovinculantes, indisponíveis ao administrador*, fixados em norma legal ou constitucional, foram decisivos para *restringir no caso concreto as opções logicamente comportadas pela norma de competência discricionária.* Mas, na verdade, o que esses princípios encerraram foi a censura jurídica ao *comportamento contraditório, sem fundamentação suficiente ou razoável.*

O *parâmetro de decisão* do caso foi o padrão decisório reiteradamente assumido pela Administração Pública, que escolheu um entre os vários sentidos admitidos pela regra de competência e, no caso litigioso, dele somente poderia afastar-se a partir de fundamentação especial, extensa e congruente. A conjugação da *prescrição administrativa com os princípios da igualdade e boa-fé*, no caso, produzem o que Hartmut Maurer denominou "efeito externo indireto" das prescrições administrativas.[4]

O mesmo fenômeno, o da *eficácia externa de atos internos*, José Manuel Coutinho de Abreu reconhece nas chamadas "diretivas de discricionariedade", *normas regulamentares que autolimitam o exercício*

---

3 BANDEIRA DE MELLO, Celso Antônio. *O conteúdo jurídico do princípio da igualdade*. 2. ed. São Paulo: Revista dos Tribunais, 1984. p. 42-44.

4 MAURER, Hartmut. *Elementos de direito administrativo alemão.* Porto Alegre: Sergio Fabris, 2001. p. 37.

da discrição administrativa, reduzindo o casuísmo na análise dos casos concretos.[5]

Para alguns autores basta uma *única decisão* para fundar um precedente vinculante. Segundo António Francisco de Souza, por exemplo, "devido ao princípio constitucional da igualdade, a Administração não deve, sem fundamento material suficiente, desviar-se da sua tradicional *praxis* administrativa, quando esta seja lícita e não haja razões suficientemente fortes para alterar o sentido de decisão tradicional. Para que se verifique autovinculação da Administração, é suficiente que no passado a Administração tenha decidido num único caso idêntico. Quando haja autovinculação da Administração, o cidadão atingido tem um direito a não ser tratado de forma menos favorável do que foram tratados outros cidadãos em casos idênticos".[6]

Na jurisprudência, mesmo em matéria tributária entende-se que a administração não pode praticar atos em desconformidade com seus próprios precedentes:

> Tributário. Imposto de Renda. Documentação Fiscal Parcialmente Destruída. Enchente. Arbitramento.1. As decisões administrativas devem guardar um mínimo de coerência, não se admitindo, por isso, tratamento diferenciado para hipóteses rigorosamente idênticas. Se duas empresas, da mesma localidade, sofreram a inutilização parcial de sua documentação em decorrência de uma inundação, não é lícito ao Fisco, isentando uma, servir-se do arbitramento de lucro para outra com base na própria declaração de rendimento apresentada. 2. Incidência da Súmula nº 76, do TRF. 3. Apelação parcialmente provida para reduzir o percentual da verba de patrocínio. 4. Remessa improvida. (TRF 1, Apelação Cível nº 9101166930, Rel. Juiz Fernando Gonçalves, Terceira Turma, *DJ*, p. 38.220, 19.11.1992. No mesmo sentido, a AC nº. 91.01.16693-0/GO e a AC nº. 92.01.23038-9/GO)

5 ABREU, José Manuel Coutinho de. *Sobre os regulamentos administrativos e o princípio da legalidade*. Coimbra: Almedina, 1987. p. 175-179.

6 SOUZA, António Francisco de. *O controlo jurisdicional da discricionariedade e das decisões de valoração e prognose*. Disponível na internet: <http://rca.meticube.com/RCA/Documents/doc18.rtf>. Acesso em: 20.09.2009.

No entanto, também é certo que não se devem estender para casos idênticos decisões ilegais, com fundamento na vinculatividade do precedente:

> Aposentadoria dupla. Ferroviário, que é servidor autárquico, indeferimento. Invocação de precedentes administrativos em contradição com o ato aqui impugnado. Cabe notar que *non exemplis sed legibus judicandum*, e aqueles precedentes não estão sujeitos agora ao nosso exame. A função do Poder Judiciário é corrigir, quando provocado, atos ilegais da administração, e não estender a outros as ilegalidades porventura cometidos por ela em favor de alguns. Segurança negada. (STF, MS nº 15.816, 1966, AUD: 09.03.1966, DF)
>
> Administrativo – Constitucional – Ação Civil Pública – Interrupção de Construção – Área de Preservação Ambiental – Existência de Termo de Compromisso com o Ibama – Questionamento da Atuação Administrativa da Autarquia – Potencial de Degradação Ambiental – Dilação Probatória Incompatível com o Recurso de Agravo de Instrumento (...) O simples fato de próximo ao local da construção já existirem empreendimentos potencialmente poluidores, que eventualmente tenham deixado de observar a legislação ambiental, não exime outros interessados de se submeterem ao procedimento adequado, vez que, por óbvio, não se admitem precedentes administrativos legitimadores da extensão de ilegalidades. (TRF 2, AGV 200402010126870, Relator Desembargador Federal Sergio Schwaitzer, Sétima Turma, *DJU*, p. 355, 30.05.2007)

É evidente que a Administração não está impedida de modificar o seu comportamento ou o seu padrão decisório. Mas se assim entender, deve *motivar a mudança de rota*, justificar não apenas a decisão concreta, mas a própria alteração de critério decisório, *afastando qualquer suspeita de atuação caprichosa ou contrária aos padrões éticos da boa-fé*. Se houver fixado a compreensão em regulamento, deve antes revogá-lo, em face do princípio da inderrogabilidade singular dos regulamentos. Se seguia apenas um padrão concreto de decidir, basta fundamentar a decisão contrária de forma razoável. Essa exigência, hoje, no Brasil, tem assento expresso na lei. O *art. 50 da Lei nº 9.784/99*, que regula o processo administrativo da União, determina que devem ser motivados os atos administrativos que "VII- deixem de aplicar jurisprudência firmada sobre a questão ou discrepem de pareceres, laudos, propostas e relatórios oficiais". É certo ainda que a nova interpretação não pode ter efeito retroativo, consoante disposição igualmente expressa no art. 2º, parágrafo único, XIII, da referida lei. A lei de processo exige que a Administração Pública observe, nos processos administrativos, entre outros critérios, o de "atuação segundo padrões éticos de probidade, decoro e boa-fé" (art. 2º,parágrafo único, IV), estabelecendo que "a interpretação da norma administrativa da forma que melhor garanta o atendimento do fim público a que se dirige, vedada aplicação retroativa de nova interpretação" (art. 2º,parágrafo único, XIII).

1.2 Sentido abrangente da autovinculação administrativa

O caráter limitado dessa primeira aplicação da autolimitação administrativa, entretanto, foi reconhecido. Ela somente poderia ser invocada *quando a atuação administrativa paradigma fosse legítima*, conforme ao direito, *no plano de atos concretos unilaterais*, expedidos no âmbito de *competências que conferem opções discricionárias*, a partir da *involuntária fixação de padrão decisório* pela Administração Pública, que não devia ser modificado em casos semelhantes futuros sem fundamentação suficiente.

Fatores diversos colocam na ordem do dia saber-se a conveniência (ou não) de se admitir *hipóteses unilaterais e bilaterais de autocontenção voluntária ou deliberada da Administração Pública no exercício de competências administrativas sujeitas a algum grau de discricionariedade.*

Entre esses fatores, dois, profundamente interligados, dizem respeito a *transformações operadas na própria função legislativa*. Por um lado, a *insuficiência crescente da densidade normativa da lei*, com emprego nas normas legais de conceitos cada vez mais abstratos e indeterminados, enumerações exemplificativas, cláusulas gerais e princípios plurissignificativos, bem como de fórmulas de compromisso político sem viés nítido, deixam cada vez mais amplas margens de avaliação e concretização ao Administrador Público. Por outro lado, o *excesso de legislação*, a denominada *inflação legislativa*, frequentemente *contraditória e fragmentária*, a reclamar do administrador maior explicitação sobre as *normas que estão efetivamente vigentes*, oferecendo um panorama referencial para a programação de conduta dos próprios atores sociais.

Na verdade, neste cenário, há um *aumento expressivo da litigiosidade*, com consequência na *paralisia do próprio aparato administrativo*, contida frequentemente por liminares e medidas de cautela, pois *todos os sujeitos jurídicos supostamente lesados pela atuação da Administração sentem-se resguardados por algum princípio para esgrimir.*[7]

A falta de densidade da lei, bem como o excesso de legislação, acentuou a importância de conhecer, avaliar e controlar *diversas formas de concretização administrativa da própria lei.* Neste cenário, em primeiro lugar, é a análise de situações de autovinculação administrativa um *recurso adicional de redução da arbitrariedade do Poder Público e de prevenção contra abusos decorrentes de um decisionismo excessivamente casuísta.* No entanto, por outro lado, sobre o prisma da Administração, o recurso à autovinculação administrativa pode servir para *precisar os contornos do exercício da competência*, assegurando uma *padronização mínima* na reação às situações individuais repetitivas, de modo a acelerar a tomada de

7 Paulo Otero sustenta que a lei perdeu parte do seu papel garantístico com a valorização constitucional de princípios gerais, frequentemente assumidos de forma antagônica ou compromissória, o que produziu debilitação da segurança e certeza jurídicas na atuação administrativa. De fato, para este autor, o fenômeno ampliou o protagonismo da Administração na realização do direito (cada vez mais maleável, impreciso, valorativo, apoiado em balanceamento de interesses) e dos tribunais no exercício do seu controle. Em palavras incisivas, escreveu: "Sucede, porém, que todo este novo modelo de legalidade, envolvendo um 'Direito de princípios', aumenta consideravelmente a conflitualidade social e judicial: cada pessoa insatisfeita ou cada grupo de interesses preterido por uma decisão administrativa, procurando alicerçar nos princípios da Constituição o fundamento das suas pretensões, acaba por abrir litígios judiciais que, provocando um conflito de pretensões alicerçadas em princípios constitucionais contraditórios, arrastam os tribunais numa discussão político-constitucional que, sendo fruto das sucessivas incertezas normativas da Constituição e da legislação ordinária, contribuem para ampliar a presente crise na concretização jurisdicional da justiça" (*Legalidade e administração pública*, op. cit, p. 168).

decisão dos agentes subalternos do aparato administrativo, ampliando igualmente a credibilidade da Administração perante os órgãos de controle.

De fato, no dizer de Johann-Christian Pielow, em termos expressivos, "la cuestión de las autovinculaciones de la Administración esta situada em um *campo de tensión entre la necesidad de flexibilidad e innovación por um lado*, y, por outro, entre la no menos acuñada demanda de *continuidad de la actividad administrativa*, la cual con el fin de crear *seguridad jurídica reclama la apreciabilidad y la calculabilidad de la acción administrativa*".[8]

A autovinculação não significa *reserva de administração* ou *espaço de autonomia decisória indiferente às determinantes legais ou constitucionais*. Pelo contrário. A autovinculação somente é possível no campo da *discricionariedade administrativa*. Mas é a *lei que programa a discricionariedade*, permitindo que na aplicação administrativa *mais de uma decisão seja possível e aceitável*. É a lei que oferece ao administrador uma *margem de avaliação e ponderação* da conveniência das várias decisões abstratamente possíveis, impondo um *dever de argumentação e justificação correspondente* de sua decisão final. Também não significa uma renúncia ilegal à discricionariedade, por ser também uma forma de expressão da própria discricionariedade autorizada por lei, além de oferecer maior segurança jurídica aos administrados.[9]

---

8 PIELOW, Johann-Christian. Integración del ordenamiento jurídico: autovinculaciones de la administración. In: MUÑOZ, Guilermo Andrés; SALOMONI, Jorge Luis. *Problemática de la administración contemporánea*: uma comparación europeo-argentina. Buenos Aires: Ad-Hoc, 1997. p. 51.

9 É também esta a opinião de Paulo Otero em termos expressivos: "Sabendo-se que a predeterminação do poder discricionário ou a autolimitação administrativa ainda consubstancia uma forma de exercício da discricionariedade, registra-se que, se a obrigatoriedade de ponderação casuística da discricionariedade pelos órgãos administrativos resulta da lei, a verdade é que também decorre da lei a competência regulamentar que tais órgãos gozam para, dentro da margem de liberdade formadora resultante das fontes supra-ordenadas, fixarem normativamente as condições, os pressupostos ou os requisitos de exercício em concreto do poder discricionário. Tudo se resume, deste modo, a uma ponderação de equilíbrio entre dois poderes conferidos por lei aos órgãos administrativos (o poder regulamentar e o poder discricionário), sabendo-

É a *ampliação excessiva dessas margens de avaliação e ponderação*, frequente na disciplina administrativa da economia, mas usuais também em outros domínios em um estado de direito cada vez mais "principialista", que colocam em questão tanto a preocupação sobre a *densidade normativa mínima que a Lei deve oferecer* quanto, por outro lado, a utilidade de se *antecipar ou concretizar parcialmente, em contextos concretos, parâmetros de controle do exercício futuro da discricionariedade*, inclusive por atos da própria Administração, sejam *unilaterais* (regulamentos, atos e promessas unilaterais), sejam *convencionais* (compromissos, acordos, termos de ajustamento de conduta, transações, acordos procedimentais ou acordos orgânicos).

Para a Administração Pública esse exercício voluntário de *autocontenção* frequentemente é útil, pois:

> a) evita disparidade de resposta dos órgãos da estrutura administrativa a demandas equivalentes;
>
> b) reduz o risco de litígios acerca da aplicação da lei, em face de suspeita de decisão caprichosa ou discriminatória;
>
> c) acelera a capacidade de resposta da máquina pública a demandas repetitivas;
>
> d) antecipa decisões futuras em matérias de alta incerteza, facilitando a mobilização de capitais privados em tempo útil para a oferta de bens e serviços para a própria Administração, ou a adesão de terceiros a políticas públicas.

Em resumo: por paradoxal que possa parecer, muitas vezes a redução da incerteza, a densificação da imprecisão legal, interessa tanto a Administração quanto aos particulares.

A autovinculação não concorre com a legalidade. A rigor, a desenvolve e densifica, ampliando o alcance prático dos princípios da igualdade e da proteção da confiança para âmbitos nos quais falta

---

-se que ambos se encontram alicençados em princípios constitucionais" (*Legalidade e administração pública*, op. cit., p. 852-853).

precisão ou determinabilidade para os preceitos legais. Por igual, deriva também da necessidade de fixação de parâmetros para o próprio desenvolvimento da função administrativa, quando são muito variadas as alternativas oferecidas pela lei para a atuação do administrador.

A autovinculação em sentido amplo admite classificação sob diferentes critérios. Para fins desta exposição, distinguirei apenas entre:

a) autovinculação involuntária ou não intencional;

b) autovinculação deliberada ou intencional:

b.1) unilateral — concreta ou abstrata;

b.2) bilateral ou convencional — acordos, contratos, convenções.

A *autovinculação involuntária*, não intencional, foi referida quando mencionamos a "autovinculação pelo precedente". Ela possui a fragilidade invocada nas considerações anteriores: motivada adequadamente a alteração de circunstâncias, como base da decisão atual, perde força a invocação do precedente, salvo a demonstração (sempre difícil) de desvio de poder.

A *autovinculação voluntária e intencional*, por outro lado, especialmente quando feita no interior de uma relação jurídica, oferece maior certeza ao particular e aos órgãos de controle. É nesse campo que universalmente se aplica a *doutrina dos atos próprios*.

1.2.1 Autovinculação unilateral concreta - Doutrina dos atos próprios

Tradicionalmente, considera-se incluído no dever de proceder de boa-fé a obrigação dos titulares de posições jurídicas de *respeitarem a aparência criada por sua própria conduta*.

Afirma-se que *a ninguém é lícito ir contra os seus próprios atos*, pois seria deslealdade cabal com a contraparte criar uma aparência, mobilizar a contraparte a agir congruentemente com esta aparência, e depois quebrar a confiança com comportamentos ou atos contraditórios na mesma relação jurídica.

Hector Mairal, em preciosa monografia sobre o tema no direito administrativo, indica didaticamente as condições fundamentais para aplicação da doutrina dos atos próprios:[10]

> a) que exista identidade de partes e unidade de situação jurídica, isto é, que exista uma conduta prévia e uma pretensão posterior emanada da mesma pessoa/Administração e que se tenham produzido frente a mesma contraparte e dentro do marco de uma mesma relação jurídica;
>
> b) que a conduta prévia seja válida e que se revista de sentido unívoco, apta a suscitar a confiança da contraparte (conduta deliberada, juridicamente relevante, plenamente eficaz);
>
> c) que tal conduta (ou suas consequências) e a pretensão posterior sejam contraditórias, incompatíveis entre si;
>
> d) que não haja uma norma que autorize expressamente a contradição.

Na proibição de adotar comportamento contrário a atos próprios, ou atos anteriores, o que se tutela é também a confiança do particular e a coerência dos atos públicos. Mas, na espécie, *a invocação de casos análogos é desnecessária. Basta que o ato, base da proteção da confiança legítima*, tenha sido adotado perante o sujeito lesado e suscite ou suceda posterior pretensão contraditória.

Para a invocação da proibição de ir contra atos próprios bastam duas decisões ou comportamentos de uma mesma entidade ou pessoa administrativa, lícitos em si, diferidos no tempo, em contradição em face de determinado sujeito.

Trata-se de situação distinta, peculiar, quando a comparamos com a autovinculação decorrente de decisão análoga anterior. Na autovinculação derivada da proibição de ir contra atos próprios o fundamento constitucional é o *princípio da proteção da confiança*; na autovinculação ao precedente, o princípio da igualdade. Na proibição de ir contra atos próprios, censuram-se decisões já assumidas

[10] MAIRAL, Héctor. *La doctrina de los propios actos y la administración pública*. Buenos Aires: Depalma, 1994. p. 133-154. Cf. também: BORDA, Alejandro. *La teoría de los actos propios*. 4. ed. Buenos Aires: Abeledo-Perrot, 2005.

pela Administração ou por particulares, em contradição direta com atos anteriores. No respeito ao precedente, reclama-se coerência da Administração em decisões futuras, perante outros sujeitos, desde que presentes situações análogas. A Administração não se autovincula ao precedente ilegal, com fundamento no princípio da legalidade; no entanto, em situações excepcionais, mesmo perante atuação ilegal pode exigir-se o desenvolvimento de relações jurídicas com fundamento no princípio da proteção da confiança, como diversas decisões do Supremo Tribunal Federal já reconheceram, a exemplo do *leading case* das contratações de pessoal realizadas sem concurso público pela INFRAERO, na vigência da Constituição de 1988, fundados em diversos pronunciamentos oficiais anteriores que reconheciam às empresas estatais a autorização para assim proceder.[11]

Funda-se a proibição de ir contra atos próprios, portanto, tanto na segurança jurídica quanto na moralidade administrativa, com a consequente proteção da confiança suscitada e da boa-fé do administrado, a revelar, mais uma vez, que *a subordinação e vinculação da Administração Pública não apenas ocorre em face da lei, mas se prolonga aos regulamentos administrativos e a seus próprios atos concretos.*

[11] EMENTA: Mandado de Segurança. 2. Acórdão do Tribunal de Contas da União. Prestação de Contas da Empresa Brasileira de Infra-estrutura Aeroportuária — INFRAERO. Emprego Público. Regularização de admissões. 3. Contratações realizadas em conformidade com a legislação vigente à época. Admissões realizadas por processo seletivo sem concurso público, validadas por decisão administrativa e acórdão anterior do TCU. 4. Transcurso de mais de dez anos desde a concessão da liminar no mandado de segurança. 5. Obrigatoriedade da observância do princípio da segurança jurídica enquanto subprincípio do Estado de Direito. Necessidade de estabilidade das situações criadas administrativamente. 6. Princípio da confiança como elemento do princípio da segurança jurídica. Presença de um componente de ética jurídica e sua aplicação nas relações jurídicas de direito público. 7. Concurso de circunstâncias específicas e excepcionais que revelam: a boa-fé dos impetrantes; a realização de processo seletivo rigoroso; a observância do regulamento da Infraero, vigente à época da realização do processo seletivo; a existência de controvérsia, à época das contratações, quanto à exigência, nos termos do art. 37 da Constituição, de concurso público no âmbito das empresas públicas e sociedades de economia mista. 8. Circunstâncias que, aliadas ao longo período de tempo transcorrido, afastam a alegada nulidade das contratações dos impetrantes. 9. Mandado de Segurança deferido (STF, MS nº 22.357/DF – DISTRITO FEDERAL, Relator Min. Gilmar Mendes, Julgamento: 27.05.2004, Tribunal Pleno, *DJ*, p. 00006, 05.11.2004, RTJ V. 00192-02, p. 00620).

No campo da Administração Pública, *dois* precedentes do STJ merecem ter as ementas transcritas. O primeiro é o seguinte:

> Ementa: Administrativo e processual civil. Titulo de propriedade outorgado pelo Poder Público, através de funcionário de alto escalão. Alegação de nulidade pela própria Administração, objetivando prejudicar o adquirente: inadmissibilidade. Alteração no pólo ativo da relação processual na fase recursal: impossibilidade, tendo em vista o princípio da estabilização subjetiva do processo. Ação de indenização por desapropriação indireta. Instituição de parque estadual. Preservação da mata inserta em lote de particular. Direito a indenização pela indisponibilidade do imóvel, e não só da mata. Precedentes do STF e do STJ. Recursos parcialmente providos.
>
> I – Se o suposto equívoco no título de propriedade foi causado pela própria administração, através de funcionário de alto escalão, não há que se alegar o vício com o escopo de prejudicar aquele que, de boa-fé, pagou o preço estipulado para fins de aquisição. Aplicação dos princípios de que "memo potest venire contra factum proprium" e de que "memo creditur turpitudinem suam allegans".
>
> (...)
>
> IV – Recursos especiais conhecidos e parcialmente providos. (STJ, RESP 47015/SP, Recurso Especial, 1994/0011462-1, Relator Ministro Adhemar Maciel, Segunda Turma, Julgamento 16.10.1997, *DJU*, p. 64.655, 09.12.1997)

O segundo acórdão a merecer referência é o seguinte:

> Loteamento. Município. Pretensão de anulação do contrato. Boa-fé. Atos próprios. Tendo o município celebrado contrato de promessa de compra e venda de lote localizado em imóvel de sua propriedade, descabe o pedido de anulação dos atos, se possível a regularização do loteamento que ele mesmo está promovendo. Art. 40 da Lei nº 6.766/79. A teoria dos atos próprios impede que a administração pública retorne sobre os próprios passos, prejudicando os terceiros que confiaram na regularidade de seu procedimento. (STJ, 4ª T, RESP 141879/SP, rel. Min. Ruy Rosado de Aguiar, v.u., j. 17.03.1998, *DJU*, p. 90, 22.06.1998)

A jurisprudência nacional, no entanto, em outros momentos, parece vacilar na aplicação do instituto, reconhecendo ao Estado, ainda com grande desenvoltura, o direito a ir contra atos próprios, como no julgado cuja ementa é transcrita abaixo:

> Ementa: Processual civil e administrativo. Embargos de declaração. Art. 535 do CPC. Ausência dos pressupostos. Efeito infringente. Excepcionalidade. Policial militar. Promoção por ato de bravura. Ato discricionário da administração pública. Impossibilidade do Poder Judiciário analisar o mérito administrativo. Correção de ilegalidade. Poder-dever da administração. Súmula nº 473/STF. Ausência de direito líquido e certo. Recurso desprovido. Embargos de declaração rejeitados.
>
> III – A concessão da promoção por ato de bravura está adstrita à discricionariedade do administrador, estando o ato administrativo submetido exclusivamente à conveniência e oportunidade da autoridade pública, tendo em vista que a valoração dos atos de bravura não ocorrem por meio de elementos meramente objetivos. Precedentes.
>
> IV – Consoante entendimento desta Corte, é defeso ao Poder Judiciário adentrar ao mérito administrativo de ato discricionário, a fim de aferir sua motivação, somente sendo permitida a análise de eventual transgressão de diploma legal.
>
> V – Tratando-se de revisão de ato ilegal, ancorada no poder de autotutela, poderia a Administração alterar o entendimento anteriormente proferido, denegando a promoção por ato de bravura. Aplica-se, à espécie, o entendimento consolidado na Súmula nº 473 do Supremo Tribunal Federal: "A Administração pode anular seus próprios atos, quando eivados de vícios que os tornam ilegais, porque deles não se originam direitos."
> VII- Embargos de declaração rejeitados. (STJ, EDcl no RMS 19.829 / PR, Relator Ministro Gilson Dipp, Quinta Turma, Julgamento 21.11.2006, *DJ*, p. 408, 18.12.2006)

Por isso, instrumentos de *autovinculação voluntária*, como acordos ou contratos de gestão (que parametrizam a supervisão administrativa de entidades ou a coordenação administrativa interna), acordos de terminação antecipada de processos administrativos, regulamentos e atos enunciativos de parâmetros técnicos de decisão futura, parecem cada vez mais relevantes para o cidadão e para o próprio funcionamento da Administração Pública. Permitem diminuir o espaço da decisão caprichosa e abusiva, restringem o casuísmo, desestimulam a litigiosidade e podem favorecer a formulação de atos e normas com maior coerência pelo Poder Público.

1.2.2 Autovinculação unilateral abstrata

Os atos normativos emitidos no exercício da função administrativa pelo Estado cumprem diferentes propósitos. Podem ser destacados ao menos três mais frequentes:

> a) especificar e operacionalizar os comandos legais, integrando, sem criar direitos ou obrigações ao cidadão, aspectos operacionais reclamados para ampliar a eficácia da lei;
>
> b) disciplinar aspectos da lei que ensejam atuação administrativa discricionária, evitando disparidades na aplicação concreta da norma legal; e
>
> c) adequar o funcionamento e a organização dos órgãos e entidades públicos a necessidades do momento, na hipótese dos regulamentos organizativos.

Os regulamentos constituem a mais eminente manifestação dos atos normativos editados na função administrativa, sendo privativos do Chefe do Poder Executivo (CF, art. 84, IV, e 84, VI, "a"). Embora a edição dos regulamentos seja uma imposição da lei, é função lógica (inerente) dos regulamentos e demais atos normativos da administração a eficácia de *vincular os atos singulares da própria Administração Pública, inclusive os atos da autoridade que os emitiu.*[12]

Mesmo criticando a qualificação desta atuação normativa como hipótese de autovinculação em sentido estrito, Luis Cabral de Moncada oferece considerações sobre a sua *relevância para o Estado de Direito e para a democracia*, em termos que merecem transcrição:

> Cada vez mais dispõe a administração por vontade da lei ou "malgré tout" de um poder de decisão importantíssimo na concretização das hipóteses legais. Esta constatação atribui-lhe responsabilidades especiais perante o cidadão e a comunidade. Mais uma vez, são os princípios do Estado-de--Direito e da democracia representativa que vêm remediar a situação, impondo à administração o dever de orientar a sua conduta por critérios gerais, compreensíveis para o cidadão e controláveis pelo tribunal ao mesmo tempo que produto de um consenso tanto quanto possível alargado, sob

[12] FERRAZ, Sergio. *3 estudos de direito*. São Paulo: Revista dos Tribunais, 1977. p. 113.

> a forma de normas precisas. A autovinculação deverá ser apreendida no entrecruzamento destas exigências. Aqueles princípios precipitam-se agora não sobre o terreno da lei parlamentar, com as conseqüências já nossas conhecidas, mas sobre o da actividade normativa da administração para lhe exigirem previsibilidade e legitimidade aí onde ela dispõe de maiores e acrescidas liberdades, isto justamente porque ela não é já um poder estadual de costas voltadas para o direito, mas, muito pelo contrário, um poder jurídico beneficiado além do mais de uma legitimidade democrática ao menos indirecta.[13]

Os atos normativos, é certo, apresentam um caráter ambíguo em matéria de vinculação/autovinculação. Possuem *eficácia autovinculativa para o seu editor*, obrigando o órgão que os emitiu a respeitar as suas próprias prescrições gerais em casos singulares submetidos à apreciação (princípio da inderrogabilidade singular dos regulamentos), embora a limitação incida apenas até a edição de nova norma administrativa geral e abstrata. Sem embargo disso, ao mesmo tempo, constituem normas dotadas de *eficácia heterovinculante para os órgãos subalternos*, sediados em escalões inferiores da estrutura administrativa, pois estes se encontram submetidos a vínculos de hierarquia, supervisão ou coordenação relativamente ao órgão emissor do ato normativo geral, de natureza administrativa. O regulamento, em especial, por sua expressão eminente na hierarquia dos atos normativos de natureza administrativa, são de longa data reconhecidos como *veículos de autolimitação da Administração Pública*.[14]

A verdade é que a edição de ato normativo secundário, de natureza administrativa, explicita uma das intelecções comportadas pelas normas legais vigentes, habilitantes da atuação do Poder Público, mas não a única inteligência possível. A seleção das alternativas de intelecção da norma legal pela Administração constitui uma relevante manifestação do poder de Estado, que não pode ser subestimada. A

13 MONCADA, Luis Cabral de. *Lei e regulamento*. Coimbra: Coimbra Ed., 2002. p. 502-503.

14 Em 1969, afirmava Oswaldo Aranha Bandeira de Mello: "Quando as atribuições conferidas ao Executivo deixam a ele discrição para praticá-las segundo a conveniência e oportunidade públicas, cabe-lhe *autolimitar-se*, mediante regulamento, condicionando o exercício dessa discrição administrativa, por parte dos seus órgãos, traçando comportas aos agentes públicos" (*Princípios gerais de direito administrativo*. São Paulo: Forense, 1969. v. 1, p. 319).

interpretação administrativa da norma legal, em particular de uma norma legal composta por conceitos indeterminados, não revela um único sentido preexistente, razão pela qual a norma administrativa emitida não deve ser tida como simples norma de execução, pois integra o próprio processo decisório e concretizador da administração.

Há um impressionante hiato entre a doutrina brasileira dos atos administrativos discricionários e a teoria predominante sobre a margem de discrição na edição de regulamentos no Brasil. É usual reconhecermos margens de avaliação discricionária para a emissão de atos singulares e concretos quando a norma de competência encerra conceitos normativos indeterminados, porém recusamos ou não tematizamos a equivalente margem de apreciação na edição de regulamentos fundamentados a partir dos mesmos conceitos jurídicos indeterminados. A verdade, que normalmente se oculta ao referirmos os "regulamentos de execução" ou "regulamentos de fiel execução da lei", é que também nessa última hipótese não se pode deixar de reconhecer cabimento para ponderação discricionária, exercício de poder-dever, margem decisória apta a expressar mais uma manifestação de autovinculação.

1.2.3 Autovinculação bilateral – Consensualidade na função administrativa

A Administração Pública contemporânea pouco se assemelha à Administração unitária, coesa, pequena e hierarquizada conhecida no século IX, herdeira do liberalismo e do Estado-mínimo burguês. Descrita metaforicamente como "galáxia administrativa",[15] por encerrar diversas formas organizatórias e diferentes entes autônomos, à semelhança de um sistema composto por planetas e satélites, a Administração Pública do nosso tempo afasta-se cada dia mais da metáfora de uma "pirâmide decisória", vertical e integrada, encerrada nos livros mais tradicionais de direito administrativo.

---

[15] GARCIA DE ENTERRIA, Eduardo; FERNANDEZ, Tomas-Ramon. *Curso de derecho administrativo*. Madrid: Civitas, 1998. t. I, p. 34.

No liberalismo, o direito administrativo se interessava sobretudo em disciplinar a relação Estado-cidadão, estabelecendo os limites de interferência do Estado e as garantias deferidas ao cidadão. Neste contexto, as normas de organização apresentavam interesse secundário, sendo percebidas como normas não jurídicas ou, quando muito, normas jurídicas de relevo exclusivamente interno.

A fragmentação organizatória, resultado de diferenciações cada vez mais complexas de interesses e tarefas assumidas pelo Estado contemporâneo, mudou radicalmente esse cenário. Entrou em evidência a necessidade de coordenar essa complexa estrutura administrativa, seja com a disciplina coerente do procedimento e do processo administrativo (inclusive o direito de participação e audiência do cidadão), seja com o estabelecimento de sistemas transversais de tratamento de informação e direção normativa (*v.g.* sistemas unificados de pessoal, gestão orçamentária, assessoramento jurídico, gestão patrimonial). Além disso, aos poucos, mudou a forma dos escalões superiores do Estado lidarem com os escalões inferiores ou subordinados. O ato administrativo de comando, a emissão de ordens unilaterais, hierárquicas ou de supervisão, foi sendo substituído pelo recurso frequente a acordos, compromissos, pactos, transações, adotados com a função de substituir ou preparar a edição dos atos unilaterais subsequentes.

Trata-se de movimento mundialmente conhecido como "administração concertada", "administração consensual", "contratualização da administração pública",[16] que somente no Brasil ainda causa per-

[16] No direito comparado, além da antiga experiência francesa, podem ser colhidos diversos exemplos mais recentes do reconhecimento pelo direito positivo de "módulos consensuais". Na Itália, o art. 15 da Lei nº 241, de 7 de agosto de 1990, dispõe: "Accordi fra pubbliche amministrazioni. 1. Anche al di fuori delle ipotesi previste dall'articolo 14, le amministrazioni pubbliche possono sempre concludere tra loro accordi per disciplinare lo svolgimento in collaborazione di attività di interesse comune." Na Espanha, merece registro o art. 88.1 da Lei nº 30/1992, que trata do Régimen Jurídico de las Administraciones Públicas y del Procedimiento Administrativo Común, com o seguinte enunciado: "Artículo 88. Terminación convencional.1. Las Administraciones Públicas podrán celebrar acuerdos, pactos, convenios o contratos con personas tanto de derecho público como privado, siempre que no sean contrarios al Ordenamiento Jurídico ni versen sobre materias no susceptibles de transacción y tengan por objeto satisfacer el interés público que tienen encomendado, con el alcance, efectos y régimen jurídico específico que en cada caso prevea la disposición

plexidade, talvez por nossa arraigada cultura autoritária, centralista e hierarquizante, fruto de uma história marcada por pequenos hiatos de vivência democrática.[17]

que lo regule, pudiendo tales actos tener la consideración de finalizadores de los procedimientos administrativos o insertarse en los mismos con carácter previo, vinculante o no, a la resolución que les ponga fin". Em Portugal, o Ministério da Educação assina contratos de autonomia com a escolas, experiência iniciada com Decreto-Lei nº 115-A/98, pela Lei nº 24/99, atualmente disciplinados pelo Decreto-lei nº 75/2008, de 22 de Abril, nos seguintes termos: "Art. 57. Contrato de Autonomia. Por contrato de autonomia entende-se o acordo celebrado entre a escola, o Ministério da Educação, a câmara municipal e, eventualmente, outros parceiros da comunidade interessados, através do qual se definem objectivos e se fixam as condições que viabilizam o desenvolvimento do projecto educativo apresentado pelos órgãos de administração e gestão de uma escola ou de um agrupamento de escolas. (...) Artigo 58.Atribuição de competências. 1 – O desenvolvimento da autonomia processa-se pela atribuição de competências nos seguintes domínios: a) Gestão flexível do currículo, com possibilidade de inclusão de componentes regionais e locais, respeitando os núcleos essenciais definidos a nível nacional; b) Gestão de um crédito global de horas de serviço docente, incluindo a componente lectiva, não lectiva, o exercício de cargos de administração, gestão e orientação educativa e ainda o desenvolvimento de projectos de acção e inovação; c) Adopção de normas próprias sobre horários, tempos lectivos, constituição de turmas ou grupos de alunos e ocupação de espaços; d) Recrutamento e selecção do pessoal docente e não docente, nos termos da legislação aplicável; e) Extensão das áreas que integram os serviços técnicos e técnico-pedagógicos e suas formas de organização; f) Gestão e execução do orçamento, através de uma afectação global de meios; g) Possibilidade de autofinanciamento e gestão de receitas que lhe estão consignadas; h) Aquisição de bens e serviços e execução de obras, dentro de limites a definir; i) Associação com outras escolas ou agrupamentos de escolas e estabelecimento de parcerias com organizações e serviços locais.2 – A extensão das competências a transferir depende do resultado da negociação referida no nº 2 do artigo 56, tendo por base a proposta apresentada pelo agrupamento de escolas ou escola não agrupada e a avaliação realizada pela administração educativa sobre a capacidade do agrupamento de escolas ou escola não agrupada para o seu exercício. 3 – Na renovação dos contratos de autonomia, para além do previsto no número anterior, deve avaliar-se, em especial: a) O grau de cumprimento dos objectivos constantes do projecto educativo; b) O grau de cumprimento dos planos de actividades e dos objectivos do contrato. 4 – Na sequência de avaliação externa ou de acção inspectiva que comprovem o incumprimento do contrato de autonomia ou manifesto prejuízo para o serviço público, pode, por despacho fundamentado do membro do Governo responsável pela área da educação, determinar-se a suspensão, total ou parcial, desse contrato ou ainda a sua anulação, com a consequente reversão para a administração educativa de parte ou da totalidade das competências atribuídas 2. O contrato de autonomia tem uma duração fixa e a sua renovação depende de avaliação dos objectivos fixados, em termos a regulamentar.

17 Sobre diferentes formas de exercício consensual da função administrativa, bem como o seu tímido desenvolvimento no Brasil, confira BAPTISTA, Patrícia. *Transformações do direito administrativo*. Rio de Janeiro: Renovar, 2003. p. 261-293.

Essa nova forma de administrar foi bem sintetizada por Vasco Manuel Pascoal Dias Pereira da Silva:

> Outra vertente do recurso a formas de actuação não autoritárias por parte da Administração Pública é a que respeita à contratualização da atividade administrativa. Olhada com desconfiança pela doutrina administrativa clássica, que tinha dificuldade em conciliar a ideia do consenso com o entendimento da Administração como poder, a contratualização é, cada vez mais, um modo importante e habitual de actuação da Administração Pública. Como diz Nigro, "só os juristas, de facto, puderam ou podem ainda considerar que o poder não contrata mas ordena (...) e que o exercício do poder não é negociável e não pode ser 'condicionado' por influências externas. Na verdade, se existe uma realidade elástica, expansível, mas também compressivel, ela *é o poder*". Daí que, "depois de velhas controvérsias sobre o contrato de direito público, só agora começamos a considerar que os acordos relativos ao poder não apenas são admissíveis, como diariamente praticados, tendo como único limite a retractabilidade do consenso por parte da Administração Pública". (NIGRO)
>
> A contratualização da actividade administrativa, nos nossos dias, é de tal forma relevante que há mesmo que falar no surgimento de uma Administração concertada, que se manifesta tanto através da celebração de contratos entre a Administração Pública e os privados, como das próprias autoridades administrativas entre si, para a realização de fins públicos assim como se manifesta também sempre que a Administração busca o consenso, ainda quando sejam utilizados modos de actuação unilaterais.[18]

Contratualização da atividade administrativa, neste contexto, indica uma diretriz política em favor da consensualidade e da composição de interesses no exercício da função administrativa. Assinala, também, não um ato, mas antes um *procedimento administrativo*, uma forma especial de realizar a função administrativa através da sucessão ordenada e encadeada de atos de planejamento, acordo de metas e indicadores de desempenho e de atos de fiscalização do pactuado. Por óbvio, não designa a adoção generalizada do vínculo contratual clássico no desenvolvimento da atividade de administrar a coisa pública.

---

18 SILVA, Vasco Manuel Pascoal Dias Pereira da. *Em busca do acto administrativo perdido*. Coimbra: Almedina, 1996. p. 105-106.

Na "contratualização", assim, pode haver emprego de contratos ou outros vínculos de concertação de interesses. Por contrato designo o acordo vinculante que harmoniza dois ou mais interesses com o fim de criar, modificar ou extinguir relação jurídica. No contrato, os interesses podem ser contrapostos (ex. compra e venda) ou convergentes (ex. contratos de sociedade). O conteúdo do contrato pode ser estabelecido por ambas as partes (contrato clássico), por apenas uma das partes (contrato de adesão) ou preordenado pela lei (contrato-condição, como o contrato de casamento civil). No contrato, há vínculo de ao menos duas pessoas, obrigações recíprocas, estabilidade da avença e criação de situações jurídico-subjetivas novas, decorrente da conciliação de interesses. Mas nem todo acordo é contrato.

A "contratualização", entendida em sentido amplo, desvinculado da necessária implementação do vínculo contratual, é cada vez mais empregada como técnica de realização da função administrativa e, também, de coordenação e controle da própria organização administrativa. Duas razões básicas a justificam, nas relações internas à própria estrutura administrativa:

> a) assimetrias de informação;
>
> b) maior eficácia prática das decisões quando produzidas com a adesão voluntária dos envolvidos.

A primeira razão é quase intuitiva em face do grau de complexidade alcançado pelo Estado nas sociedades contemporâneas: órgãos subalternos frequentemente estão mais bem informados do que os órgãos superiores sobre os assuntos específicos de suas competências, assim como as entidades vinculadas e especializadas em relação aos órgãos de supervisão da Administração centralizada. Diante disso, os acordos de controle, programação ou coordenação, funcionam como instrumentos de transferência de informação entre graus da cadeia decisória ou da administração descentralizada para a administração central.

A segunda razão é igualmente notória: a participação dos afetados na formação de acordos amplia a legitimidade da decisão consertada, a sua aceitação voluntária, ainda quando presente abstratos vínculos hierárquicos ou de supervisão. Os acordos oferecem previsibilidade, enquanto vigentes, à atuação de controle, o que é sempre prezado pelos órgãos controlados ou supervisionados, e oferecem em contrapartida aos órgãos de controle ou supervisores parâmetros objetivos para o exercício das próprias prerrogativas de fiscalização e coordenação.

É certo que, em muitos casos, seria possível à Administração determinar unilateralmente a transferência de informações e a obediência a quanto lhe interesse impor, especialmente a órgãos hierarquicamente subalternos ou entidades supervisionadas da administração indireta. Porém, como agudamente observou Eduardo Garcia de Enterria e Tomas-Ramon Fernandez, se é certo afirmar que "o ato unilateral assegura eficazmente a submissão", também é certo que ele é "incapaz de suscitar o entusiasmo e o desejo de colaboração". Para esses dois eminentes mestres, "la Administración, hecha para mandar, necesita imperiosamente negociar, una vez descubierto que con poder mandar no basta en muchos casos".[19]

Não vou a ponto de dizer que a administração "subordinativa", "unilateral", "hierarquizada", "linear" esteja com suas "manifestações tradicionais praticamente esgotadas", em favor de uma "Administração Pública coordenativa", "multilateral", "equiordinada", "radial", de "múltiplas manifestações novas e em franca expansão".[20] Não sou tão otimista.[21] Ao mesmo tempo, concordo com os autores que identificam no crescimento da variedade de técnicas de "contratualização" uma perda gradual da nitidez dessa nova orientação, desse procedimento peculiar de agir ou estilo de administrar. É hoje comum aplicar o conceito de contratualização tanto para vínculos convencionais quanto para autênticos atos administrativos unilaterais, desde que precedidos de consenso ou cooperação dos envolvidos.

---

19 GARCIA DE ENTERRIA, Eduardo; FERNANDEZ, Tomas-Ramon, *Curso...*, op.cit., p. 668.

20 MOREIRA NETO, Diogo Figueiredo. *Apontamentos sobre a reforma administrativa.* Rio de Janeiro: Renovar, 1999. p. 6.

21 Para uma abordagem crítica deste crescimento, cf. CHASSAGNARD-PINET, Sandrine; HIEZ, David (Org.). *Approche critique de la contractualisation.* Paris: L.G.D.J., 2007. p. 222.

Jacques Chevallier, nesta direção, informa que "o procedimento contratual conhece, nas sociedades contemporâneas, um crescimento espetacular", mas que esse "crescimento é acompanhado de uma alteração, mesmo de uma desnaturação, da concepção tradicional do contrato: as fronteiras entre contrato e ato unilateral, de uma parte, e entre contrato e procedimentos mais flexíveis e mais informais de cooperação e de regulação, de outra parte, tornam-se fluidas; veem-se proliferar, sob denominações diversas (cartas, convenções, pactos, quase-contratos) engajamentos recíprocos, que têm pouco a ver com o contrato clássico. O termo 'contrato' remete menos a uma realidade jurídica exata do que invoca um novo estilo de relações, fundado sobre o diálogo e a procura do consenso, mais que sobre a autoridade".[22]

É verdadeiro que a adoção de formas negociadas de realização da função administrativa surgiu inicialmente para estimular a participação de particulares em setores econômicos estratégicos. Em pouco tempo, no entanto, o movimento foi ampliado para fomentar a eficiência e a eficácia de entidades empresariais do Estado, de entidades administrativas personalizadas e, finalmente, de unidades administrativas despersonalizadas. No pano de fundo dessa tendência, a radicalização da democracia participativa, a necessidade de lidar com a complexidade crescente da estrutura administrativa e de legitimar, com dados concretos e envolvimento dos próprios agentes públicos, programas de realização de políticas públicas. Essas formas negociadas podem se exprimir em contratos, acordos ou simplesmente em atividades informais, que posteriormente se convertem em atos formais unilaterais, frutos da negociaçao. Neste processo, a negociação em si é tão importante quanto o seu produto final. Em regra, os efeitos jurídicos advirão diretamente da lei, ou de atos normativos secundários, que prevejam essas formas negociadas de administrar como *fatos jurídicos suficientes* para a produção de conseqüências jurídicas adredemente estabelecidas, como ocorre nos contratos de gestão inter

---

22 Cf. CHEVALLIER, Jacques. *O estado pós-moderno*. Tradução de Marçal Justen Filho. Belo Horizonte: Fórum, 2009. p. 161.(na edição francesa, *L'état post-moderne*, Paris: L.G.D.J., 2003. p. 125).

e intra-administrativos, também denominados contratos de autonomia.[23]. É que se tratará a seguir.

2. CONTRATO DE GESTÃO INTER E INTRA-ADMINISTRATIVO: ESPÉCIE DE AUTOVINCULAÇÃO?

O estudo sobre o contrato de gestão realizado no interior da organização administrativa, consoante o direito brasileiro, é facilitado quando o relacionamos ao conceito de **autovinculação (ou autolimitação) da administração pública** e avaliamos a abrangência do emprego de fórmulas de **consensualidade na administração pública contemporânea.**

É possível, entretanto, tratar do tema com a abordagem direta do art. 37, § 8º, da Constituição Federal, que disciplina o **contrato de gestão inter e intra-administrativo**, isto é, o acordo celebrado entre pessoas jurídicas administrativas ou entre órgãos de uma mesma pessoa administrativa. A hipótese de trabalho que admitimos claramente é que a forma como a Constituição Federal dispõe sobre a matéria sugere que o art. 37, § 8º, seja percebido como uma especial e deliberada modalidade de **autovinculação da Administração Pública, instrumento consensual de programação do controle administrativo** e de **condição para fruição de flexibilidades administrativas especiais.** Essa perspectiva será explorada também à luz do recente anteprojeto de reforma da organização administrativa brasileira, formulado por comissão de especialistas que tive a honra de integrar, que assumiu a tarefa de propor regulamentação operativa para a referida disposição constitucional, denominando o contrato nela referida como **contrato de autonomia.**[24] Falta apenas provar a hipótese inicial que adotamos.

---

23 Cf. MODESTO, Paulo. Legalidade e autovinculação da administração pública: pressupostos conceituais do contrato de autonomia no anteprojeto da nova lei de organização administrativa. In: Modesto, Paulo (org.). *Nova Organização Administrativa Brasileira*. Minas Gerais, Ed. Fórum, 2009, pp.113-169.

24 Em 10 de dezembro de 2007, o Diário Oficial da União publicou a Portaria 426, de 6-12-2007, do Ministério do Planejamento, Orçamento e Gestão, posteriormente alterada pela Portaria 84, de 23-4-2008, instituindo comissão destinada a elaborar anteprojeto de Lei Orgânica da Administração Pública Federal e entes de colaboração. A comissão

É certo que aspectos conceituais de maior complexidade, como o **reconhecimento da individualidade organizativa de unidades administrativas despersonalizadas** (órgãos) **e de sua aptidão para celebrarem contratos de gestão**, isto é, para figurarem em relações jurídicas como **sujeitos de direito,** embora não sejam pessoas jurídicas, sejam obrigatórios diante de preconceitos arraigados na doutrina brasileira, entre os quais a concepção da inexistência de relações interorgânicas efetivas na intimidade da organização administrativa do Estado, embora estas sejam diuturnamente admitidas pela jurisprudência dos tribunais. No pano de fundo dessas considerações o debate sobre a utilidade, a aplicabilidade e a extensão que se pode emprestar ao fenômeno da **contratualização do controle da atividade de órgãos e entidades públicas** e a utilização de **instrumentos de planejamento, coordenação** e **avaliação de resultados** estabelecidos em acordos válidos para campos de atividade e relações tradicionalmente refratárias ao diálogo e a consensualidade. É este o debate que precisa ser enfrentado, com olhar atento ao direito positivo brasileiro.

2.1. O contrato previsto no art. 37, § 8º., da Constituição

A Emenda Constitucional n. 19 introduziu no texto constitucional permanente dispositivo com o seguinte teor:

> Art. 37..
>
> § 8º A autonomia **gerencial**, **orçamentária** e **financeira** dos órgãos e entidades da **administração direta e indireta** poderá ser **ampliada** mediante **contrato**, a ser firmado entre seus **administradores** e o **poder público**,

foi composta pelos professores: Almiro do Couto e Silva, Carlos Ari Sundfeld, Floriano de Azevedo Marques Neto, Maria Sylvia Zanella Di Pietro, Maria Coeli Simões Pires, Paulo Eduardo Garrido Modesto, Floriano de Azevedo Marques Neto e Sérgio de Andréa Ferreira. O anteprojeto, resultado de 18 meses de trabalho da comissão, foi entregue ao Governo Federal em agosto de 2009 e os seus resultados foram divulgados e avaliados à luz da atual organização administrativa no livro "Nova Organização Administrativa Brasileira", Ed. Fórum, 2009 (2ª. Ed, 2010), com textos explicativos de todos os integrantes de comissão e diversos convidados.

que tenha por **objeto a fixação de metas de desempenho para o órgão ou entidade**, cabendo à lei dispor sobre:

I – o prazo de duração do contrato;

II – os controles e critérios de avaliação de desempenho, direitos, obrigações e responsabilidade dos dirigentes;

III – a remuneração do pessoal.

O texto aprovado não constava da Proposta de Emenda Constitucional do Poder Executivo 173 (Reforma Administrativa). Foi introduzido na Comissão Especial da Câmara dos Deputados, durante a discussão da proposta de emenda, por iniciativa do relator da matéria na comissão, Deputado Moreira Franco. No entanto, na fase da discussão da proposta de emenda, duas outras sugestões sobre o assunto eram do conhecimento do deputado-relator, tendo provavelmente influenciado a formulação final por apresentarem escopo semelhante. A primeira, discutida em minutas pelo MINISTÉRIO DA ADMINISTRAÇÃO FEDERAL E REFORMA DO ESTADO (MARE), foi difundida em período imediatamente anterior ao que antecedeu o envio da proposta de emenda do Poder Executivo. A segunda, foi sugerida em emenda substitutiva pelo PARTIDO DOS TRABALHADORES (PT) na fase de discussão sobre o mérito da PEC 173.

Era o seguinte o teor da redação sugerida pelo MARE Ministério da Administração Federal e Reforma do Estado, não aproveitada na proposta de emenda constitucional:

Art. Acrescentar no art. 37 da Constituição um parágrafo, com o seguinte teor:

"§7º. As entidades da administraçao indireta de qualquer dos Poderes da União, dos Estados, do Distrito Federal e dos Municípios que se submeterem a contratos de gestão terão ampliada a autonomia gerencial, orçamentária e financeira, na forma da lei.

A proposta do Partido dos Trabalhadores apresentada durante os debates da PEC 173 na Câmara dos Deputados, em emenda substitutiva, possuía a seguinte redação:

> Acrescentar à Constituição o art. 248, com a seguinte redação:
>
> Art. 248. As empresas públicas, sociedades de economia mista e demais entidades de direito privado da administração indireta que firmarem, nos termos a serem fixados em lei complementar de competência da União, contratos de gestão, poderão ser dispensadas do cumprimento de obrigações legais e regulamentares de caráter geral aplicáveis aos entes da Administração pública, pelo prazo de duração do contrato de gestão.
>
> Parágrafo único. O disposto no caput não libera as empresas da obediência aos princípios e dispositivos constitucionais e da fiscalização exercida pelos órgãos de controle externo e interno da Administração Pública.

A redação final da emenda aprovada é melhor avaliada à luz dos dois textos que lhe antecederam, norteadores da discussão da matéria. É interessante perceber que os textos antecedentes focalizam apenas a ampliação da autonomia de entidades da **administração indireta.** O texto final, pelo contrário, menciona as entidades da **administração indireta e os órgãos da administração direta.** Em todas as propostas, no entanto, é deslocada para a **lei** a tarefa de especificar as condições de celebração e implementação do contrato e de fixar as obrigações e vantagens dos que o celebram. É certo que o texto final aprovado, oferecido pelo relator, é impreciso neste último ponto. Proponho uma breve análise dessas duas questões, começando pela segunda.

2.1.1. *Contrato de Gestão como Fato Jurídico: recusa do contrato de gestão como fonte imediata de direitos e deveres*

Qual o sentido, no texto constitucional do art. 37, §8º, da referência à "ampliação" da autonomia gerencial, orçamentária e financeira dos órgãos e entidades da administração direta e indireta "mediante" contrato? Uma interpretação literal poderia sugerir que o "contrato" realizaria, por si, a referida "ampliação", por existir previsão constitucional. Esse entendimento, no entanto, incidiria em equívoco grave. As competências públicas são legais e insuscetíveis de transação. São inegociáveis. Não podem ser criadas, dilatadas ou restringidas por contrato. Admitir o deslocamento da definição da autonomia para o âmbito do contrato significaria o mesmo que romper com o próprio princípio da legalidade e abandonar um dos alicerces fundamentais do Estado Democrático de Direito (CF, art. 1º). Não tenho dúvida em recusar essa inteligência literal e absurda para o dispositivo. Na verdade, uma solução interpretativa razoável é considerar o contrato mencionado no parágrafo oitavo do art. 37 da Constituição Federal como **um fato jurídico desencadeador de normas legais especiais,** nunca como a **base de validade ou fonte direta de normas inovadoras sobre a titularidade de competências na administração pública.**

O "contrato" mencionado no art. 37, §8º, entre outras funções, cumpre o papel de uma **técnica de diferenciação** de órgãos e entidades, respondendo, uma vez celebrado, pela incidência de um **regime jurídico específico**, mais flexível, antecipadamente autorizado ou estabelecido em lei. Esse regime jurídico específico permite também, no plano infralegal, a adoção de **normas especiais** de organização administrativa, quando cabíveis, mediante decreto ou regulamento administrativo. O contrato não substitui a lei. A questão recebe um giro completo. A celebração do contrato de gestão deixa de ser percebida como uma **alforria ao regime de legalidade** para se converter na **condição para o ingresso num regime jurídico-administrativo específico**, estabelecido a partir da lei, mas nunca a partir de normas postas originalmente de forma negocial. É simples figurar um exemplo: empresas estatais que desempenhassem atividades econômicas e assinassem contrato de gestão, poderiam ter limites maiores para dispensa de licitação na aquisição ou contratação de bens e serviços, ao mesmo tempo em que estariam obrigadas a controles adicionais de resultados, segundo os critérios de avaliação de desempenho previstos no contrato.

O **elemento de flexibilidade** conferido deve ser **abstratamente** admitido em lei e, sem embargo disso, resultar **concretamente** da celebração e manutenção de contrato de gestão especificador de controles de resultado. É certo que o contrato não confere competência de controle a quem não a possui. Os controles também devem ter base legal, mas ganham com o contrato maior **determinação** e **operacionalização**, a partir da fixação clara de **objetivos, metas e indicadores de desempenho**, que funcionam como índices ou referenciais **objetivos** para o exercício da supervisão administrativa.

Na vigência do contrato de gestão, o **exercício** do controle administrativo é modificado, substituindo-se o cumprimento de exigências de **controle preventivo**, ou *a priori*, como as autorizações caso a caso, por formas de **controle sucessivo**, ou *a posteriori*, como relatórios de desempenho e auditorias operacionais, sem ofensa ao princípio da legalidade e atendidas as garantias previstas em lei. A substituição nunca é total, pois altera-se basicamente a tônica do controle, dando-se ênfase ao **controle sucessivo**, ou **controle a posteriori**, bem como ao **controle de resultados**, ou controle de desempenho, sem embargo da continuidade de **controles preventivos** e de **controles formais de legalidade** (este último tipo de controle, ao contrário do que singelamente se diz, pode ser preventivo, concomitante ou sucessivo). Seja qual for o arranjo das modalidades de controle, o contrato de gestão importa desde logo uma significativa mudança no **paradigma** do controle da administração pública. Trata-se de uma técnica de **programação do controle administrativo**, assentada na troca permanente de informações e na fixação de um planejamento consensual ou concertado de atividades administrativas. Trata-se também de uma técnica de **motivação e conquista da adesão** do órgão ou entidade para o cumprimento do plano de atividades estabelecido no contrato, estimulando o que se vem chamando **administração por objetivos**. Por isso, é essencial nos contratos de gestão que as metas, os objetivos e os indicadores de desempenho sejam definidos de **forma consensual** e o cumprimento do contrato assegure, no período de sua vigência, um regime **administrativo diferenciado e mais flexível**. Em qualquer caso, porém, cabe em princípio à administração superior ou supervisora o **juízo de conveniência** sobre quais entidades ou órgãos devem ser inseridos no regime mais flexível. Isso é evidente, ainda, porque os contratos de gestão geralmente importam também compromissos de **delegação de competências,** cláusulas mediante as quais amplia-se a "autonomia" decisória e normativa das unidades administrativas onerada com compromissos de desempenho.

É certo que o texto aprovado do art. 37, §8º, prevê apenas que "contrato" poderá servir à "ampliação da autonomia gerencial, orçamentária e financeira dos órgãos e entidades da administração direta e indireta" (grifo nosso). Não menciona diretamente a expressão "contrato de gestão". Isso permitiria à lei (federal, estadual, distrital ou municipal) estabelecer **diferentes espécies** ou categorias de "contrato", distinguindo, por exemplo, como é usual no estrangeiro, entre "contratos de programa" (aplicados à administração indireta empresarial) e "contratos de serviço" (aplicados a unidades organizacionais da administração direta qualificadas como "centros de responsabilidade"). A expressão "contrato de gestão", no entanto, tem se generalizado, sendo adotada em numerosos textos legais recentes (v.g., Lei n. 9.649, de 27 de maio de 1998; Lei n. 9.648, de 27 de maio de 1998; Lei n. 9.427, de 26 de dezembro de 1996).[25]

Em termos que valem como síntese, escrevi sobre o assunto há mais de sete anos o seguinte:

> Como já referi em outra oportunidade, 'contrato de gestão' é uma expressão que admite usos conceituais variados. Aplicada às entidades da administração indireta, bem como a órgãos da administração direta, não informa qualquer espécie de relação contratual, mas um simples acordo de gestão, um fato jurídico institucional, apto a deslocar a entidade ou o órgão para o campo de incidência de norma legal especial. É dizer: a lei pode tratar diferentemente entidades e órgãos que assinem 'contratos de gestão'. A assinatura do "contrato", nestes casos, permite que a entidade ingresse no domínio específico dessas normas especiais, antecipadamente elaboradas pelo legislador, cumprindo o contrato o papel de uma técnica de diferenciação do regime jurídico de órgãos e entidades públicas, sem embargo de constituir igualmente técnica de controle administrativo. O contrato de gestão interadministrativo (expressão que utilizo para diferenciar esse tipo de contrato de gestão dos contratos celebrados com entidades privadas) não é fonte imediata de diretos ou obrigações inovadoras, nem pode significar um mecanismo de alforria do regime da legalidade, mas pode ensejar, por este mecanismo de deslocamento do campo de incidência de normas, uma "ampliação da autonomia gerencial, orçamentária e financeira" de entidades e órgãos públicos (CF, art. 37, §8º.). Na

25 Perdoem a palavra "recentes" na indicação dos textos legais: o texto deste item, até aqui, além de todo o próximo item, possui onze anos de escrito (exceto as notas de rodapé). Serviu de base para a palestra "Os contratos de gestão e as agências executivas", que proferi na Sociedade Brasileira de Direito Público – SBDP (São Paulo, 14.09.1998). Publico neste texto, sem modificações, preservando a sua oralidade, embora o tenha divulgado em tiras através de esquemas de exposição em eventos públicos (transparências de PowerPoint).

verdade, além de técnica de diferenciação de entidades e órgãos, conforme a modelos legais, o contrato de gestão funciona também como mecanismo de detalhamento e programação do controle administrativo, a partir da fixação detalhada de objetivos e metas, elementos essenciais para conter ou diminuir a discricionariedade da própria supervisão administrativa.[26]

2.1.2. Contrato de Gestão e Administração Direta: recusa do contrato de gestão como autêntico contrato

Questão relevante que o confronto de textos coloca é a de saber de que forma interpretar a inclusão da **administração direta** na redação final dada art. 37, §5º, da Constituição Federal. Sem dúvida, a **inclusão da administração direta**, na redação oferecida originalmente pelo Deputado Moreira Franco, depois aprovada, é **desconcertante**.

---

[26] MODESTO, Paulo. Globalização e Administração Pública Indireta, 2002, op. cit., p. 6, disponível também na internet: http://www.direitodoestado.com/revista/REDAE-7--AGOSTO-2006-PAULO%20MODESTO%202.pdf Acesso em 03/10/2009. A conclusões muito semelhantes parece ter chegado EURICO DE ANDRADE AZEVEDO, um dos ilustres participantes da conferência que proferi no SBDP em 14.09.1998. No dizer deste autor, que atualiza a obra sistemática de HELY LOPES MEIRELLES: "Como na Administração Pública domina o principio da legalidade, o *contrato de gestão* não é fonte de direitos. Ele é simplesmente um fato jurídico que permite a aplicação de determinados benefícios previstos em lei. A ampliação da autonomia e outras vantagens a serem concedidas às entidades devem estar previstas em lei. É o que ocorre, p. ex., com o aumento dos percentuais de dispensa de licitação para as autarquias e fundações qualificadas como agências executivas (Lei 8.666/93, art. 24, parágrafo único, com a redação dada pela Lei 9.648/98)" (MEIRELLES, Hely. *Direito Administrativo Brasileiro. 31ª*. Ed. Atualizada por Eurico de Andrade Azevedo, Délcio Balestero Aleixo e José Emmanuel Burle Filho. São Paulo: Melheiros, 2005, p. 266). No mesmo sentido, GUSTAVO JUSTINO DE OLIVEIRA, em estudo monográfico publicado em 2008: "Por isso, sobretudo em face do regime jurídico-administrativo brasileiro, *o contrato* de gestão *não é, a princípio, fonte imediata de* direitos, *obrigações* e responsabilidades. O papel desse instituto é detalhar ou particularizar os direitos, as obrigações e as responsabilidades das autoridades e dos administradores públicos previstos em lei, tendo em vista o cumprimento das metas de desempenho e dos resultados pactuados com a Administração central. A rigor, firmando um contrato de gestão, o órgão ou entidade administrativa cumpre um requisito previsto na Constituição e na lei regulamentadora do contrato de gestão (ainda não editada), qual seja a sua própria *celebração,* passando a submeter-se a um *regime jurídico especial,* distinto daquele a que se encontra subordinada a generalidade dos órgãos e entidades da Administração Pública. Dai defender-se que a celebração de um contrato de gestão provoca uma *diferenciação autorizada de regime jurídico* a que estavam subordinados o órgão e a entidade administrativa". (Contrato de Gestão. São Paulo, Ed. RT, 2008, p.202).

Em primeiro lugar, porque a área de atuação por excelência dos contratos referidos na emenda constitucional é a **administração pública indireta** e não a direta. Em princípio, apenas as entidades da administração indireta, quer de regime público (autarquias e fundações públicas), quer de regime predominantemente privado (empresas, sociedades de economia mista, fundações governamentais), gozam de **autonomia**, vale dizer, um âmbito normativo e de decisão próprio ou exclusivo.[27] Na administração direta, de revés, vige o princípio da **hierarquia**, de submissão continua e permanente das unidades inferiores às unidades superiores da organização administrativa. Neste último plano, parece indevido falar juridicamente em autonomia decisória ou normativa das unidades inferiores em relação às superiores componentes da estrutura hierárquica de uma mesma pessoa jurídica estatal. Ora, é lógico que apenas quem goza de alguma **autonomia** pode ter esta autonomia "ampliada". Em segundo lugar, porque, tecnicamente, não se tem reconhecido **personalidade jurídica específica** aos órgãos integrantes da administração direta. Como então admitir como parte do contrato, referido no art. 37, §5º, centros de imputação que não gozam de personalidade jurídica própria, encartando-se na estrutura global da administração pública central?

Certo, a realidade dos nossos dias revela que existem órgãos administrativos atípicos quanto a suas atividades e missões, que poderiam ter sido destacados da administração direta, como os hospitais e estaleiros militares. Esses órgãos não foram deslocados para a

---

27 "Em termos ortodoxos, autonomia expressa a capacidade de editar direito próprio, dar ou reconhecer as normas de sua própria ação, prerrogativa exclusiva de entidades dotadas de poder político. Neste sentido, as autarquias, como entidades de capacidade exclusivamente administrativa, não são autônomas. Mas a expressão autonomia também é empregada no sentido de auto-administração, de esfera de atuação independente, de prerrogativa administrativa de solver, em última instância, questões na intimidade de uma entidade em relação a outras de igual ou diferente natureza. Autonomia, neste sentido, é conceito que conhece graus de realização, conforme a entidade de administração indireta sujeite-se a controles mais ou menos amplos por parte da Administração Direta e possua, conseqüentemente, maior ou menor raio de ação independente de determinações administrativas exteriores. É nesta segunda acepção, igualmente legítima, usual em textos normativos (v.g., CF, art.s. 37, §8º., 99, *caput*;127, §2º.; 207, *caput*; 217, I, entre outras), que a palavra autonomia será empregada neste trabalho e pode ser referida no tratamento das autarquias."(MODESTO, Paulo. Globalização e Administração Indireta, op.cit, p. 3).

administração indireta, segundo consta, por questões de "hierarquia militar". Seriam estes, em linha de princípio, os primeiros beneficiários da referência à administração direta no texto do art. 37, §5º, da Constituição. Mas persistem os obstáculos conceituais referidos.

A questão parece insolúvel se não se questionar a correção do emprego da palavra "contrato" no texto aprovado. Há efetivamente **contrato**, com sentido técnico, ou a palavra é empregada no sentido de **acordo, compromisso institucional, instrumento de planejamento, avaliação e coordenação** entre órgãos e entidades administrativas? É importante observar que a redação final do dispositivo constitucional explicita que firmam o "contrato" os **administradores** das entidades e órgãos e o **poder público.**

Nos contratos há voluntariedade, concessões recíprocas, harmonização de interesses contrapostos ou convergentes e obrigatoriedade das cláusulas fixadas na avença. Saliente nos contratos, no entanto, é o fato de serem **formas de produção de normas jurídicas.** Os contratos são atos jurídicos criadores de **normas jurídicas,** geralmente normas individuais, consistindo numa forma de **auto-regulamentação** de interesses entre sujeitos de direito que é autorizada pela ordem legal. Não por outra razão, o chamado "poder negocial" ou "poder de negociação" é enquadrado por NORBERTO BOBBIO entre as **fontes derivadas** do ordenamento jurídico[28] e isolado por MIGUEL REALE como uma especial modalidade de fonte do direito — a **fonte negocial**[29]. Neste quadro, é possível aplicar a definição apresentada de contrato aos contratos de gestão do art. 37, §5º, da Constituição Federal?

A conclusão é necessariamente **negativa.** Os sujeitos que firmam o "contrato" previsto no art. 37, §5º, não apresentam interesses contrapostos ou necessitados de harmonização, além disso, encontram-se vinculados a normas de competência que repelem qualquer espécie de transação. É o caso do "contrato" que assinem

---

28 BOBBIO, Norberto. *Teoría General del Derecho*. Trad. Eduardo Rozo Acuña. Bogotá, Editorial Temis, 1987, p. 155.

29 REALE, Miguel. Lições Preliminares de Direito. São Paulo: Saraiva, 1976, p. 178.

administradores de órgãos públicos e o Poder Público. Os administradores de órgãos públicos não exprimem senão a vontade do Poder Público, no âmbito de sua competência; como então pensar em vontades contrapostas, que se harmonizam no contrato? Na verdade, outra vez, a inteligência do dispositivo deve superar o plano da compreensão literal. A hipótese é melhor visualizada não pela idéia de **concessões recíprocas**, ou de "transfusão de vontades", típica do contrato, mas a idéia ou a imagem de uma **fusão volitiva, composição de uma vontade única**, resultado da convergência de interesses dos acordantes. Na hipótese, a todo rigor, sob o aspecto jurídico, há "acordo de gestão" e não contrato.

O **acordo de gestão**, também denominado na doutrina **acordo de programa**, foi definido por DIOGO FIGUEREDO MOREIRA NETO como **ato administrativo complexo**[30]. Na verdade, o referido professor, seguindo a doutrina italiana, sustenta dois conceitos de ato administrativo complexo. O primeiro, que denomina de **sentido tradicional** ou também **ato administrativo de complexidade interna**, ocorre quando o acordo resulta do concurso de vários órgãos do mesmo ente; o segundo sentido, nominado como **ato administrativo de complexidade externa,** é aplicável quando o ato ou acordo resultar da convergência de várias entidades, públicas ou privadas, com personalidade jurídica própria, reunidas tendo em vista a obtenção de uma finalidade comum. Não pretendo discutir aqui mais ampla mente essa categorização.[31] Menciono-a para situar mais claramente até que ponto é possível questionar o caráter contratual dos supostos "contratos de gestão".

O que vem de ser exposto não perde a sua validade pelo fato do art. 37, §5º, da Constituição vir vazado em linguagem equívoca e invocar expressamente a palavra "contrato". As palavras, recorda-nos sempre mestre CELSO ANTONIO BANDEIRA DE MELLO são

30 MOREIRA NETO, Diogo de Figueiredo. Curso de Direito Administrativo. Rio de Janeiro: Forense, 1996, p. 181.

31 Para desenvolvimento do tema, conf. ARAÚJO, Edmir Netto. Do Negócio Jurídico Administrativo. São Paulo: RT, 1992, pp. 155-164.

simples "rótulos que sobrepomos às coisas"[32] No caso, a incompatibilidade entre a significação que se extrai do texto (a norma jurídica) e a expressão literal do texto normativo, obriga o intérprete a exercitar precisões conceituais, como as referidas. Isso é especialmente claro após o texto prever a hipótese de "contrato" entre **administradores** e o **Poder Público.** Essa hipótese, por si só, insinua o caráter não contratual do ajuste, a sua natureza de **acordo de direito público ou, se preferirem, ato complexo.**[33]

2.2. A individualidade organizativa de unidades administrativas despersonalizadas

Órgãos são unidades de atuação jurídica despersonalizadas.[34] São exemplos de órgãos: os Ministérios, a Câmara dos Deputados, o Senado, a Presidência da República, as Secretarias de Estado, as Prefeituras, as Delegacias Regionais, o Ministério Público, o Tribunal de Contas, os Tribunais de Justiça, isto é, todas as unidades de atuação, administrativas ou não, expressivas da vontade do Estado, destituídas de personalidade jurídica própria.

---

32 BANDEIRA DE MELLO, Celso. Ato Administrativo e Direito dos Administrados. São Paulo: RT, 1981, p.2.

33 É ainda comum entre juristas a preocupação com definições essencialistas, que traduzam a "natureza jurídica" de institutos, em termos abastratos e gerais. Como ensina FÁBIO KONDER COMPRATO, "a preocupação maior da ciência jurídica tradicional, na análise das 'naturezas jurídicas', era a de chegar a definições perfeitas de todos os conceitos. Por isso mesmo, a *pièce de résistence* de todas as monografias acadêmicas consistia, precisamente, na definição dos institutos, em geral reservada para o último capítulo, como resultado de toda a elaboração mental, de forma silogítistica" (*O Poder de Controle na Sociedade Anônima*, 3ª. ed, Rio de Janeiro, Forense, 1983, p. 273). Hoje essa compreensão perde vigência, pois os conceitos passaram a ser vistos como simples sínteses de regras e princípios, mutáveis como as próprias normas. A tarefa básica dos conceitos e definições jurídicas é apenas a de classificar e facilitar a compreensão de grupos normativos. É dizer: as definições jurídicas formulam meros conceitos operacionais, provisórios e relativos, vinculados diretamente à experiência concreta de cada ordenamento jurídico.

34 Na Lei n. 9784/1999, define-se corretamente órgão como "unidade de atuação integrante da Administração direta e da estrutura da Administração indireta" (art. 1º, §2º, I) e *entidade* como "unidade de atuação dotada de personalidade jurídica". 1º, §2º, II).

Os órgãos são compostos por dois elementos: um elemento objetivo, um conjunto de atribuições (círculo de competência ou conjunto institucionalizado de deveres e poderes funcionais), e um elemento subjetivo e dinamizador, a vontade e capacidade das pessoas físicas que titularizam o órgão.[35] A vontade do titular do órgão, se expedida no campo das atribuições do órgão, é imputada diretamente ao órgão, que assim atua, formando a vontade do Estado. Órgão como simples complexo de atribuições, sem composição volitiva ou subjetiva, confunde-se com a própria previsão abstrata de competências legais, sem qualquer aptidão para exprimir a dinâmica da pessoa jurídica estatal, razão de ser dos órgãos. O titular do órgão não atua para o Estado, atua como o Estado: é a voz do Estado em determinado conjunto específico e delimitado de competências. Aliás, a teoria orgânica surgiu exatamente para explicar a posição das pessoas que manifestam a vontade do Estado e, em particular, da Administração Pública. Uma investigação mais aprofundada, no entanto, facilmente revela que o próprio conceito jurídico de órgão não foi pacificado na doutrina jurídica.[36]

Se são unidades despersonalizadas, que exteriorizam a pessoa jurídica em que estão encartados, como os órgãos podem expressar vontade individualizada face a órgãos superiores, firmando acordos de gestão? Como são possíveis **relações jurídicas interorgânicas de acordo ou convenção,** se ambos os envolvidos no acordo exprimem e formam a vontade da mesma pessoa jurídica?

---

35 Cf. CASSAGNE, Juan Carlos. *Derecho Administrativo.* Tomo I. 7ª. Ed. Buenos Aires: Abeledo-Perrot, 2002, p. 251-252.

36 Para SANTAMARÍA PASTOR a teoria dos órgãos teve uma "evolução realmente atormentada". Em suas palavras: "(...) cabe senalar que, mientras para la doctrina clásica la noción de órgano se referia a la persona fisica del servidor del Estado, otros autores defendieron que el concepto debia aplicarse no tanto a la persona, cuanto al complejo de funciones unificadas en una figura abstracta, del que la persona fisica seria mero titular; para otros, en cambio, el complejo de funciones debería designarse <oficio>, siendo el órgano la unidad formada por las funciones y su titular; otros, finalmente, entienden que el concepto de órgano deberia reservarse para aquellas unidades administrativas cuyos titulares están capacitados para emitir declaraciones *ad extra,* que se imputan como propias a la Administración."(*Principios de Derecho Administrativo General,* Tomo I, Madrid: Iustel, 2004, p. 404).

Há dois modos diretos de resolver essa complexa questão. A primeira, é entender que as relações interorgânicas não existem, são ilusórias ou impossíveis, existindo apenas relações entre agentes, enquanto titulares das respectivas competências.[37] A segunda, é distinguir a condição do órgão como "centro parcial de imputação" e o Estado como "centro total de imputação", admitindo-se a individualidade subjetiva dos órgãos, como sujeito-de-direito para alguns efeitos, especialmente internos e processuais, pois são "pontos de referência de um complexo de normas (e seus respectivos suportes fáticos)"[38]

Para CELSO ANTONIO BANDEIRA DE MELLO, que adota a primeira orientação, "juridicamente falando, não há, em sentido próprio, relações entre os órgãos, e muito menos entre eles e outras pessoas, visto que, não tendo personalidade, os órgãos não podem ser sujeitos de direitos e obrigações. Na intimidade do Estado, os

---

37 É a posição, coerente com as suas premissas, de CELSO ANTONIO BANDEIRA DE MELLO: "Os órgãos não passam de simples partições internas da pessoa cuja intimidade estrutural integram, isto é, não têm personalidade jurídica. Por isto, as chamadas relações interorgânicas, isto é, entre os órgãos, são, na verdade, relações entre os *agentes, enquanto titulares das respectivas competências,* os quais, de resto — diga-se de passagem —, têm direito subjetivo ao exercício delas e dever jurídico de expressarem-nas e fazê-las valer, inclusive contra intromissões indevidas de outros órgãos. Em síntese, juridicamente falando, não há, em sentido próprio, relações entre os órgãos, e muito menos entre eles e outras pessoas, visto que, não tendo personalidade, os órgãos não podem ser sujeitos de direitos e obrigações. Na *intimidade do Estado,* os que se relacionam entre si são os agentes manifestando as respectivas competências (inclusas no campo de atribuições dos respectivos órgãos). Nos vínculos entre Estado e outras pessoas, os que se relacionam são, de um lado, o próprio Estado (atuando por via dos agentes integrados nestas unidades de plexos de competência denominados órgãos) e, de outro, a pessoa que é a contraparte no liame jurídico travado." (*Curso de Direito Administrativo*, 26ª. ed. São Paulo, Melheiros, 2009, p. 140-141).

38 VILANOVA, Lourival. *Causalidade e Relação no Direito*. 4ª. Ed., São Paulo, Revista dos Tribunais, 2000, p. 273. Em termos expressivos, sintetiza LOURIVAL VILANOVA: "A divisão de poderes importa numa repartição de funções a órgãos diferentes. Os órgãos se tornam, em *centros parciais de imputação,* pontos de referência de um complexo de normas (e seus respectivos suportes fácticos). Os órgãos carecem de personalidade *própria:* a personalidade total do Estado sobrepõe-se-lhes. Mas a cada órgão é distribuído um feixe de atribuições, de faculdades, de deveres e de meios disponíveis, para a execução de suas funções. Esse plexo de direitos/deveres (para dizer numa fórmula abreviada) é *competência repartida.* Há uma individualidade em cada órgão, uma diferenciação formal e material, indispensável para demarcar as *relações jurídicas interorgâncias.*"

que se relacionam entre si são os agentes manifestando as respectivas competências (inclusas no campo de atribuições dos respectivos órgãos). Nos vínculos entre Estado e outras pessoas, os que se relacionam são, de um lado, o próprio Estado (atuando por via dos agentes integrados nestas unidades de plexos de competência denominados órgãos) e, de outro, a pessoa que é a contraparte no liame jurídico travado".[39]

Por consequência, coerente com esta linha teórica, para o mestre CELSO ANTÔNIO BANDEIRA DE MELLO é um autêntico disparate a referência do art. 37, §8º, da Constituição Federal a "contratos" para "ampliação de autonomia" de "órgãos da Administração direta". Em primeiro lugar, por não reconhecer aos órgãos a possibilidade de gozarem de "autonomia" e, portanto, a possibilidade de ampliá-la; em segundo, por considerar que os limites das competências expressas pelos órgãos não são passíveis de transação, por serem indisponíveis; em terceiro, por faltar personalidade jurídica aos órgãos, razão pela qual não podem ser "sujeitos de direitos e obrigações, vale dizer: pessoa"[40]

A segunda concepção, ainda pouco referida na doutrina brasileira, é expressa por LOURIVAL VILANOVA:

> Cada órgão é sujeito de direito, é um centro unitário de imputação, de atribuição de direitos e deveres. É um dado do direito positivo brasileiro que Senado e Câmara são órgãos dotados de subjetividade, que entram compondo outro sujeito-de-direito, que é o Congresso. Há direitos, poderes, deveres de cada um deles. A personificação é um processo técnico, uma construção dogmático-positiva de unificação: sem a unificação personificadora, há dispersão de direitos e deveres e não se demarcam as competências, que pressupõem subjetividade (o ser sujeito-de-direito, ativo e passivo, termo de relações jurídicas).
>
> Recusa-se ao órgão a personalidade. Tem-se a personalidade como exclusiva do Estado. A personificação total, sim. E soberana: o que não impede a repartição da subjetividade entre os órgãos. O que é a unidade da

39 Cf. *Curso de Direito Administrativo*, 26ª. ed. São Paulo, Malheiros, 2009, p. 141.

40 Idem, ibidem, p. 233.

> personalidade total do Estado, sob o ponto de vista normativo, é a soberania exclusiva, a supremacia do Estado em face de todos os grupos e em face dos seus órgãos (sobretudo o monarca). Carré de Malberg mostra, em penetrante análise crítica, o significado jurídico e político da soberania do Estado em face da teoria da soberania do rei ou da nação. E, ainda, a despersonalização dos órgãos. Mas seria ir contra os dados do direito positivo não advertir que cada órgão é um centro de imputação, é um sujeito-de-direito, como cada indivíduo-membro da comunidade o é, e cada universalidade de pessoas o é. A referência unitária de direito/deveres é um processo homogêneo, como sempre sustentou Kelsen, no direito privado e no direito público. (...)
>
> "A unidade, que requer o ser sujeito-de-direito, não se compromete pelo fato de em seu interior haver relações jurídicas. Relações jurídicas verificam-se entre termos. Os termos da relação são sujeitos, não objetos, coisas, situações objetivas. A relação entre um juiz e outro juiz, entre juiz singular e órgão colegial julgador é relação jurídica,ainda que entre subórgãos de um órgão total — o Poder Judiciário.

A questão não é nova, pois desde o direito romano se debate sobre a personalidade dos órgãos, afirmando-se a personalidade do Senado e de algumas corporações.[41] Nem deve ser resumida, simplesmente, em teses afirmativas e negativas de "personalidade" aos órgãos. O eminente professor OSWALDO ARANHA BANDEIRA DE MELLO, em estudo aprofundado, refere a diversas concepções intermediárias, esgrimidas por autores da maior suposição, que reconhecem aos órgãos ausência de personalidade externa e, ao mesmo tempo, a "quase personalidade" (GIERKE), "personalidade imperfeita, limitada a relações internas ou interorgânicas" (RENATO ALESSI e SALVATORE FODERARO), "subjetividade sem personalidade" (DE VALLÉS) ou, ainda, "subjetividade reflexa"(SANTI ROMANO).[42]

Em termos contemporâneos, destaco a orientação de VITAL MOREIRA. Segundo este autor, "a personalidade jurídica pública sofre muitas gradações. Enquanto que a personalidade colectiva privada é modelada pelo paradigma da personalidade integral da pessoa

---

41 Cf. BANDEIRA DE MELLO, Oswaldo Aranha. *Princípios Gerais de Direito Administrativo*, Tomo II, Forense, 1969, p. 108-115.

42 Idem, ibidem, pp. 110-115.

fisica, no direito público a personalidade é "por medida", havendo inúmeros casos de "capacidade parcial" *(Teilrechtsfähigkeit)*". É seu dizer: "a organização administrativa oferece numerosos exemplos de organismos administrativos desprovidos de personalidade jurídica mas detentores de certa individualidade e autonomia organizatória. Aliás, a separação entre serviços públicos personalizados e serviços não personalizados não é tão talhante como no direito privado. A doutrina admite a existência de «personalidade jurídica limitada» (Auby & Auby, 1991: 19) Há serviços sem personalidade que detêm autonomia financeira, ou "individualidade financeira", na terminologia francesa (conta própria, orçamento próprio, capacidade para realizar despesas)".[43]

Para VITAL MOREIRA, os sistemas jurídicos contemporâneos, sem negar a tradição, embora recusando personalidade jurídica aos órgãos, estabeleceram "soluções que constituem sucedâneos da personalidade jurídica":

> Assim, em matéria patrimonial, podem ter um património afectado, que administram; em matéria financeira, podem ter competência para autorizar despesas e pagamentos, dispor de receitas próprias (preços, taxas, impostos, tributos parafiscais) e orçamento privativo. Desde há muito que entre nós pode haver organismos não personalizados dotados de "autonomia administrativa" ou de "autonomia financeira", em tudo semelhante ao que ocorre com os serviços públicos personalizados. De igual modo, no contexto de soluções de desconcentração podem tais organismos ser dotados de "autonomia administrativa" *stricto sensu*, isto *é*, de capacidade para praticar actos administrativos definitivos e executórios. Não está excluído sequer que tais organismos gozem de autogestão ou de autogoverno, através de eleição dos seus dirigentes pelo seu próprio pessoal ou pelo círculo dos administrados directamente interessados. Está-se então perante um serviço ou organismo autónomo, mas não personalizado. Nesta sede entram, ainda, em alguns países, as chamadas "autoridades administrativas Iindependentes", lá onde elas não dispõem de personalidade jurídica, como sucede em França. Não assim entre nós, visto que algumas são dotadas de

43 MOREIRA, Vital. *Administração Autónoma e Associações Públicas*. Coimbra, Coimbra Editora, 1997, p. 273.

> personalidade (como a Comissão do Mercado de Valores Mobiliários). Pode, pois, suceder que certos organismos ou serviços públicos não personalizados sejam mais autónomos do que outros organismos ou serviços públicos personalizados, que, apesar da personalização, não passem de instrumentos ao serviço da administração matriz de que dependem. Na Itália, Rossi (1990: 39) refere que «figuras sem personalidade jurídica podem dispor de "capacidade" de que são desprovidas outras que têm personalidade», citando a propósito o caso dos «institutos de instrução com personalidade jurídica e cujo pessoal pertence aos quadros do Estado, enquanto que várias administrações desprovidas de personalidade jurídica dispõem de pessoal próprio».Daqui resulta, pois, uma certa relativização da importância da personalização dos estabelecimentos e serviços públicos. Certos objectivos de individualização, autonomia, autogoverno e mesmo independência não carecem em termos absolutos de personalidade jurídica.[44]

Atualmente, os próprios civilistas debatem sobre a identificação tradicional entre os conceitos de pessoa e sujeito de direito. Afinal, o nascituro é sujeito de direito e não é pessoa; a massa falida, o espólio e a herança jacente são sujeitos de direito e não são pessoas. Não é preciso ser pessoa para ser sujeito de direitos e deveres. Em verdade, ser sujeito de direito é ser destinatário de um feixe de normas, atributivas de direitos e deveres, faculdades e obrigações. Os conceitos não se equivalem. Como bem assentou CLAUDIO HENRIQUE RIBEIRO DA SILVA, "enquanto as *pessoas possuem aptidão genérica* para direitos, deveres e obrigações, os *entes despersonalizados possuem tal aptidão limitada* tanto pela legislação quanto por sua própria natureza. Estes, portanto, só podem titularizar direitos ou participar de relações jurídicas que o ordenamento expressamente lhes autorize ou que se refiram diretamente à sua natureza e suas finalidades"[45]. Em síntese: "pessoa é o sujeito de direitos com aptidão genérica para contrair direitos, deveres e obrigações".[46]

---

44 Idem, ibidem, p. 274-275.

45 Apontamentos para uma Teoria dos Entes Despersonalizados, disponível na Internet: http://www.cadireito.com.br/artigos/art69.htm. Acesso em 10.09.2009.

46 Idem, ibidem.

No mesmo sentido, MARCOS BERNARDES DE MELLO, em monografia notável, averbou:

> *Sujeito de direito é* todo ente, seja grupo de pessoas, sejam universalidades patrimoniais, a que o ordenamento jurídico atribui *capacidade jurídica (= capacidade de direito)* e que, por isso, detém titularidade de posição como termo, ativo ou passivo, em relação jurídica de direito material (= ser titular de direito ou de dever, de pretensão ou de obrigação, de ação ou de situação de acionado, de exceção ou de situação de excetuado) ou de direito formal (= ser autor, réu, embargante, opoente, assistente ou, apenas, recorrente), ou, mais amplamente, de alguma situação jurídica. Ser sujeito de direito, portanto, é ser titular de uma situação jurídica *(lato sensu)*, seja como termo de relação jurídica, seja como detentor de uma simples posição no mundo jurídico.
>
> "Segundo essa concepção:
>
> (a) ser pessoa, física ou jurídica, *não* constitui condição essencial para ser sujeito de direito; por isso, é de se ter como de todo correta a afirmativa de que há mais sujeitos de direito do que pessoas;
>
> (b) sujeito de direito *não é*, apenas, quem seja titular de direito, mas, também, quem o seja de dever ou de qualquer situação jurídica.[47]

Órgão não é pessoa, por ser unidade de atribuição despersonalizada, integrante da Administração Pública direta ou indireta (art. 1º, §2º, I, da Lei 9784/99). Mas órgão pode ser sujeito de direito, termo de relação jurídica, **parte em relações interorgânicas** e **parte em relações processuais.** Essas relações internas não quebram a unidade de ser do Estado, que se mostra uno nas relações com terceiros, conquanto complexo na suas relações orgânicas. Não importa o nome que se dê a esse dado do direito positivo: "personalidade formal", "personalidade judiciária", "personalidade imperfeita", "quase personalidade", "personalidade reflexa", "subjetividade sem personalidade" são apenas rótulos utilizados para salientar a participação de órgãos em relações jurídicas disciplinadas pelo direito positivo brasileiro e

47 MELLO, Marcos Bernardes de. *Teoria do fato jurídico: plano da eficácia – 1ª. Parte*. São Paulo: Saraiva, 2003, p. 125-126.

reconhecidas também no direito comparado, seja pelo direito posto, seja pela jurisprudência dos Tribunais.

Há muitos anos mestre LAFAYETTE PONDÉ averbava:

> É certo que, entre nós, várias vezes a jurisprudência tem admitido que um órgão tenha capacidade própria, específica, para litigar contra outro órgão, isto é, para manter com este outro órgão uma relação externa, de direito processual. Assim, por exemplo, os Tribunais aceitam possa o Prefeito ir a juízo contra a respectiva Câmara, para obstar a promulgação de lei cujo projeto tenha sido por ele vetado. E o próprio STF, embora em um passo declare que "o Tribunal de Contas não tem personalidade jurídica autônoma e é peça da estrutura orgânica da Administração Federal," de outro decide que "o mandado de segurança é meio hábil para garantia do direito político em que ocorre uma relação jurídica subjetiva, concretizada no exercício individual de função coletiva.[48]

Na jurisprudência nacional, de fato, a questão está pacificada:

> As edilidades, embora disponham de capacidade processual, ativa e passiva, para defesa de suas prerrogativas institucionais, como órgãos autônomos da administração, não possuem personalidade jurídica, mas, apenas, a judiciária." (STJ, REsp 23926/SP, DJ 18.04.1994 p.08475; Relator Ministro Antônio de Pádua Ribeiro, Segunda Turma)
>
> "Ao impetrar o "mandamus" em face da decisão da 15ª Câmara Civil do Tribunal de Justiça do Estado de São Paulo, a Assembléia Legislativa do Estado de São Paulo – que, na realidade, é o próprio Poder Legislativo – agiu em nome próprio, nos termos do art. 9º da Constituição Estadual, posto que o ato judicial combatido não afeta tão-somente os direitos dos Srs. Deputados Estaduais, individualmente considerados, mas uma prerrogativa institucional assegurada constitucionalmente ao Poder Legislativo e de fundamental importância para o efetivo exercício de sua atividade-fim. Ressalte-se que o ato impugnado configura, em última análise, inconstitucional ingerência do Poder Judiciário no Poder Legislativo, pois afronta o princípio da independência dos três Poderes.
>
> Na situação examinada não se trata de se enquadrar o fenômeno processual em debate no círculo da substituição processual ou da legitimidade

---

48 PONDÉ, Lafayette. *Estudos de direito administrativo.* Belo Horizonte, Del Rey, 1995, p. 250.

> extraordinária. O que há de se investigar é se a Assembléia Legislativa está a defender interesses institucionais próprios e vinculados ao exercício de sua independência e funcionamento, como de fato, "in casu", está. A ciência processual, em face dos fenômenos contemporâneos que a cercam, tem evoluído a fim de considerar como legitimados para estar em juízo, portanto, com capacidade de ser parte, entes sem personalidade jurídica, quer dizer, possuidores, apenas, de personalidade judiciária. No rol de tais entidades estão, além do condomínio de apartamentos, da massa falida, do espólio, da herança jacente ou vacante e das sociedades sem personalidade própria e legal, todos por disposição de lei, hão de ser incluídos a massa insolvente, o grupo, classe ou categoria de pessoas titulares de direitos coletivos, o PROCON ou órgão oficial do consumidor, o consórcio de automóveis, as Câmaras Municipais, as Assembléias Legislativas, a Câmara dos Deputados, o Poder Judiciário, quando defenderem, exclusivamente, os direitos relativos ao seu funcionamento e prerrogativas. (STJ, ROMS 8967/SP; DJ 22.03.1999 P.00054; Relator Ministro Humberto Gomes de Barros; primeira turma)

É verdade que, em tempos relativamente recentes, no *leading case* "Roboredo" (STF, MS 21239, Relator Min. SEPÚLVEDA PERTENCE), o Supremo Tribunal Federal reconheceu ao Procurador-Geral da República, enquanto titular de órgão, a legitimação ativa para impetrar mandado de segurança conta ato do Presidente da República ofensivo a autonomia do Ministério Público. Nesta assentada, reconheceu o Tribunal tanto o denominado "direito-função" do titular do órgão, o Procurador-Geral da República, quanto a "capacidade ou personalidade judiciária" do Ministério Público como órgão despersonalizado. Nesta decisão, portanto, as duas teorias referidas se encontraram, em termos que merecem transcrição:

> Ementa: Mandado de segurança: legitimação ativa do Procurador-Geral da República para impugnar atos do Presidente da República que entende praticados com usurpação de sua própria competência constitucional e ofensivos da autonomia do Ministério Público: análise doutrinária e reafirmação da jurisprudência. 1.A legitimidade ad causam no mandado de segurança pressupõe que o impetrante se afirme titular de um direito subjetivo próprio, violado ou ameaçado por ato de autoridade; no entanto, segundo assentado pela doutrina mais autorizada (cf. Jellinek, Malberg, Duguit, Dabin, Santi Romano), entre os direitos públicos subjetivos, incluem-se os chamados direitos-função, que têm por objeto a posse e o

> exercício da função pública pelo titular que a detenha, em toda a extensão das competências e prerrogativas que a substantivem: incensurável, pois, a jurisprudência brasileira, quando reconhece a legitimação do titular de uma função pública para requerer segurança contra ato do detentor de outra, tendente a obstar ou usurpar o exercício da integralidade de seus poderes ou competências: a solução negativa importaria em 'subtrair da apreciação do Poder Judiciário lesão ou ameaça de direito'. 2. A jurisprudência — com amplo respaldo doutrinário (v.g., Victor Nunes, Meirelles, Buzaid) — tem reconhecido a capacidade ou 'personalidade judiciária' de órgãos coletivos não personalizados e a propriedade do mandado de segurança para a defesa do exercício de suas competências e do gozo de suas prerrogativas. 3. Não obstante despido de personalidade jurídica, porque é órgão ou complexo de órgãos estatais, a capacidade ou personalidade judiciária do Ministério lhe é inerente — porque instrumento essencial de sua atuação — e não se pode dissolver na personalidade jurídica do estado, tanto que a ele freqüentemente se contrapõe em juízo; se, para a defesa de suas atribuições finalísticas, os tribunais têm assentado o cabimento do mandado de segurança, este igualmente deve ser posto a serviço da salvaguarda dos predicados da autonomia e da independência do Ministério Público, que constituem, na Constituição, meios necessários ao bom desempenho de suas funções institucionais. 4. Legitimação do Procurador-Geral da República e admissibilidade do mandado de segurança reconhecidas, no caso, por unanimidade de votos." (STF, MS 21.239, Rel. Min. Sepúlveda Pertence, julgamento em 5-6-91, Plenário, DJ de 23-4-93). No mesmo sentido: MS 26.264, Rel. Min. Marco Aurélio, j. em 21-5-07, Plenário, DJ de 5-10-07.

No entanto, parece inconsistente reconhecer, sem maior disputa, a "personalidade judiciária" aos órgãos públicos perante o Poder Judiciário, para a defesa de prerrogativas e interesses específicos (relação externa) e, ao mesmo tempo, recusar o reconhecimento aos órgãos de "pensonalidade formal" nas relações administrativas interorgânicas (relação interna), dissolvendo-os na personalidade jurídica do Estado, sem qualquer individualidade organizatória.

É intuitivo que, se quisermos emprestar sentido útil ao texto constitucional, especialmente às normas que deferem expressamente *autonomia* a órgãos despersonalizados (CF, art. 99, caput; 127, §§1º e 2º; 134, §2º), inclusive em relações interorgânicas (CF, art. 37, §8º), devemos reconhecer aos órgãos, embora unidades administrativas despersonalizadas, não apenas a "personalidade judiciária", mas a condição de sujeitos-de-direito para situações jurídicas específicas, quando a norma legal ou constitucional atribuir-lhes capacidade para atuar diretamente em relações jurídicas com algum grau de individualidade organizatória.

É evidente que a palavra autonomia não é empregada aqui em seu sentido etimológico. A aplicação ortodoxa da palavra autonomia remete diretamente à capacidade de produção de legislação própria, apanágio do poder político. A etimologia da palavra sugere o conceito de dar a si mesmo o próprio direito, o que somente é deferido as pessoas político-administrativas (União, Estados, Municípios, Distrito Federal). Mas a lei, a Constituição, a jurisprudência empregam também a palavra autonomia em sentido menos exigente, para referir o grau de sujeição de unidades administrativas a controles, hierárquicos ou não, outra face do grau de ação independente que gozam na realização de suas competências.

A própria subordinação hierárquica é relação interorgânica, relação jurídica interna, não vínculo fático ou natural. Como vínculo jurídico, é moldável pelo direito e maleável, conhecendo graus e atenuações, quando assim a lei deseja dispor. A doutrina tradicional a define como uma ingerência contínua, permanente e implícita do órgão superior em face do órgão inferior. Mas mesmo a doutrina tradicional admitia atenuações a essa subordinação geral, considerando disposições expressas do direito positivo.

Na esfera federal, por exemplo, o art. 172 do Decreto-lei 200/67, com a redação dada pelo Decreto-lei 900/69, prescreve:

> Art. 172. O Poder Executivo assegurará autonomia administrativa e financeira, no grau conveniente aos serviços, institutos e estabelecimentos incumbidos da execução de atividades de pesquisa ou ensino ou de caráter industrial, comercial ou agrícola, que por suas peculiaridades de organização e funcionamento, exijam tratamento diverso do aplicável aos demais órgãos da administração direta, observada sempre a supervisão ministerial.
>
> § 1º Os órgãos a que se refere este artigo terão a denominação genérica de Órgãos Autônomos.

> § 2º Nos casos de concessão de autonomia financeira, fica o Poder Executivo autorizado a instituir fundos especiais de natureza contábil, a cujo crédito se levarão todos os recursos vinculados às atividades do órgão autônomo, orçamentários e extra-orçamentários, inclusive a receita própria.

A hipótese autoriza o Chefe do Poder Executivo a conceder, por decreto, graus de autonomia administrativa a órgãos despersonalizados quando a atividade desenvolvida recomendar "tratamento diverso do aplicável aos demais órgãos da administração direta". É certo que palavra autonomia tem o sentido aqui de independência administrativa, ou redução do grau de sujeição do órgão autônomo aos órgãos superiores, sem a eliminação da supervisão ministerial.[49] Mas revela bem como a hierarquia não designa necessariamente um vínculo sujeito a disjunção "tudo ou nada", mas a graduações complexas, moldáveis pelo direito. São órgãos autônomos da União, vinculados ao Poder Executivo, entre outros, a Defensoria Pública da União, o Departamento da Polícia Federal, o Arquivo Nacional e a Imprensa Oficial.[50]

OSWALDO ARANHA BANDEIRA DE MELLO, após definir a hierarquia como "relações de subordinação entre órgãos superiores e inferiores, e com competências concorrentes, dentro do mesmo aparelho administrativo", explica que exceções podem afastar poderes normalmente atribuídos aos órgãos superiores quando: "a) dispositivo legal, dando competência específica ao inferior, em certa matéria, expressamente, exclui a responsabilidade do superior pela sua emanação; b) dispositivo legal impede recurso da decisão do inferior ao superior, considerada definitiva, relativa a determinada questão, ou entrega a apreciação de recurso de alguns dos atos da sua competência

[49] "Na *administração direta,* a ossatura central está *na hierarquia* (inter-relação de coordenação e subordinação) com as atenuações *da desconcentração (descentralização burocrática),* que gera os *órgãos autônomos,* dotados do que a legislação chama de *autonomia limitada,* de índole *administrativa,* isto *é,* de decisão, e financeira, compreendendo a arrecadação, gestão e dispêndio de recursos (ver art. 172, e seus §§, do Decreto-lei 200/67; Decreto 86.212, de 15.7.81), que mitiga a estruturação hierárquica."(FERREIRA, Sérgio de Andréa. *Comentários à Constituição,* 3º. Vol. Rio de Janeiro: Freitas Bastos, 1991, p. 30).

[50] MEIRELLES, Hely. *Direito Administrativo Brasileiro.* 31ª, 2005, Op. cit., p. 759.

a outro órgão administrativo fora da hierarquia; c) dispositivo legal nega ao superior, expressamente, competência para exercer competência dada ao inferior em assunto específico"[51]

Ora, essas exceções nada mais são do que a atribuição de *certo grau de independência*, ou autonomia administrativa, ao órgão inferior em face do órgão superior. Não há inconstitucionalidade na lei que assim procede. A lei, porém, pode desde logo excepcionar os poderes do supervisor ou *condicionar a exceção a fato jurídico administrativo posterior*, a exemplo dos "contratos de gestão" entre órgãos de uma mesma pessoa administrativa, que foram cognominados no anteprojeto de nova lei de organização administrativa como "contratos de autonomia", em harmonia perfeita com o disposto no art. 37, §8º, da lei maior. Nada disso é inconstitucional, aberrante no direito comparado[52] ou descabido no direito nacional.

É importante superar na doutrina brasileira o mantra segundo o qual "se há hierarquia não pode haver autonomia" ou sua variante popular "órgãos não possuem autonomia". O direito não se presta a dogmas desta espécie, pois molda as suas próprias noções, seguindo critérios não necessariamente coincidentes com os do mundo físico ou natural.[53]

---

51 BANDEIRA DE MELLO, Oswaldo Aranha. *Princípios Gerais de Direito Administrativo*, Vol. I. Op. cit., p. 135.

52 Na França, por exemplo, os "contratos" entre órgãos, para concessão de autonomias, constituem os chamados *centros de responsabilidades* ("centres de responsabilité"), disciplinados pela circular de 25 janeiro de 1990, de MICHEL ROCARD. Sobre o tema, cf. intervenção de ROGER BARBE publicada no livro coletivo *Contratos de Gestão e a Experiência Francesa de Renovação do Setor Público*, Seminário Brasil/França, 29 a 31 de outubro de 1991. Brasília, ENAP, 1993, p.24-25. Em Portugal, como vimos antes, o Ministério da Educação assina contratos de autonomia com a escolas, unidades despersonalizadas, modulando em cada caso a concessão de autonomias previstas antecipadamente por lei, através de acordos regulados inicialmente pelo Decreto-Lei n.º 115-A/98, atualmente disciplinados pelo Decreto-Lei n.º 75/2008, de 22 de Abril.

53 O direito possui um código próprio de qualificação dos fatos e atos por constituir um sistema específico de comunicação ou linguagem. Embora aberto à informação e a interferências do meio ambiente e dos demais sistemas de comunicação (abertura cognitiva), o direito organiza as suas próprias categorias e noções (autonomia funcional), sendo por isso frequentemente denominado de *sistema autopoiético*. As significações extrajurídicas apenas adquirem validade após filtragem pelo código interno específico

Há situações, inclusive, em que a atenuação dos poderes inerentes ao vínculo hierárquico é quase completa no relacionamento entre órgãos, não por força de lei, mas em razão da própria atividade desempenhada por órgãos despersonalizados. É como esclarece, novamente com precisão, OSWALDO ARANHA BANDEIRA DE MELLO:

> Não há subordinação hierárquica entre os órgãos deliberativos de um colégio, os consultivos e os de controle, no exercício das suas competências, com referência aos órgãos ativos, pela incompatibilidade lógica entre a noção de hierarquia e as funções aí referidas, isto é, de deliberar em colégio, de oferecer parecer sobre dado assunto em que foi consultado, ou efetivar a apuração da responsabilidade de alguém sobre a prática de certo ato. Por seu turno, eles não podem sujeitar os órgãos ativos ao seu poder hierárquico. Igualmente, estão fora do poder hierárquico dos superiores os estudos, pesquisas e preleções de natureza técnica e professoral dos órgãos inferiores. São insuscetíveis de serem levados a efeito segundo ordens dos superiores, salvo se participantes de trabalhos de equipe, em que há um superior ou chefe de natureza técnica ou professoral, orientando-os. Aliás, aí está em jogo, em última análise, a liberdade de pensamento.[54]

Por isso, no anteprojeto da nova lei de organização, colhemos a seguinte afirmação:

> Art. 4º. A administração direta é organizada com base na hierarquia e na desconcentração, sendo composta por órgãos, sem personalidade jurídica, *os quais podem dispor de autonomia*, nos termos da Constituição e da lei.

Na exposição de motivos do anteprojeto a norma proposta, contrária ao mantra dogmático que ainda hoje é verbalizado, tem a sua justificativa resumida em termos claramente convergentes ao exposto neste trabalho:

---

do sistema jurídico, que para muitos é o código legal/ilegal. O direito não é autista, indiferente ao real e as interferências dos demais sistemas, mas tampouco admite a absorção imediata e direta de noções produzidas no meio circundante. Por todos, com ampla fundamentação, TAUBNER, Gunther. *O Direito como sistema autopoiético*. Trad. José Engrácia Antunes. Lisboa: Fundação Calouste Gulbenkian, 1989.

54 BANDEIRA DE MELLO, Oswaldo Aranha. *Princípios Gerais de Direito Administrativo*, Vol. I. Op. cit., p. 136.

> Os órgãos da administração direta não possuem personalidade jurídica, mas poderão dispor de autonomia, nos termos da Constituição e da lei. Afasta-se, desse modo, o preconceito ainda presente contra o reconhecimento de graus de autonomia administrativa a órgãos, consideradas situações especiais em que este reconhecimento se impõe. Essa orientação permitirá o aprofundamento da temática das relações interorgânicas, a aplicação adequada do artigo 37, § 8º, da Constituição Federal e o tratamento coerente de unidades orgânicas peculiares, a exemplo dos conselhos consultivos, órgãos constitucionais autônomos e órgãos deliberativos com participação social.

Essas noções serão fundamentais para a formulação de breves comentários ao contrato de autonomia disciplinado especialmente nos artigos 27 a 33 do Anteprojeto.

3. DISCIPLINA DO CONTRATO DE AUTONOMIA NO ANTEPROJETO DE NOVA LEI DE ORGANIZAÇÃO ADMINISTRATIVA

3.1 Contrato de Autonomia

O Anteprojeto da Lei de Normas Gerais de Organização Administrativa preferiu nomear o contrato a que se refere o art. 37, §8º, da Constituição com a designação de "contrato de autonomia". Duas razões justificam a escolha deste "nome de batismo":

> a) evitar ambigüidades e incompreensões, pois a denominação usual, contrato de gestão, no Brasil recebe conotações especiais quando é aplicada a serviços sociais autônomos (Lei nº 8.246, de 22.10.91), a organizações sociais (Lei n. 9.637, de 15.5.98), a agências executivas (Lei 9.649, de 27.5.98 e Decreto n. 2.487/98), a agências reguladoras (Lei 9.427, de 26.12.1996, ANEEL; Lei 9.961, de 28.01.2000, ANS) e a unidades despersonalizadas da Marinha (Lei n. 9.724, de 1.12.1998);
>
> b) permite disciplinar, de forma unitária, o regime jurídico especial da relação jurídica prevista no art. 37, §8º, da Lei Fundamental, restrita a vínculos entre pessoas administrativas ou a órgãos de uma mesma pessoa administrativa, em termos sem conexão direta com disposições pré-existentes, quase todas bastante inespecíficas quanto ao conteúdo e a natureza do vínculo consensual estabelecido.

A designação contrato de autonomia é pertinente e adequada, pois, no termos do art. 37, § 8º, da Constituição Federal, o vínculo a ser estabelecido deve apresentar natureza voluntária e consensual, sendo útil para ampliar a autonomia de órgãos e entidades administrativas, sem possuir conotação sancionadora ou restritiva. Como vimos antes, esse tipo de vínculo, quando estabelecido no âmbito da administração pública, apresenta nítido caráter premial, constituindo um incentivo ao cumprimento de metas de desempenho, pois associa a fruição de flexibilidades ou autonomias especiais ao cumprimento do quanto acordado.

A expressão contrato de autonomia, porém, não é totalmente desconhecida, tendo sido empregada tanto na disciplina da organização administrativa brasileira quanto no direito comparado. No Brasil, embora a Lei n. 9.724, de 1.12.1998, mencionasse apenas "contrato" para nomear o vínculo entre as Organizações Militares da Marinha e a Administração Direta, no Decreto n.º 3.011, de 30 de março de 1999, que regulamentou a lei e qualificou treze órgãos como Organizações Militares Prestadoras de Serviço – OMPS, a designação empregada foi "contrato de autonomia de gestão" (art. 1º). Em Portugal, emprega-se também a designação contrato de autonomia para nomear o vínculo entre o Ministério da Educação e escolas públicas, sem personalidade jurídica, a partir do qual é ampliada a autonomia desses órgãos, segundo um quadro legal prévio, modulado nos acordos específicos.[55] Nos dois casos trata-se de simples coincidência, pois nenhum dos dois modelos referidos foi utilizado como parâmetro ou inspiração para a proposta contida no Anteprojeto.

[55] Nos termos do Decreto-Lei n.º 75/2008, de 22 de Abril, os contratos de autonomia em Portugal são definidos nos seguintes termos: "Art. 57. Contrato de Autonomia. Por contrato de autonomia entende-se o acordo celebrado entre a escola, o Ministério da Educação, a câmara municipal e, eventualmente, outros parceiros da comunidade interessados, através do qual se definem objectivos e se fixam as condições que viabilizam o desenvolvimento do projecto educativo apresentado pelos órgãos de administração e gestão de uma escola ou de um agrupamento de escolas.".

3.2. Conceito de contrato de autonomia

O Anteprojeto define o contrato de autonomia no Art. 27, nos seguintes termos:

> Art. 27. A autonomia gerencial, orçamentária e financeira dos órgãos e entidades da administração direta e indireta pode ser ampliada mediante a celebração de contrato de autonomia, observadas as exigências desta Lei e o disposto no § 8º do art. 37 da Constituição.
>
> § 1º Contrato de autonomia é o acordo celebrado entre a entidade ou órgão supervisor e a entidade ou órgão supervisionado, por seus administradores, para o estabelecimento de metas de desempenho do supervisionado, com os respectivos prazos de execução e indicadores de qualidade, tendo como contrapartida a concessão de flexibilidades ou autonomias especiais.
>
> § 2º O contrato de autonomia constitui, para o supervisor, forma de autovinculação e, para o supervisionado, condição para a fruição das flexibilidades ou autonomias especiais.
>
> § 3º Deve ser interveniente no contrato de autonomia o órgão setorial do poder público com competência para elaborar, propor, coordenar e apoiar a execução orçamentária, bem como os programas e projetos de reforma e modernização do aparelho do Estado.

Das considerações expostas nas seções precedentes e do enunciado desta proposta de norma extraímos as seguintes conclusões:

> a) a palavra contrato é empregada em sentido muito amplo, em homenagem à designação constitucional e por ser amplamente adotada no direito comparado e na literatura administrativa, servindo apenas para indicar um vínculo institucional, celebrado de forma voluntária e consensual, relacionando sujeitos-de-direito de natureza administrativa;
>
> b) a natureza jurídica do vínculo é a de acordo, conceito que, teoricamente, abrange tanto ajustes heterovinculantes (contratos em sentido estrito) quanto ajustes autovinculantes (acordos procedimentais, informais e de organização);
>
> c) não há patrimonialidade na relação jurídica formada, pois o objeto principal do ajuste é a determinação mais precisa do modo de realização do interesse público pelo entidade ou órgão supervisionado e a melhoria de seu desempenho;

d) entidades e órgãos supervisionados e supervisores integram a relação como partes, presentadas por seus administradores, agindo estes a partir de vínculo orgânico, por expressa previsão normativa, e não como simples pessoas físicas;

e) a ampliação da autonomia decorre da própria celebração e manutenção do vínculo, evento previsto em norma legal e constitucional como apto a produzir consequências no plano jurídico, sendo esses efeitos antecipadamente autorizados em norma legal, mas sujeitos a detalhamento e modulação, em cada caso, pelos acordos, o que também é realizado a partir de autorização legislativa;

f) o contrato de autonomia não é fonte direta de autonomias e flexibilidades de natureza administrativa, funcionando antes como fato jurídico suficiente para a produção de consequências jurídicas previamente estabelecidas em lei e como veículo para estabilização e especificação de metas de desempenho institucional acordadas entre as entidades e órgãos supervisionados e supervisores;

g) o contrato de autonomia pressupõe a adoção de normas especiais de organização administrativa ou de funcionamento para as entidades e órgãos supervisionados que se submetam voluntariamente ao acordo, previstas em lei ou regulamento, pois o vínculo estabelecido, por um lado, envolve um maior detalhamento do controle de desempenho da entidade ou órgão supervisionado (maior controle sobre os resultados) e, por outro, maior flexibilidade ou autonomia administrativa (menores controles procedimentais ou a priori), como forma de incentivo à manutenção do vínculo e ao atendimento das metas pactuadas;

h) a entidade ou órgão supervisor deverá exercer as suas atividades de supervisão hierárquica ou supervisão por vinculação de forma coerente com os termos do contrato de autonomia, por esta ser uma técnica de autovinculação e uma forma alternativa e voluntária de programação do controle;

i) o contrato de autonomia não afeta direitos ou deveres de terceiros não vinculados aos termos do acordo;

j) o contrato de autonomia é sempre vínculo temporário, com prazo de vigência, devendo ser periodicamente avaliado, para fins de nova pactuação, se houver novo acordo voluntário;

k) o contrato de autonomia é também instrumento de articulação administrativa, pois favorece a trânsito de informações entre supervisionados e supervisores, a compatibilização das atividades do supervisionado com os programas governamentais, a utilização de parâmetros objetivos para o exercício da supervisão e da cooperação, favorecendo a transparência e o controle social sobre a atividade administrativa;

l) o contrato de autonomia, por fim, por constituir técnica de implantação de modelos de gestão mais flexíveis, vinculados ao desempenho, propiciadores do envolvimento efetivo de agentes e dirigentes na obtenção de melhorias na qualidade dos serviços prestados ao cidadão deve envolver, necessariamente, como interveniente, o órgão setorial do poder público com competência para elaborar, propor, coordenar e apoiar a execução orçamentária, bem como os programas e projetos de reforma e modernização do aparelho do Estado.

3.3. O contrato de autonomia como expressão de promessas cruzadas

O contrato de autonomia não cria diretamente situações jurídicas subjetivas novas. Tampouco encerra vínculo de execução instantânea, pois volta-se a programar a atuação das partes no futuro. As duas partes ficam vinculadas a cumprir o prometido, pois, como diz CHARLES FRIED, "ao prometer transformamos em moralmente obrigatória uma escolha que antes era moralmente neutra"[56]. Promessas vinculam, mesmo que, para usar um termo de PONTES DE MIRANDA, produzam "eficácia mínima", pois a promessa ou a "oferta revogável é eficaz enquanto não se revoga"[57], da mesma forma que o regulamento é obrigatório para os casos singulares, inclusive para o Chefe do Poder Executivo, enquanto não é revogado (princípio da inderrogabilidade singular dos regulamentos). O contrato de autonomia é um fato jurídico[58], que encerra compromissos ou "promessas cruzadas"[59], a que a lei pode qualificar como acordo, atribuindo

---

56 FRIED, Charles. *Contrato como promessa: uma teoria de obrigação contratual.* Trad. Sérgio Duarte. Rio de Janeiro: Elsevier, 2008, p. 10.

57 MIRANDA, Pontes de. *Tratado de Direito Privado.* Parte Geral. Tomo V. Campinas: Bookseller, 2000, p. 37.

58 "O que, em Direito, aparta o ato do fato é a significação que um acontecimento possui. Uma declaração será ato jurídico quando lhe for reconhecida aptidão para regular comportamentos ou qualificar situações, isto é, quando lhe for outorgado o signficado de norma jurídica. Será fato, entretanto, se tomado como simples pressuposto de incidência de uma norma jurídica, vale dizer, se corresponder concretamente à hipótese abstrata nela prevista, gerando a aplicação de seu mandamento" (SUNDFELD, Carlos Ari. *Ato Administrativo Inválido.* São Paulo: RT, p. 14.

59 "Prometer praticar um acto administrativo também pode significar prometer praticar um acto administrativo que já é devido, mas comprometer-se a praticá-lo de um determina-

efeitos jurídicos na esfera administrativa. Não é contrato, mas é ato consensual, suporte material suficiente para a incidência de consequências jurídicas variadas, adredemente estipulas em lei.

A promessa antecipa o futuro, conferindo-lhe previsibilidade e nitidez. Reduz o arbítrio e o casuísmo, estimula a coerência[60], permitindo o planejamento e a gestão de riscos. O contrato de autonomia antecipa ao supervisionado a forma, o modo e os prazos em que deve apresentar ao órgão de supervisão os resultados das metas de desempenho pactuadas. Mitiga, portanto, a discricionariedade no exercício do controle hierárquico ou por vinculação, não sendo equivocado identificá-lo como uma forma de *exercício antecipado de competência discricionária de supervisão.*[61] Para o órgão supervisor, o contrato de autonomia oferece a possibilidade de obter voluntariamente, com efetiva participação do supervisionado, informações e maior entusiasmo do supervisionado para o cumprimento coordenado de políticas públicas, compatibilizando-as com o perfil e as peculiaridades de cada organização. Para os órgãos de controle, o contrato de autonomia oferece um parâmetro objetivo para avaliação da eficiência ou ineficiência da atuação administrativa, dado inexistente em regra. Para o cidadão, é facilitado o controle social sobre a atividade administrativa, pois os instrumentos que registram o acordo devem ser publicados, detalhando a responsabilidade dos dirigentes e o programa de melhoria dos serviços prestados à coletividade. O interessante em tudo isso

do *modo, com* um determinado *conteúdo,* ou num determinado *momento.* Numa palavra, prometer não abrange só a prática *stricto sensu,* mas pode abranger também ou apenas as circunstâncias ou condições de determinada prática já devida".(GAMA, João Taborda da. Promessas Administrativas: da decisão de autovinculação ao acto devido. Coimbra: Coimbra Editora, 2008, p. 89).

60 "Em outras palavras, tem de ser mudado o caldo de cultura que permite ao Estado despontar, não raro, como bizarro Estado de não-Direito, no qual os compromissos resultam desonrados, falta a continuidade das políticas públicas, acentuam-se as dificuldades de fiscalização permanente e imparcial, claudicam os parâmetros regulatórios e prestações estatais intransferíveis são sonegadas. O Estado há de ser o primeiro, não o último, a observar as normas e a zelar pela credibilidade da palavra dos que o representam."(FREITAS, Juarez. O controle dos atos administrativos e os princípios fundamentais. 3. ed. São Paulo: Malheiros, 2004, p. 37).

61 Cf. CORREIA, José Manuel Sérvulo. *Legalidade e autonomia contratual nos contratos administrativos. Coimbra: Almedina, 1987, p. 748-753.*

é que a atividade administrativa resulta mais transparente e menos discricionária, mais planejada e coordenada, menos hierarquizada e menos instável.

MARÇAL JUSTEN FILHO sintetizou, com felicidade, algumas das características essenciais desse novo estilo de administrar:

> Uma característica essencial desse novo modelo consiste na relativa igualdade entre as partes, o que se reflete na necessidade de negociação e formulação de estimativas conjuntas acerca dos correspondentes desempenhos. Isso significa eliminar a concepção de que a autoridade superior dispõe de poderes para orientar, em termos os mais erráticos, o desempenho das que lhe são inferiores. Surge uma relativa estabilidade na eleição dos objetivos a atingir, eliminando-se um cunho de personalismo que era inerente a um sistema napoleônico de condução dos corpos administrativos. Propicia-se a definição objetiva e transparente dos objetivos a atingir, permitindo que o desempenho das autoridades públicas seja não apenas suscetível de pleno conhecimento por parte de toda a sociedade, mas também de fiscalização quanto ao atingimento das metas escolhidas.[62]

O contrato de autonomia atende a esse reclamo de maior certeza e segurança jurídica. Embora assinado por administradores, vincula não apenas o titular do órgão, enquanto agente público, mas o próprio órgão, sujeito em relação jurídica interorgânica ou interadministrativa, tornando a relação de supervisão menos indeterminada, menos imprevisível, mais ordenada e parametrizada em seu exercício.

3.4. O contrato de autonomia como ato-condição

O contrato de autonomia atua como condição ou pressuposto para aplicação de um estatuto jurídico especial destinado a órgãos e entidades administrativas. Não inova a ordem jurídica; não negocia competências; não expande competências, nem as reduz por virtude

---

62 JUSTEN FILHO, Marçal. *O Direito das Agências Reguladoras Independentes*. São Paulo: Dialética, p. 407.

própria. Não é sinalagmático, pois não estabelece obrigações recíprocas que já não estejam estabelecidas em lei. Nem é comutativo, pois envolve apenas interesses comuns, compartidos pelos signatários do acordo. Mas a sua realização permite a incidência de um estatuto normativo especial, previamente estabelecido em lei, cujo pressuposto é exatamente a sua celebração e vigência. Na sua vigência a disciplina geral de determinadas matérias é afastada em favor da aplicação de normas deste estatuto especial, fixado pelo direito objetivo, condicionado à celebração do contrato de autonomia.

Por que, então, denominá-lo contrato? Pela simples razão de ser assim reconhecido em geral, em todo o mundo, por juristas e não juristas, como uma manifestação da referida tendência à "contratualização" no exercício da função administrativa. Se fosse nominado como ato-condição seria provavelmente mais técnico, mas pouco significaria para o administrador comum. Na exata conceituação de CELSO ANTONIO BANDEIRA DE MELLO, atos-condição são "os que alguém pratica incluindo-se, isolada ou mediante acordo com outrem, debaixo de situações criadas por atos-regra, pelo que sujeitam-se às eventuais alterações unilaterais delas".[63]

O Anteprojeto não empregou essa terminologia, mas se aproximou dela: preferiu qualificar o contrato de autonomia, sob o ângulo do supervisor, como forma de autovinculação e, sobre o ângulo do supervisionado, como condição para a fruição das flexibilidades ou autonomias especiais. Enfatiza-se, com isso, por um lado, o aspecto da concessão prática de *autonomias* ao órgão supervisionado, decorrentes de lei, salientando o caráter estatutário ou regulamentar das flexibilidades concedidas, bem como o aspecto do *controle* a ser exercido pelo órgão supervisor, que se autovincula e parametriza o exercício da supervisão.

Mas se não é contrato, como a totalidade dos estudiosos reconhece, porque no desenvolvimento do tema a doutrina brasileira permanece empregando a teoria dos contratos para negar eficácia e

---

63 BANDEIRA DE MELLO, Celso Antonio. Curso de Direito Administrativo. Op. cit, 2009, p. 422.

utilidade a esta modalidade de acordo? Parece contraditório recusar caráter contratual a acordos de gestão, batizados ou não como contratos de gestão ou contratos de autonomia, logo de partida, e tratar durante toda a argumentação esses acordos como contratos, para fins apenas de mais facilmente desqualificá-los como impossíveis e ilegítimos, embora expressamente previstos na lei fundamental do país. Como fato jurídico o acordo de gestão é impossível? Não pode servir de suporte para incidência de normas especiais, enunciadas em lei específica ou leis extravagantes? Não apresenta qualquer utilidade para a determinação das prestações públicas, ou para a coordenação das tarefas administrativas? Não favorece o controle social da atividade administrativa? A doutrina brasileira, no campo do direito administrativo, embora com exceções, revela nítida antipatia e desconfiança em face do novo instituto. Porém, como argutamente observou PONTES DE MIRANDA, não se interpreta a Constituição ou as leis com antipatia:

> Fez-se cânon da Crítica moderna ser-lhe indispensável a *simpatia*. Interpretar a lei não é só criticá-la: é inserir-se nela, e fazê-la viver. A exigência, portanto, cresce de ponto, em se tratando de Constituição. *Com a antipatia não se interpreta, — ataca-se;* porque interpretar é por-se do lado que se interpreta, numa intimidade maior do que permite qualquer anteposição, qualquer contraste, por mais consentinte, mais simpático, que seja, do intérprete e do texto. Portanto, a própria simpatia não basta. É preciso compenetrar-se do pensamento que esponta nas regras jurídicas escritas; e, penetrando-se nelas, dar-lhes a expansão doutrinária e prática, que é o comentário jurídico. Só assim se executa o programa do jurista, ainda que, de quando em vez, se lhe juntem conceitos e correções *de lege ferenda*.[64]

3.5. O contrato de autonomia como ato complexo

Para um relevante segmento doutrinário os acordos de gestão são atos administrativos complexos. Essa categoria aplica-se aos atos administrativos produzidos pela manifestação concomitante ou sucessiva de mais de um órgão do Estado, sintetizada em um ato único,

---

64 MIRANDA, Pontes de. *Comentários à Constituição de 1967, com a Emenda n. 1 de 1969*, Tomo I, Rio de Janeiro, Ed. Forense, 1987, p. 5.

a partir de declarações de órgãos integrantes da mesma pessoa administrativa (complexidade interna) ou de pessoas distintas (complexidade externa).[65]

Nesta direção, EGON BOCKMANN MOREIRA, ao tratar do contrato de gestão firmado pelas autarquias que se qualificarão de agências executivas, explica:

> Essa espécie de contrato de gestão é ato administrativo *plurisubjetivo* (praticado por mais de um sujeito), *unitário* (todas as manifestações fundem-se num só ato), *indivisível* (não admite validade através da fragmentação das manifestações dos agentes) e *unânime* (não admite dissensão). (...)
>
> No caso do contrato de gestão das agências executivas, os órgãos e entidades envolvidos conjugam objetivos e comprometem-se a desenvolver em colaboração os compromissos comuns ali descritos, institucionalizando-se um controle tutelar específico, ao mesmo tempo em que se pretende conferir maior flexibilização e autonomia gerencial à autarquia ou fundação (que somente surgirá depois do decreto presidencial).
>
> Além disso, esse ato administrativo complexo possui conteúdo predominantemente declaratório e constitutivo, exercido nos estreitos limites da competência dos agentes públicos nele envolvidos. Inclusive, pode envolver a delegação de competência da autoridade administrativa superior (Lei nº 9.784/99, arts. 12 ss.). Produz efeitos internos e externos à Administração Pública, na medida em que seu conteúdo desdobra-se mediatamente em face das pessoas privadas.[66]

Não vejo dificuldade em enquadrar os acordos de gestão como atos complexos ou atos de formação complexa. Essa categoria tradicional assimila, embora sob as vestes de ato unilateral, a consensualidade como pressuposto formativo. Não se opõe, tampouco, as concepções anteriores, sobretudo a de ato-condição.

---

[65] Sobre atos complexos, cf., MIRANDA, Sandra Julien. *Do ato administrativo complexo.* São Paulo: Malheiros, 1998, p. 60-61; DI PIETRO, Maria Sylvia Zanella. *Direito Administrativo.* Op. cit., 2009, p. 222; JUSTEN FILHO, Marçal. Curso de Direito Administrativo. Op. cit., p. 306-307; BANDEIRA DE MELLO, Celso Antônio. Curso de Direito Administrativo. Op. cit.,2009, p. 421; CARVALHO FILHO, José dos Santos. Manual de Direito Administrativo. Op. cit.,2009, p. 126; OLIVEIRA, Gustavo Justino. *Contrato de Gestão.* Op. cit, p. 259-261.

[66] CUÉLLAR, Leila; MOREIRA, Egon Bockmann. *Estudos de Direito Econômico.* Belo Horizonte: Fórum, 2004, p. 251.

O acordo de gestão, por isso, quando realizado envolvendo unicamente órgãos ou entidades administrativas, pode ser classificado como *ato-condição de formação complexa, autovinculante para as partes envolvidas, declaratório de compromissos recíprocos, relativos tanto a metas de desempenho quanto à supervisão administrativa, capaz de enquadrar o órgão ou a entidade sob supervisão em normas especiais, mais flexíveis, estabelecidas em leis ou atos infralegais, aplicáveis unicamente enquanto for mantido o fiel cumprimento dos compromissos.*

4. CONCLUSÃO

A Emenda Constitucional n. 19, de 1998, embora frustrada parcialmente em sua implementação, especialmente quanto às normas relacionadas à moralização do sistema remuneratório, conseguiu relativamente em pouco tempo induzir a adoção de novos valores na cultura administrativa: hoje ninguém mais discute a pertinência e a importância da adoção de instrumentos de avaliação de desempenho no setor público. Pode-se criticar a eficácia das formas atualmente concebidas de avaliação, a sua precisão ou amplitude, mas são raras as vozes contrárias a existência de mecanismos de monitoramento, planejamento e verificação de resultados no setor público. A concepção de que a atuação administrativa do Estado se resume ao cumprimento regular da lei perdeu vigência. Exige-se do administrador público, a par do comportamento legal, atuação tempestiva e eficiente às demandas crescentes da sociedade e de diversos órgãos do próprio Estado. O mesmo deve ser exigido dos órgãos de controle, em especial os que realizam função administrativa, pois estão submetidos aos mesmos princípios constitucionais.

É preciso evitar o descontrole do controle, a superposição de controles, o retardamento inútil de medidas saneadores, a falta de motivação de medidas restritivas, a ausência de indicação de alternativas válidas de gestão. Numa palavra, é importante parametrizar o controle e oferecer segurança jurídica ao Estado e os particulares tanto na atividade de controle quanto na atividade de gestão.

A essas exigências comparece o direito administrativo. O direito administrativo não está em crise. Pelo contrário, amplia horizontes, dispondo sobre diferentes domínios da atividade econômica, dos serviços sociais e dos serviços públicos. Ampliou a sua temática e a sua importância. Em crise está o modelo individualista e liberal de direito administrativo implantado no século XIX na França e importado, sem maiores reservas, para o Brasil. O direito administrativo do bloqueio, do formalismo excessivo, do casuísmo e da unilateralidade está em crise. Para esse direito administrativo, o contrato de autonomia parece uma ameaça. Mas deveria ser considerado um aliado: não estimula a fuga para o direito privado, oferecendo uma alternativa, no campo do direito público, para associar legalidade estrita e flexibilidade de gestão, planejamento e transparência, responsabilidade de dirigentes e estímulos à obtenção de melhorias de desempenho, pois esses são valores republicanos, prezados por todos os administrativistas. (Salvador, 27.08.2009).

5. REFERÊNCIAS BIBLIOGRÁFICAS

ABREU, José Manuel Coutinho de. *Sobre os regulamentos administrativos e o princípio da legalidade*. Coimbra: Almedina, 1987.

ARAGÃO, Alexandre Santos. Teoria das autolimitações administrativas: atos próprios, confiança legítima e contradição entre órgãos administrativos. *Revista Eletrônica de Direito Administrativo Econômico* (*REDAE*), Salvador: Instituto Brasileiro de Direito Público, n. 14, mai./jun./jul. 2008. Disponível na Internet: <http://www.direitodoestado.com/revista/REDAE-14-MAIO-2008-ALEXANDRE%20ARAGAO.pdf>.

ARAÚJO, Edmir Netto. Do Negócio Jurídico Administrativo. São Paulo: RT, 1992.

BANDEIRA DE MELLO, Celso Antônio. *O conteúdo jurídico do princípio da igualdade*. 2. ed. São Paulo: Revista dos Tribunais, 1984.

BANDEIRA DE MELLO, Celso. Ato Administrativo e Direito dos Administrados. São Paulo: RT, 1981.

BANDEIRA DE MELLO, Oswaldo Aranha. *Princípios Gerais de Direito Administrativo*, Tomo II, Forense, 1969.

BANDEIRA DE MELLO, Oswaldo Aranha. *Princípios gerais de direito administrativo*. São Paulo: Forense, 1969. v. 1.

BAPTISTA, Patrícia. *Transformações do direito administrativo*. Rio de Janeiro: Renovar, 2003.

BOBBIO, Norberto. *Teoría General del Derecho*. Trad. Eduardo Rozo Acuña. Bogotá, Editorial Temis, 1987.

CASSAGNE, Juan Carlos. *Derecho Administrativo*. Tomo I. 7ª. Ed. Buenos Aires: Abeledo-Perrot, 2002.

CHASSAGNARD-PINET, Sandrine; HIEZ, David (Org.). *Approche critique de la contractualisation*. Paris: L.G.D.J., 2007.

CHEVALLIER, Jacques. *O estado pós-moderno*. Tradução de Marçal Justen Filho. Belo Horizonte: Fórum, 2009. p. 161.(na edição francesa, *L'état post-moderne*, Paris: L.G.D.J., 2003.

COMPARATO, Fábio Konder. *O Poder de Controle na Sociedade Anônima*, 3ª. ed, Rio de Janeiro, Forense, 1983.

CORREIA, José Manuel Sérvulo. *Legalidade e autonomia contratual nos contratos administrativos*. Coimbra: Almedina, 1987.

CUÉLLAR, Leila; MOREIRA, Egon Bockmann. *Estudos de Direito Econômico*. Belo Horizonte: Fórum, 2004.

FERRAZ, Sergio. *3 estudos de direito*. São Paulo: Revista dos Tribunais, 1977.

FERREIRA, Sérgio de Andréa. *Comentários à Constituição*, 3º. Vol. Rio de Janeiro: Freitas Bastos, 1991.

FREITAS, Juarez. O controle dos atos administrativos e os princípios fundamentais. 3. ed. São Paulo: Malheiros, 2004.

FRIED, Charles. *Contrato como promessa: uma teoria de obrigação contratual*. Trad. Sérgio Duarte. Rio de Janeiro: Elsevier, 2008.

GAMA, João Taborda da. Promessas Administrativas: da decisão de autovinculação ao acto devido. Coimbra: Coimbra Editora, 2008.

GARCIA DE ENTERRIA, Eduardo; FERNANDEZ, Tomas-Ramon. *Curso de derecho administrativo*. Madrid: Civitas, 1998. t. I.

JUSTEN FILHO, Marçal. *O Direito das Agências Reguladoras Independentes*. São Paulo: Dialética.

MAIRAL, Héctor. *La doctrina de los propios actos y la administración pública*. Buenos Aires: Depalma, 1994. p. 133-154. Cf. também: BORDA, Alejandro. *La teoría de los actos propios*. 4. ed. Buenos Aires: Abeledo-Perrot, 2005.

MAURER, Hartmut. *Elementos de direito administrativo alemão*. Porto Alegre: Sergio Fabris, 2001.

MEIRELLES, Hely. *Direito Administrativo Brasileiro. 31ª*. Ed. Atualizada por Eurico de Andrade Azevedo, Délcio Balestero Aleixo e José Emmanuel Burle Filho. São Paulo: Melheiros, 2005.

MELLO, Marcos Bernardes de. *Teoria do fato jurídico: plano da eficácia – 1ª. Parte*. São Paulo: Saraiva, 2003.

MIRANDA, Pontes de. *Comentários à Constituição de 1967, com a Emenda n. 1 de 1969*, Tomo I, Rio de Janeiro, Ed. Forense, 1987.

MIRANDA, Pontes de. *Tratado de Direito Privado*. Parte Geral. Tomo V. Campinas: Bookseller, 2000.

MIRANDA, Sandra Julien. *Do ato administrativo complexo*. São Paulo: Malheiros, 1998.

MODESTO, Paulo. Globalização e Administração Pública Indireta, 2002, op. cit., p. 6, disponível também na internet: http://www.direitodoestado.com/revista/REDAE-7-AGOSTO-2006-PAULO%20MODESTO%202.pdf Acesso em 03/10/2009.

MODESTO, Paulo. Legalidade e autovinculação da administração pública: pressupostos conceituais do contrato de autonomia no anteprojeto da nova lei de organização administrativa. In: Modesto, Paulo (org.). *Nova Organização Administrativa Brasileira*. Minas Gerais, Ed. Fórum, 2009.

MONCADA, Luis Cabral de. *Lei e regulamento*. Coimbra: Coimbra Ed., 2002.

MOREIRA, Vital. *Administração Autónoma e Associações Públicas*. Coimbra, Coimbra Editora, 1997.

MOREIRA NETO, Diogo de Figueiredo. Curso de Direito Administrativo. Rio de Janeiro: Forense, 1996.

MOREIRA NETO, Diogo Figueiredo. *Apontamentos sobre a reforma administrativa*. Rio de Janeiro: Renovar, 1999.

MOTTA, Fabrício. *Função normativa da administração pública*. Belo Horizonte: Fórum, 2007.

NOBRE JUNIOR, Edilson Pereira. *O princípio da boa-fé e sua aplicação no direito administrativo brasileiro*. Porto Alegre: Sergio Fabris, 2002.

OLIVEIRA, Gustavo Justino de. Contrato de Gestão. São Paulo, Ed. RT, 2008.

PASTOR, SANTAMARÍA PASTOR. *Principios de Derecho Administrativo General*, Tomo I, Madrid: Iustel, 2004.

PIELOW, Johann-Christian. Integración del ordenamiento jurídico: autovinculaciones de la administración. In: MUÑOZ, Guilermo Andrés; SALOMONI, Jorge Luis. *Problemática de la administración contemporánea*: uma comparación europeo-argentina. Buenos Aires: Ad-Hoc, 1997.

PONDÉ, Lafayette. *Estudos de direito administrativo*. Belo Horizonte, Del Rey, 1995.

REALE, Miguel. Lições Preliminares de Direito. São Paulo: Saraiva, 1976.

SCHIRATO, Vitor Rhein. Discricionariedade e poder sancionador: uma breve análise da proposta de regulamento da ANATEL. *Revista Eletrônica de Direito Administrativo Econômico – REDAE*, Salvador: Instituto Brasileiro de Direito Público, n. 17, fev./mar./abr. 2009. Disponível na internet: <http://www.direitodoestado.com/revista/REDAE-17-FEVEREIRO-2009--VITOR%20RHEIN.pdf>.

SILVA, Vasco Manuel Pascoal Dias Pereira da. *Em busca do acto administrativo perdido*. Coimbra: Almedina, 1996.

SOUZA, António Francisco de. *O controlo jurisdicional da discricionariedade e das decisões de valoração e prognose*. Disponível na internet: <http://rca.meticube.com/RCA/Documents/doc18.rtf>. Acesso em: 20.09.2009.

SUNDFELD, Carlos Ari. *Ato Administrativo Inválido*. São Paulo: RT.

TAUBNER, Gunther. *O Direito como sistema autopoiético*. Trad. José Engrácia Antunes. Lisboa: Fundação Calouste Gulbenkian, 1989.

VALLE, Vanice Lírio do. Dever constitucional de enunciação de políticas públicas e autovinculação: caminhos possíveis de controle jurisdicional. *Fórum Administrativo*, Belo Horizonte, ano 7, n. 82, dez. 2007.

VILANOVA, Lourival. *Causalidade e Relação no Direito*. 4ª. Ed., São Paulo, Revista dos Tribunais, 2000.

CAPÍTULO 8

PRECEDENTES ADMINISTRATIVOS NO BRASIL

RAFAEL CARVALHO REZENDE OLIVEIRA[1]

Sumário • 1. Introdução. 2. Precedentes administrativos: conceito, características e fundamentos. 3. A teoria dos precedentes administrativos no Direito comparado e no Brasil. 4. Autovinculação e os precedentes administrativos. 5. Precedentes judiciais e administrativos no Brasil: a aproximação entre o *common law* e o *civil law*. 6. Precedentes administrativos e institutos afins. 6.1. Praxe administrativa. 6.2. Costumes. 6.3. Teoria dos atos próprios (*nemo potest venire contra factum proprium*). 6.4. Analogia. 7. Requisitos para aplicação dos precedentes administrativos. 8. Aplicação e superação dos precedentes administrativos: analogia, *distinguishing* e *overruling*. 9. Conclusões. 10. Referências bibliográficas.

1. INTRODUÇÃO

O presente estudo pretende apresentar a teoria dos precedentes administrativos e demonstrar a sua aplicação no ordenamento jurídico pátrio.

A análise dos precedentes administrativos tem sido bastante difundida no direito comparado, especialmente na Europa continental

[1] Pós-doutor pela *Fordham University School of Law* (*New York*). Doutor em Direito pela UVA-RJ. Mestre em Teoria do Estado e Direito Constitucional pela PUC-RJ. Especialista em Direito do Estado pela UERJ. Professor Titular de Direito Administrativo do IBMEC. Professor do Programa de Pós-graduação *Stricto Sensu* em Direito – Mestrado e Doutorado do PPGD/UVA. Professor de Direito Administrativo da EMERJ e do curso FORUM. Professor dos cursos de Pós-Graduação da FGV e Cândido Mendes. Membro do Instituto de Direito Administrativo do Estado do Rio de Janeiro (IDAERJ). Presidente do Conselho editorial interno da Revista Brasileira de *Alternative Dispute Resolution* (RBADR). Membro da lista de árbitros do Centro Brasileiro de Mediação e Arbitragem (CBMA). Ex-Defensor Público Federal. Procurador do Município do Rio de Janeiro. Sócio-fundador do escritório Rafael Oliveira Advogados Associados. Árbitro e consultor jurídico. *E-mail*: contato@roaa.adv.br.

e na América Latina, e merece aprofundamento no ordenamento pátrio.[2]

No Brasil, o estudo dos precedentes judiciais foi intensificado com a promulgação do Código de Processo Civil de 2015 que adotou, de forma adaptada, a teoria dos precedentes, revelando uma aproximação do nosso sistema processual com aquele adotado nos países do *common law*.

Contudo, a análise dos precedentes administrativos ainda é embrionária no Brasil, o que justifica a necessidade de intensificação do debate sobre o tema.

Conforme será destacado ao longo do texto, a legitimidade da Administração Pública pressupõe, necessariamente, uma atuação coerente e ética, o que engloba, naturalmente, o respeito aos seus próprios precedentes.

O presente trabalho pretende apresentar uma teoria dos precedentes administrativos compatível com o ordenamento jurídico pátrio e necessária para implementação de uma Administração Pública coerente.

2. PRECEDENTES ADMINISTRATIVOS: CONCEITO, CARACTERÍSTICAS E FUNDAMENTOS

O precedente administrativo pode ser conceituado como a norma jurídica retirada de decisão administrativa anterior, válida e de acordo com o interesse público, que, após decidir determinado caso

---

[2] Ao tratar das transformações do direito, Diogo de Figueiredo Moreira Neto destacou o esgotamento do positivismo jurídico e a relevância do Direito jurisprudencial, com a utilização das velhas lições de flexibilidade e de adaptação, típicas do *common law*, para "a recriação de um Direito não mais apenas obra de legisladores, olímpicos e distantes, mas também a de juízes e de juristas, de operadores do Direito, no dia a dia de sua interpretação e aplicação." MOREIRA NETO, Diogo de Figueiredo. *Mutações do Direito Público*, Rio de Janeiro: Renovar, 2006, p. 234. Para o aprofundamento do tema, remetemos o leitor ao nosso livro: OLIVEIRA, Rafael Carvalho Rezende. *Precedentes no Direito Administrativo*, São Paulo: Método, 2018.

concreto, deve ser observada em casos futuros e semelhantes pela Administração Pública.[3]

O precedente administrativo pode surgir da prática reiterada e uniforme de atos administrativos em situações similares. Todavia, é oportuno esclarecer que a reiteração de decisões em casos semelhantes não é uma condição necessária para a criação do precedente, ainda que esse fator contribua para maior estabilidade do ordenamento e confiança dos administrados. Em verdade, uma única decisão administrativa pode ser considerada precedente administrativo a ser seguido em casos semelhantes, em razão do princípio da igualdade e de outros princípios que serão indicados no tópico seguinte.[4]

A partir do conceito sugerido, é possível retirar algumas características básicas dos precedentes administrativos, a saber: a) os precedentes administrativos são normas jurídicas com caráter vinculante ou obrigatório, o que demonstra que são fontes do Direito Administrativo, cujo descumprimento acarreta consequências jurídicas; b) os precedentes administrativos pressupõem decisão administrativa concreta, válida e de acordo com o interesse público, razão pela qual se exclui da sua conceituação, em princípio, os atos regulamentares (ou normativos) e as decisões ilegais; e c) a força vinculante dos precedentes administrativos se aplica aos casos futuros, que serão decididos pela Administração Pública, o que pressupõe identidade objetiva (situações fático-jurídicas semelhantes) e subjetiva (decisões provenientes da mesma entidade administrativa) entre os casos.

A exigência de coerência no exercício da atividade estatal, que justifica a necessidade de respeito aos precedentes, aplica-se aos

3 OLIVEIRA, Rafael Carvalho Rezende. *Precedentes no Direito Administrativo*, São Paulo: Método, 2018, p. 95. Sobre as definições de precedentes administrativos, vide: DÍEZ-PICAZO, Luis Mª. La doctrina del precedente administrativo. In: *Revista de Administración Pública (RAP)*, Marid, n. 98, may.-ago., 1982, p. 7; ORTIZ DÍAZ, José. El precedente administrativo. *Revista de Administración Pública* (RAP), n. 24, Madrid, sep./dic. 1957, p. 102.

4 ORTIZ DÍAZ, José. El precedente administrativo. *Revista de Administración Pública* (RAP), n. 24, Madrid, sep./dic. 1957, p. 103; SANTOFIMIO GAMBOA, Jaime Orlando. La fuerza de los precedentes administrativos en el sistema jurídico del derecho positivo colombiano. In: *Revista de Derecho de la Universidad de Motevideo*, vol. 10, n. 20, 2011, p.152.

processos jurisdicional, legislativo e administrativo. É possível, portanto, aplicar, com as devidas adaptações, as ideias subjacentes à teoria dos precedentes judiciais aos processos administrativos, cujas decisões seriam qualificadas como precedentes administrativos que devem ser observados em processos administrativos futuros e semelhantes, garantindo-se, desta forma, tratamento isonômico entre particulares e a proteção da boa-fé e da confiança legítima.[5]

É possível afirmar que os precedentes e o dever de coerência estatal se fundamentam nos seguintes princípios constitucionais:[6] **a) princípio da igualdade**: os casos semelhantes envolvendo particulares diversos devem ser tratados de forma isonômica, sendo vedada a discriminação desproporcional entre pessoas que se encontram em situações fáticas e jurídicas similares; **b) princípios da segurança jurídica, boa-fé e proteção da confiança legítima**: a previsibilidade, a lealdade e a coerência da ação administrativa, com a dispensa de tratamento uniforme aos casos semelhantes, garantem segurança jurídica e protegem a boa-fé e as expectativas legítimas dos particulares; **c) princípios da razoabilidade e proporcionalidade**: o respeito aos seus próprios precedentes evita a prática de arbitrariedades administrativas; **d) princípio da eficiência**: a atuação coerente da Administração tem o potencial de desestimular a litigância administrativa e a judicialização da questão decidida, bem como de agilizar a atividade administrativa.

Além dos argumentos constitucionais, a teoria dos precedentes administrativos encontra respaldo na legislação que trata do processo administrativo. Nesse sentido, em âmbito federal, o art. 2º, parágrafo único, XIII, da Lei 9.784/1999 (Lei do Processo Administrativo

---

5 De acordo com Pedro Moniz Lopes: "Fazendo um claro apelo aos congêneres precedentes judiciais e ao princípio geral do *stare decisis*, o precedente administrativo surge como o maior símbolo da padronização decisória formadora, per se, de uma normatividade própria ou, sendo caso disso, através da criação do substrato factual necessário para suscitar a previsão da norma da tutela da confiança". LOPES, Pedro Moniz. *Princípio da boa-fé e decisão administrativa*, Coimbra: Almedina, 2011, p. 328.

6 DÍEZ-PICAZO, Luis Mª. La doctrina del precedente administrativo. In: *Revista de Administración Pública (RAP)*, Marid, n. 98, may.-ago., 1982, p. 9.

Federal) dispõe que a interpretação da norma administrativa deve ser realizada da forma que melhor garanta o atendimento do fim público a que se dirige, "vedada aplicação retroativa de nova interpretação".[7]

A preocupação com a coerência na ação administrativa, evitando mudanças repentinas e sucessivas de interpretação, pode ser encontrada, ainda, no art. 50, VII da Lei 9.784/1999 que exige a motivação, com indicação dos fatos e fundamentos jurídicos, dos atos administrativos que "deixem de aplicar jurisprudência firmada sobre a questão ou discrepem de pareceres, laudos, propostas e relatórios oficiais".

Mencione-se, ainda, o Código de Processo Civil (CPC/2015) que consagrou a teoria dos precedentes judiciais, com adaptações do seu modelo originário do *common law*, bem como a necessidade de uniformização jurisprudencial, o que impacta, inclusive, nos processos administrativos. Isto porque o art. 15 do CPC/2015 dispõe que "na ausência de normas que regulem processos eleitorais, trabalhistas ou administrativos, as disposições deste Código lhes serão aplicadas supletiva e subsidiariamente".[8]

A questão, que pode gerar certa divergência, é como interpretar o referido art. 15 do CPC/2015: a incidência do Código seria ampla, abrangendo todos os processos administrativos federais, estaduais, distritais e municipais, ou, ao contrário, seria restrita aos processos administrativos federais?

De um lado, parcela da doutrina sustenta a competência da União para fixar normas gerais de processo administrativo, que seriam aplicadas nacionalmente.[9] De outro lado, há o entendimento de

7 A vedação da retroatividade da nova interpretação administrativa fundamenta-se na necessidade de proteção da boa-fé e da confiança legítima do administrado, que não pode ser surpreendido com a alteração da interpretação da Administração, razão pela qual entendemos que nada obsta a retroatividade da nova interpretação administrativa desde que esta seja favorável aos administrados.

8 De forma semelhante, Egon Bockmann Moreira sustenta a aplicação dos arts. 926 a 928 do CPC/2015 aos processos administrativos. MOREIRA, Egon Bochmann. *Processo administrativo*, 5. ed., São Paulo: Malheiros, 2017, p. 84.

9 De acordo com Marçal Justen Filho, "A União detém competência privativa para legislar sobre direito processual (art. 22, I, da CF/1988). A competência para legislar sobre proce-

que a competência para legislar sobre processos administrativos seria reconhecida aos Entes federados, inexistindo previsão constitucional de competência para União dispor sobre normas gerais,[10] o que poderia gerar a interpretação de que as normas processuais, judiciais ou administrativas, oriundas da União não se aplicariam aos processos administrativos estaduais, distritais e municipais.

Entendemos que as normas que tratam dos precedentes judiciais devem ser aplicadas aos processos administrativos. Isto porque, independentemente do entendimento sobre a aplicação do CPC a todos os processos administrativos ou apenas aos processos administrativos federais, certo é que a necessidade de aplicação dos precedentes judiciais aos processos administrativos em geral decorre do princípio da eficiência (evita a judicialização de questões já decididas pelo Poder Judiciário), da impessoalidade (tratamento isonômico do Estado juiz e Estado administrativo a todos os jurisdicionados), da segurança jurídica (estabilização das expectativas dos administrados em relação às condutas estatais e uniformização de tratamento); dentre outros.[11]

---

dimentos é concorrente entre os diversos entes federativos. Nesse caso, cabe à União a edição de normas gerais e aos Estados e ao Distrito Federal a suplementação ou a complementação delas (art. 24, XI e §2º, da CF/1988). Daí segue que as normas gerais e os princípios fundamentais contemplados na Lei 9.784/1999 são de observância obrigatória para todos os entes federativos". JUSTEN FILHO, Marçal. *Curso de Direito Administrativo*, 10. ed., São Paulo: RT, p. 361. De forma semelhante: GUIMARÃES, Bernardo Strobel. Âmbito de validade da Lei de Processo Administrativo (Lei 9.784/1999) – para além da Administração Federal. *RDA*, 235, jan./mar., 2004, p. 233-255. Lembre-se que a Súmula 633 do STJ dispõe: "A Lei n. 9.784/1999, especialmente no que diz respeito ao prazo decadencial para a revisão de atos administrativos no âmbito da Administração Pública federal, pode ser aplicada, de forma subsidiária, aos estados e municípios, se inexistente norma local e específica que regule a matéria."

10 Nesse sentido: CARVALHO FILHO, José dos Santos. *Processo Administrativo Federal: comentários à Lei nº 9.784, de 29/1/1999*, 24ª ed., Rio de Janeiro: Lumen Juris, 2009, p. 41; NOHARA, Irene Patrícia; MARRARA, Thiago. *Processo Administrativo: Lei nº 9.784/99 comentada*, São Paulo: Atlas, 2009, p. 29/30. O próprio art. 1º da Lei 9.784/1999 dispõe que as respectivas normas de processo administrativo são aplicadas "no âmbito da Administração Federal direta e indireta".

11 Defendemos a necessidade de aplicação dos precedentes judiciais vinculantes aos processos administrativos em nossa obra: OLIVEIRA, Rafael Carvalho Rezende. *Precedentes no Direito Administrativo*, São Paulo: Método, 2018, p. 146-154. Registre-se que a nossa tese foi recentemente positivada na Lei 8.972, de 13 de janeiro de 2020, do Estado do Pará que dispõe: "Art. 4º Os processos administrativos deverão observar, entre outros, os seguintes

Aliás, o processo administrativo pode ser caracterizado como um microssistema normativo que se insere no sistema do Direito Processual. A autonomia do processo administrativo decorre de suas regras e princípios específicos, que não se confundem com aqueles aplicados aos demais microssistemas processuais (processo civil, penal, trabalhista etc.), mas a referida autonomia não impede o diálogo com o processo civil por meio de analogias ou interpretações extensivas.

3. A TEORIA DOS PRECEDENTES ADMINISTRATIVOS NO DIREITO COMPARADO E NO BRASIL

O estudo da teoria dos precedentes administrativos tem sido intensificado nos países que adotam o sistema de dualidade de jurisdição, especialmente pelo fato de que o contencioso administrativo segue uma lógica semelhante ao processo judicial. O órgão responsável pela jurisdição administrativa, que não integra a estrutura do Judiciário, possui elevada autonomia em relação à Administração Pública, que é parte no conflito de interesses. Vale dizer: tal como ocorre no processo judicial, no contencioso administrativo existe um juiz (administrativo) que não é parte interessada no processo.[12]

critérios: (...) XIV – respeito às decisões judiciais vinculativas que firmem tese jurídica (...) Art. 60. A Administração tem o dever de expressamente se pronunciar e emitir decisão sobre todos os assuntos da sua competência que lhes sejam apresentados, nos processos administrativos e sobre solicitações, petições, representações ou reclamações. (...) § 2º A decisão deverá considerar, necessariamente, enunciado de súmula vinculante dos Tribunais Superiores, bem como as orientações jurídicas firmadas em âmbito estadual, quando for o caso. (...) Art. 62. Os atos administrativos deverão ser motivados, com indicação dos fatos, dos fundamentos jurídicos e atos probatórios, especialmente quando: (...) VII – deixem de aplicar jurisprudência firmada sobre a questão ou divirjam de pareceres, laudos, propostas e relatórios oficiais, súmulas de Tribunais Superiores e orientações jurídicas vinculativas emitidas por órgão competente".

12 Na França, por exemplo, a dualidade de jurisdição é representada pelo Conselho de Estado (*Conseil d'Etat*) e pela Corte de Cassação (*Cour de Cassation*), responsáveis, respectivamente, pela jurisdição administrativa e pela jurisdição comum. Os conflitos de competência entre as duas Cortes são resolvidos pelo Tribunal de Conflitos. Registre-se, ainda, que o Conselho de Estado francês exerce a função consultiva, com a expedição de recomendações (*avis*), e a função contenciosa por meio de decisões (*arrêts*) sobre conflitos envolvendo a juridicidade das atividades administrativas.

Em consequência, nesses países os processos submetidos ao contencioso administrativo e à jurisdição comum ou ordinária são semelhantes, o que justifica, em grande medida, a aplicação dos mesmos princípios e da mesma lógica, inclusive da teoria dos precedentes.

Por outro lado, nos países que adotam o sistema de unidade de jurisdição, com a consagração do princípio da inafastabilidade de controle jurisdicional, tal como ocorre no Brasil (art. 5º, XXXV, da CRFB), as diferenças entre os processos administrativos e os judiciais são marcantes, mas esse fator não impede a adoção da teoria dos precedentes administrativos com as necessárias adaptações.

A possibilidade de instauração de processos administrativos de ofício, a atribuição da tarefa de julgar o conflito à Administração Pública, que é parte do processo, e a possibilidade de revisão da decisão administrativa final pelo Judiciário são algumas características dos processos administrativos que não são encontradas nos processos judiciais.

Talvez por essa razão, sem desconsiderar outros possíveis fatores, o legislador e os operadores do direito em geral tenham demorado a reconhecer a importância do processo administrativo para a promoção e a defesa dos direitos fundamentais. Em âmbito federal, apenas na década de 90 foi elaborada a Lei de Processo Administrativo (Lei 9.784/1999), com o objetivo de limitar e condicionar os poderes das autoridades administrativas e proteger os indivíduos contra eventuais arbitrariedades.[13]

A crescente importância do direito processual administrativo no Brasil justifica a aplicação, com as devidas adaptações, de normas típicas do processo judicial aos processos administrativos, com o objetivo

[13] De acordo com Carlos Ari Sundfeld, a lei geral de processo administrativo não regula apenas os processos administrativos em sentido estrito, mas toda a atividade decisória da Administração, abrindo caminho para a construção do direito processual administrativo brasileiro. SUNDFELD, Carlos Ari. *Processo e procedimento administrativo no Brasil. In: As Leis de Processo Administrativo (Lei Federal 9.784/99 e Lei Paulista 10.177/98)*, São Paulo: Malheiros, 2006, p. 19 e 33.

de garantir a aplicação dos princípios e dos direitos fundamentais aos indivíduos em geral (jurisdicionados ou administrados).[14]

As diferenças entre os processos judicial e administrativo exigem, evidentemente, adaptações da teoria dos precedentes, oriunda do sistema do *common law*, à função administrativa exercida por entidades da Administração Pública, especialmente em países que adotam o sistema da unidade de jurisdição, assim como ocorre no Brasil. Em razão disso, não se pode admitir a aplicação automática da teoria anglo-saxônica dos precedentes judiciais ou da teoria dos precedentes administrativos, elaborada em países que adotam o sistema do contencioso administrativo, ao ordenamento jurídico brasileiro.

A teoria dos precedentes administrativos foi reforçada com o art. 30, *caput* e parágrafo único, da Lei de Introdução às Normas de Direito Brasileiro (LINDB), inserido pela Lei 13.655/2018. De acordo com a referida norma, a atuação das autoridades públicas deve ser pautada pelo incremento da segurança jurídica, inclusive por meio de regulamentos, súmulas administrativas e respostas a consultas, que terão caráter vinculante em relação ao órgão ou entidade a que se destinam.

Nesse contexto, surge a necessidade de investigar a teoria dos precedentes administrativos à brasileira, compatível com as características da Administração Pública e do ordenamento jurídico pátrio.

O estudo da teoria dos precedentes administrativos no Brasil possui relevância no atual estágio de evolução do Direito. Em primeiro lugar, a partir da ideia de que a juridicidade da ação administrativa não depende apenas do respeito ao princípio da legalidade, mas, também, dos demais princípios constitucionais, expressos e implícitos,

---

14 A processualização da atividade administrativa é uma tendência do Direito Administrativo pátrio, especialmente pelos seguintes fundamentos: a) legitimidade: permite maior participação do administrado na elaboração das decisões administrativas, reforçando, com isso, a legitimidade da atuação estatal; b) garantia: confere maior garantia aos administrados, especialmente nos processos punitivos, com o exercício da ampla defesa e do contraditório; c) eficiência: formulação de melhores decisões administrativas a partir da manifestação de pessoas diversas (agentes públicos e administrados). MEDAUAR, Odete. *A processualidade no direito administrativo*, 2ª. ed., São Paulo: RT, 2008. p. 65-74; OLIVEIRA, Rafael Carvalho Rezende. *Curso de Direito Administrativo*, 8ª. ed., Rio de Janeiro: Método, 2020, p. 354.

verifica-se que a ação estatal deve ser pautada, por exemplo, pela efetividade da segurança jurídica, da boa-fé, da proteção da confiança legítima, da igualdade, dentre outros princípios, o que demonstra a necessidade de coerência na atuação da Administração, o que pode ser garantido a partir do respeito aos seus próprios precedentes.[15]

Em segundo lugar, a inflação legislativa, a textura aberta dos princípios jurídicos, a crescente utilização de conceitos legais abertos ("indeterminados"), bem como a baixa densidade normativa de determinadas leis, demonstram a crescente importância da atividade administrativa na interpretação do ordenamento jurídico e na definição dos direitos e deveres dos administrados. Nesse contexto, as ponderações e as interpretações empreendidas pela Administração Pública em casos semelhantes não podem ser contraditórias entre si, sob pena de violação aos primados do Estado Democrático de Direito.

O estudo dos precedentes administrativos tem se intensificado nos últimos anos nos países ibero-americanos, tais como: Espanha, Argentina, Uruguai, Colômbia, Peru, Bolívia, Nicaragua, Guatemala, Venezuela, etc.[16] Não obstante a relevância do tema no direito comparado, no Brasil, salvo raras exceções, o estudo dos precedentes administrativos ainda é embrionário e merece ser aprofundado.[17]

---

15 DÍEZ-PICAZO, Luis Mª. La doctrina del precedente administrativo. In: *Revista de Administración Pública (RAP)*, Marid, n. 98, may.-ago., 1982, p. 43.

16 Sobre o tema, vide: DÍEZ SASTRE, Silvia. *El precedente administrativo*: fundamentos y efcácia vinculante, Madrid: Marcial Pons, 2008; ORTIZ DÍAZ, José. El precedente administrativo. *Revista de Administración Pública*, Madrid, Centro de Estudios Constitucionales, n. 24, p. 75-116, sep./dic. 1957; DÍEZ-PICAZO, Luis Mª. La doctrina del precedente administrativo. In: Revista de Administración Pública (RAP), Marid, n. 98, p. 7-46, may.-ago., 1982; MAIRAL, Héctor A. *La doctrina de los actos propios y la Administración Pública*, Buenos Aires: Depalma, 1994; RODRÍGUEZ-ARANA MUÑOZ, Jaime; SENDÍN GARCÍA, Miguel Ángel; PÉREZ HUALDE, Alejandro et al. (Coords.). *Fuentes del Derecho Administrativo*: tratados internacionales, contratos como regla de derecho, jurisprudência, doctrina y precedente administrativo, Buenos Aires: RAP, 2010.

17 Mencione-se exemplificativamente: CARVALHO, Gustavo Marinho de. *Precedentes administrativos no Direito brasileiro*, São Paulo, 2013; MARRARA, Thiago. A boa-fé do administrado e do administrador como fator limitativo da discricionariedade administrativa. *Revista de Direito Administrativo*, Rio de Janeiro, v. 259, p. 207-247, jan./abr. 2012; MODESTO, Paulo. Legalidade e autovinculação da Administração Pública: pressupostos conceituais do contrato de autonomia no anteprojeto da nova lei de organização administrativa. MODESTO,

4. AUTOVINCULAÇÃO E OS PRECEDENTES ADMINISTRATIVOS

No contexto do Estado Democrático de Direito, a Administração Pública está subordinada não apenas às leis, mas também aos princípios jurídicos, naquilo que se convencionou denominar de princípio da juridicidade.[18] O Direito Administrativo funda-se na necessidade de efetivação dos direitos fundamentais, o que demonstra a impossibilidade de atuações administrativas completamente livres, caprichosas e autoritárias.

Nesse cenário, a vinculação da Administração Pública relaciona-se não apenas com os atos externos, provenientes de outros Poderes (leis e decisões judiciais), mas, também, com os seus próprios atos administrativos (individuais e normativos) e práticas administrativas.[19]

Por esta razão, quanto à origem, a vinculação administrativa pode ser dividida em duas espécies:[20] **a) heterovinculação (ou vinculação externa)**: a vinculação decorre de atos externos à Administração Pública (ex.: Constituição, leis e decisões judiciais); e **b) autovinculação (ou vinculação interna)**: a vinculação decorre dos próprios atos e condutas da Administração (ex.: atos administrativos

---

Paulo (Coord.). Nova organização administrativa brasileira, Belo Horizonte: Fórum, 2009. p. 113-169; ARAGÃO, Alexandre Santos de. Teoria das autolimitações administrativas: atos próprios, confiança legítima e contradição entre órgãos administrativos. *Revista Eletrônica de Direito Administrativo Econômico* (REDAE), Salvador, Instituto Brasileiro de Direito Público, n. 14, p. 1-15, mai./jul. 2008. Disponível em: <http://www.direitodoestado.com.br/codrevista.asp?cod=290>. Acesso em: 12/01/2016.

18 Sobre a expressão, vide: OTERO, Paulo. *Legalidade e Administração Pública: o sentido da vinculação administrativa à juridicidade*, Coimbra: Almedina, 2003, p. 381-382.

19 A autovinculação administrativa pode decorrer de atividades ou de condutas administrativas diversas, tais como os atos administrativos normativos, os atos internos, as práticas administrativas continuadas, os atos individuais, as promessas administrativas etc. Sobre as classificações da autovinculação administrativa, vide: DÍEZ SASTRE, Silvia. *El precedente administrativo: fundamentos y eficácia vinculante*, Madrid: Marcial Pons, 2008, p. 190-191; MODESTO, Paulo. Autovinculação da Administração Pública. In: *Revista Eletrônica de Direito do Estado*, Salvador, Instituto Brasileiro de Direito Público, n. 24, out./dez., 2010, p. 7. Disponível em: Acesso em: ⊠www.direitodoestado.com.br⊠. Acesso em: 12/01/2016.

20 OTERO, Paulo. *Legalidade e Administração Pública: o sentido da vinculação administrativa à juridicidade*, Coimbra: Almedina, 2003, p. 381-382.

individuais e normativos, praxe administrativa, promessas administrativas, contratos).

Não é razoável conceber que a Administração Pública exerça suas atividades de forma aleatória e irracional, o que acarretaria insegurança jurídica e colocaria em risco a efetividade dos direitos fundamentais. A previsibilidade gerada pela atuação administrativa coerente é uma exigência do Estado Democrático de Direito, bem como dos princípios da segurança jurídica, da razoabilidade e da isonomia.

A ideia da autovinculação administrativa (*Selbstbindung*) surge na Alemanha no século XIX, inicialmente atrelada ao princípio da igualdade no âmbito da aplicação administrativa da lei, com o objetivo de evitar o cometimento de arbitrariedades no exercício da discricionariedade administrativa.[21] Posteriormente, a autovinculação administrativa foi conectada, também, com o princípio da proteção da proteção da confiança legítima, protegendo os cidadãos contra caprichos e arbitrariedades do Poder Público, notadamente no campo das promessas estatais descumpridas ou da revogação arbitrária de atos administrativos.[22]

A autovinculação administrativa não acarreta benefícios apenas para os particulares. A própria Administração Pública aufere vantagens com a sua atuação coerente e não contraditória, tais como: a celeridade da resposta às demandas repetitivas; a redução da litigiosidade; a diminuição das incertezas, dos riscos e dos custos das relações jurídico-administrativas; e a maior aceitação dos particulares

---

[21] Hartmut Maurer, ao tratar da autovinculação administrativa no Direito Alemão, afirma que a Administração infringe o princípio da igualdade quando se desvirtua de sua prática administrativa sem fundamento jurídico justificador. MAURER, Hartmut. *Direito Administrativo Geral*, Barueri: Manole, 2006, p. 706. Atualmente, a autovinculação é reconhecida, com algumas peculiaridades em relação à concepção alemã, no âmbito da União Europeia. DÍEZ SASTRE, Silvia. *El precedente administrativo: fundamentos y eficácia vinculante*, Madrid: Marcial Pons, 2008, p. 176-181 e 210-220.

[22] Sobre a aplicação do princípio da proteção da confiança legítima no Direito Administrativo, vide: OLIVEIRA, Rafael Carvalho Rezende. *Princípios do Direito Administrativo*, 2ª ed., São Paulo: Método, 2013, p. 163-189.

às suas decisões e, por consequência, o reforço da legitimidade de sua atuação.[23]

A função principal da autovinculação é limitar a discricionariedade administrativa a partir dos princípios da igualdade, da segurança jurídica, da boa-fé, da proteção da confiança legítima, dentre outros princípios. A margem de liberdade reconhecida pelo legislador ao administrador público para eleger o melhor caminho administrativo na satisfação do interesse público não significa um cheque em branco para adoção de medidas desproporcionais, desiguais e contrárias à boa-fé. É necessário garantir que a atuação administrativa seja coerente e não contraditória no Estado Democrático de Direito.

Apesar de sua ligação inicial com a atuação administrativa discricionária, a ideia de autovinculação, posteriormente, foi alargada para abranger, não livre de controvérsias doutrinárias, as atuações vinculadas, as atividades prestacionais e as relações de sujeição especial envolvendo a Administração Pública e os administrados.

Por fim, é oportuno destacar que a autovinculação não significa o engessamento administrativo e deve ser concebida de forma relativa (e não absoluta). Isto porque a autovinculação envolve a tensão entre a busca de continuidade e de previsibilidade da ação administrativa, por um lado, e a necessidade de inovação e de flexibilidade por parte da Administração para atender às mutações sociais, tecnológicas, políticas, econômicas e culturais.[24]

---

23 De forma semelhante, vide: MODESTO, Paulo. Autovinculação da Administração Pública. In: *Revista Eletrônica de Direito do Estado*, Salvador, Instituto Brasileiro de Direito Público, n. 24, out./dez., 2010, p. 7. Disponível em: <www.direitodoestado.com.br>. Acesso em: 12/01/2016; ARAGÃO, Alexandre Santos de. Teoria das autolimitações administrativas: atos próprios, confiança legítima e contradição entre órgãos administrativos. *Revista Eletrônica de Direito Administrativo Econômico* (REDAE), Salvador, Instituto Brasileiro de Direito Público, n. 14, p. 2, mai./jul. 2008. Disponível em: <http://www.direitodoestado.com.br/codrevista.asp?cod=290>. Acesso em: 12/01/2016.

24 PIELOW, Johann-Cristian. Integración Del ordenamiento jurídico: autovinculaciones de La Administración. In: MUÑOZ, Guillermo Andrés; SALOMONI, Jorge Luis. *Problemática de La administración contemporânea: una comparación europeo-argentina*, Buenos Aires: Ad-Hoc, 1997, p. 51.

Com efeito, os precedentes administrativos podem ser inseridos na teoria das autolimitações ou autovinculações administrativas.

5. PRECEDENTES JUDICIAIS E ADMINISTRATIVOS NO BRASIL: A APROXIMAÇÃO ENTRE O *COMMON LAW* E O *CIVIL LAW*

Nos países de tradição do *common law*, a decisão judicial somente será considerada "precedente" pelo juiz responsável pelo julgamento do caso posterior e não pelo próprio prolator da decisão.[25] A teoria dos precedentes encontra-se originariamente vinculada à tradição do *common law*, mas o estudo dos precedentes tem sido intensificado também em países de tradição do *civil law*, em razão do processo de aproximação entre as duas tradições.

Nos países do *common law* a jurisprudência é considerada a principal fonte do direito nos países de tradição do *common law*, motivo pelo qual é possível falar em Direito jurisprudencial ou *case law* (*judge-made law*). Daí porque nesses países se formou o que se convencionou chamar de "teoria dos precedentes vinculantes" (*binding precedents* ou *stare decisis* ou *stare decisis et non quieta movere*).[26]

O objetivo dessa teoria é compelir os juízes a respeitarem os precedentes judiciais que julgaram casos semelhantes (*treat like cases alike*), garantindo, com isso, racionalidade, integridade e isonomia

[25] O vocábulo "precedente" apresenta múltiplos significados. Em sentido amplo, o precedente reflete decisão anterior sobre determinado assunto que serve de modelo orientador para casos futuros. Em sentido restrito, o precedente é a decisão anterior que apresenta solução jurídica vinculante em relação ao próprio tribunal e aos demais órgãos judiciais inferiores quando julgarem casos semelhantes. De acordo com Alexandre Câmara: "Precedente é um pronunciamento judicial, proferido em um processo anterior, que é empregado como base da formação de outra decisão judicial, prolatada em processo posterior". CÂMARA, Alexandre Freitas. *O novo Processo Civil brasileiro*. 2. ed., São Paulo: Atlas, 2016, p. 427.

[26] A origem dos precedents vinculantes relaciona-se aos julgamentos dos casos Beamish v. Beamish (1861) e London Tramways Company v. London County Council (1898). Sobre a origem da *stare decisis*, vide: CROSS, Rupert; HARRIS, J. W. *Precedent in English Law*, 4. ed., Oxford: Clarendon Press, 1991, p. 102; ZANDER, Michael. *The law-making process*, 7. ed., Oxford: Hart Publishing, 2015, p. 209/210.

ao sistema jurisdicional. A vinculação aos precedentes relaciona-se um olhar para o passado e outro para o futuro. Além da necessidade de respeitar as decisões já proferidas em casos similares (*backward-looking activity*), não se pode desconsiderar que as decisões judiciais de hoje constituirão precedentes que deverão ser observados em casos futuros (*forward-looking activity*).[27]

Naturalmente, os precedentes possuem características próprias em cada ordenamento jurídico, adaptando-se, desta forma, à realidade dos respectivos sistemas jurídicos. Não há, portanto, homogeneidade em relação aos precedentes e a sua força vinculativa, inclusive nos países tradicionalmente integrantes da mesma tradição jurídica.[28] Em cada sistema jurídico, os fatores institucionais influenciarão na concepção e na aplicação dos precedentes, tais como a hierarquia das cortes (cortes superiores e inferiores), a estrutura federativa do Estado (cortes federais e estaduais nos Estados Federados), a competência para o controle de constitucionalidade (controle concentrado exercido por Cortes constitucionais e/ou controle difuso por cada corte ordinária), dentre outros.[29]

Não obstante as diferenças históricas entre as tradições do *civil law* e do *common law*, verifica-se, especialmente a partir da segunda metade do século XX, a crescente aproximação e interpenetração entre esses dois modelos. Nos países ligados à família do *civil law*, notadamente após a II Guerra Mundial, com a crise da concepção positivista do direito, verifica-se o maior protagonismo do Poder

---

27 DUXBURY, Neil. *The nature and authority of precedent*. New York: Cambridge University Press, 2008, p. 4. De acordo com Schauer: "A system of precedent therefore involves the special responsibility accompanying the power to commit the future before we get there". SCHAUER, Frederic. Precedent. In: *Stanford Law Review*, v. 39. 1987, p. 573.

28 A análise comparativa entre os precedentes na Alemanha, Finlândia, França, Itália, Noruega, Polônia, Espanha Suécia, Reino Unido, Estados Unidos e na Comunidade Europeia, pode ser encontrada na obra: BANKOSKI, Zenon; MacCORMICK, D. Neil; MARSHALL, G. Precedent in the United Kingdom. In: MacCORMICK, D. Neil; SUMMERS, Robert S. (ed). *Interpreting precedents: a comparative study*, Aldershot: Dartmouth Publishing, 1997.

29 TARUFFO, Michele. Institutional factors influencing precedents. In: MacCORMICK, D. Neil; SUMMERS, Robert S. (ed). *Interpreting precedents: a comparative study*, Aldershot: Dartmouth Publishing, 1997, p. 437/460.

Judiciário na interpretação e aplicação do direito, com a valorização da jurisprudência como importante fonte do direito.[30]

Por outro lado, nos países da tradição do *common law*, é possível perceber a valorização das leis. Na Inglaterra, por exemplo, foram editados atos normativos que possibilitaram a declaração de incompatibilidade de leis inglesas com os direitos humanos reconhecidos pela Comunidade Europeia (*Human Rights Act* de 1998) e a instituição da nova Suprema Corte, tornando o Judiciário independente do Parlamento (*Constitutional Reform Act* de 2005). Nos Estados Unidos, que sempre contou com uma Constituição (1787) e com o *judicial review* (*Marbury v. Madison* de 1803), verifica-se o aumento do número de leis (*statutes*) nos últimos anos.

A União Europeia elaborou a Convenção Europeia de Direitos Humanos em 1950 e instituiu a Corte Europeia de Direitos Humanos em 1959 para garantir a integridade daquela Convenção. Em razão do caráter aberto dos direitos fundamentais, aumenta a relevância do papel da jurisprudência da Corte Europeia, cujas decisões têm sido consideradas precedentes que devem ser observados pelos juízes das Cortes dos Estados-membros.

A proliferação das leis e a relativização da força vinculante dos precedentes nos países do *common law*, de um lado, e a crescente importância das decisões judiciais e o processo de descodificação nos países do *civil law*, de outro lado, demonstram que as tradições jurídicas têm convergido, o que tem sido impulsionado pelo processo de globalização.[31]

---

30 TARUFFO, Michele. Institutional factors influencing precedents. In: MacCORMICK, D. Neil; SUMMERS, Robert S. (ed). *Interpreting precedents: a comparative study*, Aldershot: Dartmouth Publishing, 1997, p. 459.

31 LOSANO, Mario G. *Os grandes sistemas jurídicos: introdução aos sistemas jurídicos europeus e extra-europeus.* São Paulo: Martins Fontes, 2007, p. 345. A aproximação entre as tradições do *common law* e do *civil law* pode ser demonstrada, especialmente, pelo papel desempenhado pelos precedentes, com graus distintos, no processo de aplicação e desenvolvimento do direito nos países das duas tradições jurídicas. MacCORMICK, D. Neil; SUMMERS, Robert S. Reflections and conclusions. In: MacCORMICK, D. Neil; SUMMERS, Robert S. (ed). *Interpreting precedents: a comparative study*, Aldershot: Dartmouth Publishing, 1997, p. 531/535. É difícil conceber na atualidade algum sistema jurídico que

Nesse contexto, em países do *civil law* há uma crescente relevância das decisões judiciais no cenário das fontes do direito, o que justificou, em alguns desses países, a incorporação, ainda que adaptada ou modificada, da teoria dos precedentes judiciais, tal como ocorreu no Brasil.

Até o Novo Código de Processo Civil de 2015, o Brasil não adotava, ao menos integralmente, a teoria da *stare decisis* ou dos precedentes vinculantes. Com algumas exceções (ex: súmulas vinculantes, decisões da Suprema Corte em sede de controle concentrado de constitucionalidade), as decisões judiciais contavam com força persuasiva e não garantiam, com efetividade, a estabilidade e a coerência desejadas na prestação jurisdicional.

O advento do neoconstitucionalismo e do pós-positivismo (força normativa dos princípios constitucionais, com destaque para os princípios da segurança jurídica e da proteção da confiança legítima), a expansão do controle concentrado de constitucionalidade, a abstrativização do controle difuso de constitucionalidade, a instituição das súmulas vinculantes (EC 45/04), o reconhecimento da autoridade das decisões proferidas no âmbito do controle difuso de constitucionalidade por meio de alterações sucessivas do CPC/1973 e a promulgação do novo Código de Processo Civil em 2015 são fatores que demonstram a importância da teoria dos precedentes judiciais, com força vinculante e geral, no Brasil.

A crescente valorização do Poder Judiciário e a necessidade de coerência de suas decisões justificaram, em grande medida, a adoção da teoria (adaptada ou à brasileira) dos precedentes judicias. Com o objetivo de garantir a uniformização da jurisprudência dos tribunais, o art. 927, I a V, do CPC/2015 apresenta um rol de precedentes judiciais vinculantes, a saber: a) decisões do Supremo Tribunal Federal em controle concentrado de constitucionalidade; b) enunciados de súmula vinculante; c) acórdãos em incidente de assunção de

não tenha incorporado, ao menos parcialmente e com adaptações, a concepção dos precedentes administrativos. ZANDER, Michael. *The law-making process*, 7. ed., Oxford: Hart Publishing, 2015, p. 208.

competência ou de resolução de demandas repetitivas e em julgamento de recursos extraordinário e especial repetitivos; d) enunciados das súmulas do Supremo Tribunal Federal em matéria constitucional e do Superior Tribunal de Justiça em matéria infraconstitucional; e e) decisão do plenário ou do órgão especial dos tribunais.[32]

Não se trata da adoção automática da teoria da *stare decisis* típica dos países do *common law*. Em verdade, a teoria dos precedentes adotada pelo ordenamento processual brasileiro apresenta peculiaridades relevantes, tais como: a) enquanto a teoria dos precedentes vinculantes nos países do *common law* foi criação exclusiva dos próprios tribunais a partir da tradição, no Brasil a referida teoria foi instituída, com adaptações, pelo legislador e pela jurisprudência dos tribunais superiores; b) no *common law*, qualquer decisão proferida pelos tribunais superiores pode ser considerada precedente judicial vinculante; no Brasil, a legislação limita essa possibilidade ao elencar as decisões judiciais que serão consideradas vinculantes para os julgamentos futuros; e c) na tradição do *common law*, a caracterização de determinada decisão judicial como precedente vinculante é tarefa realizada pelos juízes responsáveis pelo julgamento do caso posterior e, no Brasil, os precedentes vinculantes são as decisões judiciais que são proferidas com esse caráter, conforme enumeração legislativa.

A incorporação da teoria dos precedentes, com as respectivas adaptações, pelo ordenamento jurídico pátrio acarreta inúmeros desafios aos magistrados, advogados e demais operadores do direito que

32 No mesmo sentido, sustentando o caráter vinculante dos precedentes judiciais listados no art. 927 do CPC, vide, dentre outros: DIDIER JR, Fredie; BRAGA, Paula Sarno; OLIVEIRA, Rafael Alexandria de. *Curso de Direito Processual Civil*, v. 2, 10. ed., Salvador: Juspodivm, 2015, p. 461-467; THEODORO JÚNIOR, Humberto; NUNES, Dierle; BAHIA, Alexandre Melo Franco; PEDRON, Flávio Quinaud. *Novo CPC – Fundamentos e sistematização*, 3. ed., Rio de Janeiro: Forense, 2016, p. 417; NEVES, Daniel Amorim Assumpção. *Manual de Direito Processual Civil*, 8ª. ed., Salvador: Juspodivm, 2016, p. 1.304; CRAMER, Ronaldo. *Precedentes judiciais: teoria e dinâmica*, Rio de Janeiro: Forense, 2016, p. 188; Enunciado 168 do Fórum Permanente de Processualistas Civis (FPPC) sobre o art. 927 do CPC: "As decisões e precedentes previstos nos incisos do caput do art. 927 são vinculantes aos órgãos jurisdicionais a eles submetidos". Em sentido contrário, defendendo a tese de que o art. 927 do CPC não consagra rol de precedentes vinculantes, vide, por exemplo: CÂMARA, Alexandre Freitas. *O novo Processo Civil brasileiro*. São Paulo: Atlas, 2015, p. 434.

devem se adaptar à nova realidade para o manejo adequado dos precedentes judiciais e administrativos.

6. PRECEDENTES ADMINISTRATIVOS E INSTITUTOS AFINS

6.1. Praxe administrativa

A praxe administrativa é a atividade interna, reiterada e uniforme da Administração Pública na aplicação das normas e dos atos jurídicos.[33]

Existem duas diferenças básicas entre a praxe administrativa e os precedentes administrativos: a) enquanto os precedentes envolvem decisões administrativas em casos concretos e que devem ser respeitadas em casos semelhantes, a praxe administrativa envolve a atividade de rotina interna da Administração;[34] e b) ao contrário da praxe, o precedente não exige reiteração de decisões administrativas no mesmo sentido, sendo suficiente uma decisão administrativa para que esta seja considerada precedente.

---

33 A relevância da praxe administrativa foi demonstrada por Hely Lopes Meirelles: "a prática administrativa vem suprindo o texto escrito, e, sedimentada na consciência dos administradores e administrados, a praxe burocrática passa a suprir a lei, ou atua como elemento informativo da doutrina". MEIRELLES, Hely Lopes. *Direito administrativo brasileiro*. 22. ed. São Paulo: Malheiros, 1997. p. 37.

34 De forma semelhante, Ortiz Díaz afirma: "A nuestro juicio, puede marcarse una diferencia entre el «precedente» y las prácticas administrativas. Estas últimas constituyen meras normas usuales de carácter y eficacia puramente interna para la administración, derivadas de principios de técnica administrativa o de buena administración, que los funcionarios siguen en el desarrollo de su actividad, estilo corriente de proceder de éstos. (...) El precedente, por el contrario, es algo más; implica la resolución sustantiva de la Administración sobre cuestiones sometidas a la misma y generadora de derechos e intere- ses para los particulares." ORTIZ DÍAZ, José. El precedente administrativo. *Revista de Administración Pública* (RAP), Madrid, n. 24, sep./ dic. 1957, p. 79-80. Igualmente, Juan Carlos Cassagne: "mientras el precedente consiste em una resolución sustantiva de la Administración, las prácticas administrativas constituyen normas usuales de eficacia interna que observan los agentes públicos en la ejecución de su actividad". CASSAGNE, Juan Carlos. *Derecho administrativo*. T. I, 8. ed. Buenos Aires: Abeledo Perrot, 2006, p. 208.

Ao que parece, as referidas diferenças não são tão significativas, uma vez que as duas hipóteses refletem comportamentos administrativos que repercutem nos interesses dos cidadãos.

6.2. Costumes

Os costumes revelam o comportamento reiterado e constante do povo, encontrado em determinado espaço físico e temporal, que possui força coercitiva. Existem dois elementos inerentes aos costumes: a) elemento objetivo: repetição de condutas; e b) elemento subjetivo: convicção de sua obrigatoriedade.

Os costumes podem ser divididos em três espécies: a) *secundum legem*: é o previsto ou admitido pela lei; b) *praeter legem*: é aquele que preenche lacunas normativas; e c) *contra legem*: é o que se opõe à norma legal. Entendemos que, ressalvado o costume *contra legem*, o costume é fonte autônoma do Direito Administrativo.

Não obstante algumas semelhanças, é possível destacar, ao menos, três diferenças entre os costumes e os precedentes administrativos, a saber: a) enquanto os costumes possuem origem nas práticas sociais, os precedentes administrativos relacionam-se com os atos estatais; b) ao contrário dos costumes, que decorrem de práticas sociais reiteradas, os precedentes administrativos podem surgir a partir de uma única decisão administrativa, cuja *ratio decidendi* vinculará a Administração Pública nos casos futuros semelhantes; e c) se os costumes são considerados fontes não escritas do direito, os precedentes, por sua vez, originam-se de decisões administrativas escritas e formais.

Por outro lado, ao exigir a reiteração de comportamentos no mesmo sentido, os costumes se assemelham à praxe administrativa. Todavia, os institutos não se confundem: enquanto os costumes decorrem de condutas sociais, a praxe pressupõe condutas administrativas. Outra diferença deriva da formação dos institutos: os costumes derivam de manifestações não escritas; a praxe administrativa envolve, normalmente, enunciados escritos.

6.3. Teoria dos atos próprios (*nemo potest venire contra factum proprium*)

A teoria dos atos próprios (*nemo potest venire contra factum proprium*), no campo do Direito Administrativo, tem por objetivo principal evitar atuações contraditórias e desleais nas relações jurídico-administrativas, com violação aos princípios da proteção da confiança legítima e da boa fé.[35]

Os requisitos da teoria dos atos próprios são:[36] a) identidade subjetiva e objetiva: o ato anterior e o ato posterior emanam da mesma Administração e são produzidos no âmbito da mesma relação jurídica; b) a conduta anterior é válida e unívoca: capaz de gerar a confiança (expectativa legítima) na outra parte da relação jurídica; e c) atuação contraditória: incompatibilidade do ato posterior com o ato anterior.

A principal diferença entre a teoria dos atos próprios e os precedentes administrativos, segundo parcela da doutrina, reside nas relações jurídicas em que as referidas teorias são aplicadas.[37] De um

---

35 O Enunciado 362 da IV Jornada de Direito Civil do CJF dispõe: "Art. 422. A vedação do comportamento contraditório (*venire contra factum proprium*) funda-se na proteção da confiança, tal como se extrai dos arts. 187 e 422 do Código Civil.

36 Sobre o tema, vide: COVIELLO, Pedro José Jorge. *La protección de la confianza del administrado*, Buenos Aires: Abeledo-Perrot, 2004. p. 412; GONZÁLEZ PÉREZ, Jesús. *El principio general de la buena fe en el derecho administrativo*, 4ª ed., Madrid: Civitas, 2004., p. 226-244; Héctor Mairal aponta, ainda, um quarto requisito: a inexistência de norma que autorize a atuação contraditória. MAIRAL, Hector A. *La doctrina de los propios actos y La Administración Pública*, Buenos Aires: Depalma, 1988. p. 6-7. Anderson Schreiber aponta quatro requisitos para o *venire contra factum proprium*, a saber: a) um *factum proprium*, isto é, uma conduta inicial; b) a legítima confiança de outrem na conservação do sentido objetivo desta conduta; c) um comportamento contraditório com este sentido objetivo (e, por isto mesmo, violador da confiança); e d) dano, ou, no mínimo, um potencial dano a partir da contradição. SCHREIBER, Anderson. *A proibição de comportamento contraditório*, 3ª. ed., Rio de Janeiro: Renovar, 2012, p. 132.

37 Nesse sentido, Díez-Picazo sustenta: "Sin embargo, la doctrina de los actos propios en concreto, esto es, independientemente de su fundamento, no es aplicable al problema que ahora nos ocupa. Se trata de una técnica que opera dentro de una misma relación jurídica. Constituye un límite impuesto por la buena fe al ejercicio de una potestad, desde el momento en que el titular de ésta, con su conducta, ha suscitado en la otra parte de la relación jurídica la confianza razonable de que no ejercitará dicha facultad o de que la ejercitará de otro modo. Por el contrario, cuando hablamos del precedente administrati-

lado, os precedentes vinculam as futuras decisões administrativas em casos semelhantes, mas envolvendo particulares diversos. De outro lado, a teoria dos atos próprios determina que a Administração não pode contrariar o ato anterior (ato próprio) em relação ao mesmo particular. Em outras palavras: enquanto os precedentes pressupõem relações jurídicas semelhantes, envolvendo diferentes particulares, a teoria dos atos próprios é aplicável às relações sucessivas envolvendo o mesmo particular.

Entretanto, as diferenças entre a teoria dos atos próprios e a teoria dos precedentes administrativos não podem ser consideradas de forma absoluta, notadamente pela semelhança entre os fundamentos principiológicos e os efeitos dessas teorias. As referidas teorias podem ser inseridas na "teoria das autolimitações administrativas" e fundamentam-se nos princípios da igualdade, da boa-fé, da segurança jurídica e da proteção da confiança legítima.[38]

6.4. Analogia

A analogia decorre da máxima *ubi eadem legis ratio, ibi eadem legis dispositio*, ou seja, onde existe a mesma razão, deve ser aplicada a mesma disposição, o que decorre do princípio da igualdade. Trata-se de método de integração do sistema jurídico, com a superação das eventuais lacunas (art. 4.º da LINDB).

Não obstante a aplicação dos precedentes administrativos se insira em casos sucessivos e semelhantes, com a utilização de raciocínios

---

vo, aludimos por definición a relaciones jurídicas distintas. Es evidente que nos referimos a lo que sucedió en un caso anterior, en una relación jurídica precedente. Además, a diferencia de lo que sucede en materia de actos propios, quien alega el precedente no suele ser la misma persona con respecto a la cual dicho precedente se produjo; es más, como se ha visto, si es la misma persona, se plantea un problema de aplicación del principio de igualdad." DÍEZ-PICAZO, Luis Ma. La doctrina del precedente administrativo. In: *Revista de Administración Pública* (RAP), Marid, n. 98, may.-ago., 1982, p. 16.

[38] De forma semelhante: ARAGÃO, Alexandre Santos de. Teoria das autolimitações administrativas: atos próprios, confiança legítima e contradição entre órgãos administrativos. *Revista Eletrônica de Direito Administrativo Econômico* (REDAE), Salvador, Instituto Brasileiro de Direito Público, n. 14, p. 4, mai./jul. 2008. Disponível em: <http://www.direitodoestado.com.br/codrevista.asp?cod=290>. Acesso em: 12/01/2016.

analógicos, isto não quer dizer que se trata da aplicação do método da analogia em sentido estrito. Isto porque os precedentes pressupõem decisão prévia da Administração e a analogia, por sua vez, revela instrumento de integração do ordenamento jurídico nos casos de lacuna.[39]

Ademais, enquanto a analogia não pode ser utilizada na aplicação de sanções administrativas, com o intuito de prejudicar os administrados,[40] a teoria dos precedentes, que deve envolver a interpretação e a aplicação de determinada norma legal, não encontra óbice na sua incidência, que pode envolver a administração prestacional ou sancionadora.

7. REQUISITOS PARA APLICAÇÃO DOS PRECEDENTES ADMINISTRATIVOS

A aplicação da teoria dos precedentes administrativos depende do cumprimento dos seguintes requisitos: a) identidade subjetiva, b) identidade objetiva, c) legalidade do precedente e d) inexistência de justificativa relevante e motivada para alteração do precedente.[41]

Quanto ao primeiro requisito, cabe destacar que a aplicação do precedente administrativo relaciona-se ao mesmo ente federado e/ou à mesma entidade administrativa (identidade subjetiva). Assim, por exemplo, a decisão administrativa prolatada pela União vincula os respectivos órgãos federais, mas não os demais entes federados.

---

39 DÍEZ-PICAZO, Luis Ma. La doctrina del precedente administrativo. In: *Revista de Administración Pública* (RAP), Marid, n. 98, may.-ago., 1982, p. 17.

40 CASSAGNE, Juan Carlos. *Derecho administrativo*, t. I, 8ª ed., Buenos Aires: Abe- ledo-Perrot, 2006, p. 214.

41 De forma semelhante: DÍEZ-PICAZO, Luis Ma. La doctrina del precedente administrativo. In: *Revista de Administración Pública* (RAP), Marid, nº 98, may.-ago., 1982, p. 18-28. Em âmbito federal, por exemplo, o art. 40, § 1.º, da LC 73/1993, que institui a Lei Orgânica da AGU, dispõe que o parecer aprovado e publicado juntamente com o despacho presidencial vincula a Administração Federal, cujos órgãos e entidades ficam obrigados a lhe dar fiel cumprimento. Em sentido análogo, no Estado do Rio de Janeiro, o art. 47 da Lei 5427/2009, que regula o processo administrativo estadual, admite a possibilidade de eficácia vinculativa e normativa a determinadas decisões proferidas em processos administrativos.

Trata-se de identidade subjetiva da Administração Pública responsável por aplicar o precedente administrativo ao caso atual. Não é exigida, contudo, a identidade subjetiva em relação ao administrado que será afetado pela aplicação do precedente administrativo.[42]

O segundo requisito para aplicação dos precedentes é a identidade objetiva entre o precedente e o caso atual.[43] Tal como ocorre com os precedentes judiciais, a aplicação dos precedentes administrativos pressupõe semelhanças entre o caso anterior e o atual. A semelhança entre os fatos envolvidos no precedente administrativo e no caso atual justifica a necessidade de aplicação da mesma solução jurídica. Dessa forma, ao julgar o caso atual, o administrador público deverá utilizar a mesma *ratio decidendi* ou (*holding*) do precedente, garantindo a coerência administrativa e, em última análise, a segurança jurídica e a isonomia.

O caráter vinculante dos precedentes administrativos é retirado do motivo e do conteúdo da decisão administrativa, devendo ser adotada a mesma *ratio decidendi* em casos futuros e semelhantes.[44] A *ratio decidendi* é a regra de direito ou o princípio jurídico extraído da fundamentação, a partir dos fatos envolvidos na questão, e necessária para decisão. Por outro lado, a *obiter dictum* (no plural, *obter dicta*), a partir de uma noção negativa ou excludente, pode ser

---

42 Para o aprofundamento das questões envolvidas na identidade subjetiva, vide: OLIVEIRA, Rafael Carvalho Rezende. *Precedentes no Direito Administrativo*, São Paulo: Método, 2018, p. 126-129.

43 DÍEZ-PICAZO, Luis Ma. La doctrina del precedente administrativo. In: *Revista de Administración Pública* (RAP), Marid, nº 98, May.-ago., 1982, p. 21.

44 A definição da parte vinculante do precedente judicial é uma das tarefas mais complexas da teoria dos precedentes. Na doutrina norte-americana, foram desenvolvidos dois testes tradicionais para identificação da ratio decidendi: a) teste de Wambaugh: a *ratio decidendi* seria uma regra jurídica sem a qual o magistrado teria decidido de forma diferente; e b) teste de Goodhart: a *ratio decidendi* (denominada pelo autor como *principle of a case*) é determinada a partir dos fatos materiais que são considerados fundamentais pelo magistrado para decisão do caso. WAMBAUGH, Eugene. *The Study of Cases: a course of instruction in reading, stating reported cases, composing head-notes and briefs, criticizing and comparing authorities, and compiling digests*, 2 ed., Boston: Little, Brown and Company, 1894, p. 17; GOODHART, Arthur L., Determining the Ratio Decidendi of a Case. In: *Yale Law Journal*, v. XL, n. 2, dec. 1930, p. 161-183.

considerada como a parte da decisão que não corresponde à *ratio decidendi*, referindo-se, portanto, aos argumentos e opiniões que não foram essenciais para a decisão do caso e que não vincularão os julgamentos futuros.

O terceiro requisito para a caracterização do precedente é a sua legalidade. Seria desproporcional imaginar que precedentes ilegais ou inconstitucionais fossem perpetuados na Administração Pública, sem a possibilidade de sua correção ou superação pela própria Administração. Trata-se da autotutela administrativa que estabelece o dever da Administração de anular, por ilegalidade, e a faculdade de revogar, por conveniência e oportunidade, seus próprios atos administrativos (art. 53 da Lei 9.784/1999 e Súmula 473 do STF).

Por fim, o quarto requisito é a inexistência de justificativa relevante e motivada para alteração do precedente. Não obstante o seu caráter vinculante, o precedente administrativo não pode acarretar o congelamento ou a imutabilidade absoluta do entendimento administrativo, especialmente pela necessidade de adequação da ação administrativa às transformações legislativas, sociais, econômicas, entre outros fatores. A alteração das circunstâncias fáticas pode ensejar mudanças de entendimento e interpretações evolutivas que justificam a inaplicabilidade ou a alteração, total ou parcial, do precedente, razão pela qual a vinculação ao precedente não pode ser uma barreira intransponível às inovações administrativas.

A motivação, nesse ponto, é essencial para evitar ou inibir arbitrariedades administrativas que coloquem em risco o princípio da igualdade. É por meio da motivação que será demonstrada a existência de diferenças substanciais entre os casos e a inaplicabilidade do precedente administrativo, bem como a necessidade de flexibilização ou a superação, total ou parcial, do precedente em virtude das alterações sociais, econômicas ou políticas.[45] A inaplicabilidade do precedente ao caso atual pode ocorrer, de forma motivada, em duas situações: a) *distinguising*: quando o administrador demonstrar

[45] ORTIZ DÍAZ, José. El precedente administrativo. *Revista de Administración Pública* (RAP), n. 24, Madrid, sep./dic. 1957, p. 110.

diferenças substanciais entre o caso atual e o precedente que justifiquem a adoção de solução jurídica diversa; e b) *overruling*: quando o administrador demonstrar, por exemplo, uma das seguintes justificativas: b.1) o precedente apresentou interpretação equivocada da legislação, b.2) as alterações econômicas, sociais ou políticas justificam nova orientação para o atendimento do interesse público, b.3) as consequências práticas oriundas do precedente se mostram contrárias ao interesse público; e b.4) a norma utilizada no precedente é ilegal ou inconstitucional.[46]

8. APLICAÇÃO E SUPERAÇÃO DOS PRECEDENTES ADMINISTRATIVOS: ANALOGIA, *DISTINGUISHING* E *OVERRULING*

De forma semelhante ao que ocorre na aplicação dos precedentes judiciais, a compreensão dos precedentes administrativos depende das técnicas de analogia e distinção entre a decisão administrativa e os casos futuros.

Enquanto o precedente administrativo deve ser observado nos casos análogos subsequentes (analogia), admite-se o seu afastamento nas hipóteses em que a Administração Pública demonstrar, de forma motivada, distinções relevantes (*distinguishing*) em relação ao caso atual, pendente de decisão.

O objetivo principal do *distinguishing* é contrabalancear a rigidez da Teoria dos Precedentes, que busca trazer celeridade e segurança jurídica aos processos judicial e administrativo, por meio da

46 O próprio CPC/2015 inseriu expressamente a possibilidade do *distinguising* e do *overruling*, ao afirmar, em seu art. 489, §1º, VI, que não se considera fundamentada qualquer decisão judicial que deixar de seguir enunciado de súmula, jurisprudência ou precedente invocado pela parte, sem demonstrar a existência de distinção no caso em julgamento ou superação do entendimento. Raciocínio semelhante pode ser aplicado aos processos administrativos, na forma do art. 15 do CPC/2015. Ademais, o respeito ao precedente administrativo e a respectiva superação podem ser extraídas da viabilidade de novas interpretações administrativas (art. 2º, parágrafo único, XIII, da Lei 9.784/1999) e da necessidade de motivação por parte da autoridade administrativa que deixar de aplicar jurisprudência firmada sobre a questão (art. 50, VII, da Lei 9.784/1999).

uniformização das decisões judiciais e administrativas, respectivamente, com o objetivo de garantir a aplicação justa do ordenamento jurídico. No campo da atuação administrativa, a Lei de Processo Administrativo Federal reconhece expressamente a possibilidade de *distinguishing*. Na forma do art. 50, VII, da Lei 9.784/1999, os atos administrativos deverão ser motivados, com indicação dos fatos e dos fundamentos jurídicos, quando deixarem de aplicar jurisprudência firmada sobre a questão. Além disso, o art. 56, § 3º, da Lei 9.784/1999 prevê expressamente que, se o recorrente alegar que a decisão administrativa contraria enunciado da súmula vinculante, caberá à autoridade prolatora da decisão impugnada, se não a reconsiderar, explicitar, antes de encaminhar o recurso à autoridade superior, as razões da aplicabilidade ou inaplicabilidade da súmula, conforme o caso.

A inaplicabilidade dos precedentes pode decorrer da técnica da distinção com o caso atual, bem como da superação do próprio precedente (*overruling*). Enquanto o *distinguishing* afasta a aplicação do precedente ao caso atual, em razão das diferenças verificadas pela autoridade competente, sem retirar, contudo, a validade do próprio precedente, que pode ser aplicado em casos análogos, a técnica do *overruling* acarreta a superação do precedente que deixará de existir e não será aplicado aos casos futuros.

O próprio CPC/2015 inseriu expressamente a possibilidade de *overruling*, ao afirmar, em seu art. 489, § 1º, VI, que não se considera fundamentada qualquer decisão judicial que deixar de seguir enunciado de súmula, jurisprudência ou precedente invocado pela parte, sem demonstrar a existência de distinção no caso em julgamento ou superação do entendimento. Raciocínio semelhante pode ser aplicado aos processos administrativos, na forma do art. 15 do CPC/2015.

Ademais, o respeito ao precedente administrativo e a respectiva superação podem ser extraídos da viabilidade de novas interpretações administrativas (art. 2º, parágrafo único, XIII, da Lei 9.784/1999) e da necessidade de motivação por parte da autoridade administrativa que deixar de aplicar jurisprudência firmada sobre a questão (art. 50, VII, da Lei 9.784/1999).

Em síntese, são duas as situações nas quais a Administração poderia superar os seus próprios precedentes (*overruling*), a saber: a) quando a decisão administrativa que originou o precedente for ilegal e b) quando o interesse público, devidamente motivado, justificar a alteração do entendimento administrativo.

É possível a modulação dos efeitos temporais do controle de legalidade (*prospective overruling*), com declaração da ilegalidade da decisão administrativa com efeitos para o futuro.[47]

A modulação temporal dos efeitos da decisão proferida em sede de controle de legalidade dos atos administrativos pode ser justificada pela aplicação analógica do art. 27 da Lei 9.868/1999. Ora, se a modulação temporal é admitida no controle de constitucionalidade das leis, que envolve vício de inconstitucionalidade, com maior razão a modulação deve ser admitida no controle de atos que apresentarem vícios de legalidade.

Por outro lado, a irretroatividade das novas interpretações administrativas, prevista no art. 2º, parágrafo único, XIII, da Lei 9.784/1999, relaciona-se, em princípio, com a mudança de interpretação por razões de interesse público. Também se restringe aos casos em que existem prejuízos aos administrados, admitindo-se, contudo, a retroatividade das novas interpretações administrativas que beneficiam os administrados.

A preocupação com a segurança jurídica nas relações jurídico-administrativas pode ser demonstrada, ainda, pelas alteraçoes promovidas na LINDB por meio da Lei 13.655/2018.

Além do reforço da necessidade de coerência administrativa, na forma do art. 30 da LINDB, é fácil notar a busca da segurança jurídica

---

[47] Sobre a possibilidade de modulação dos efeitos na autotutela administrativa, vide: OLIVEIRA, *Princípios do Direito Administrativo*, 2. ed., São Paulo: Método, 2013, p. 151; OLIVEIRA, Rafael Carvalho Rezende. *Precedentes no Direito Administrativo*, São Paulo: Método, 2018, p. 134. A tese foi encampada pelo art. 53, § 3.º, da Lei 5.427/2009, ao tratar do processo administrativo no Estado do Rio de Janeiro, estabelece, de forma categórica, a possibilidade de modulação dos efeitos temporais da decisão proferida na autotutela administrativa.

nas eventuais alterações de interpretação administrativa. Assim, o art. 23 da LINDB estabelece a necessidade de fixação de regras de transição nas decisões administrativas, controladoras e judiciais, que estabelecerem novas interpretações sobre normas de conteúdo indeterminado, com a imposição de novos deveres ou condicionamentos de direito. Por sua vez, o art. 24 da LINDB veda a invalidação de atos, contratos, ajustes, processos ou normas administrativas, que já acarretaram situações plenamente constituídas, a partir da mudança de orientação geral.[48]

Em qualquer caso, a superação do precedente exige, ainda, motivação expressa por parte da Administração, com a indicação das justificativas fático-jurídicas que ensejaram a superação, na forma do art. 50, VII, da Lei 9.784/1999.

9. CONCLUSÕES

Em conclusão, verifica-se a compatibilidade da teoria dos precedentes administrativos com o ordenamento jurídico brasileiro, notadamente a partir da necessidade de efetivação do dever de coerência no exercício da atividade administrativa.

Com o advento no CPC/2015 e a consagração da teoria adaptada dos precedentes judiciais, o estudo dos precedentes será intensificado no Brasil, inclusive no campo dos processos administrativos, cuja importância já poderia ser retirada da Lei do Processo Administrativo Federal.

A relevância do dever de coerência na atuação estatal e dos precedentes administrativos foi reforçada com as alterações implementadas pela Lei 13.655/2018 na LINDB que buscaram reforçar a segurança jurídica e eficiência na criação e na aplicação do direito público.

---

48 De acordo com o parágrafo único do art. 24 da LINDB: "Consideram-se orientações gerais as interpretações e especificações contidas em atos públicos de caráter geral ou em jurisprudência judicial ou administrativa majoritária, e ainda as adotadas por prática administrativa reiterada e de amplo conhecimento público".

Conforme destacado ao longo do texto, a adoção da teoria dos precedentes administrativos não acarreta a petrificação da ação estatal, mas representa importante instrumento de efetivação da coerência administrativa que seja capaz de gerar previsibilidade para os administrados.

O respeito aos precedentes administrativos e o dever de justificar a sua eventual inaplicabilidade são atitudes indispensáveis para a efetividade de princípios básicos do Estado Democrático de Direito, notadamente os princípios da igualdade, da segurança jurídica, da boa-fé e da proteção da confiança legítima.

É natural, no campo público e privado, a evolução e a alteração de opiniões, mas não a atuação contraditória sem justificativa razoável e fundamentada. Afinal de contas, como disse Millôr Fernandes, "o coerente é o sujeito que nunca teve outra ideia".

10. REFERÊNCIAS BIBLIOGRÁFICAS

ARAGÃO, Alexandre Santos de. Teoria das autolimitações administrativas: atos próprios, confiança legítima e contradição entre órgãos administrativos. *Revista Eletrônica de Direito Administrativo Econômico (REDAE)*, Salvador, Instituto Brasileiro de Direito Público, n. 14, p. 1-15, mai./jul. 2008.

BANKOSKI, Zenon; MacCORMICK, D. Neil; MARSHALL, G. Precedent in the United Kingdom. In: MacCORMICK, D. Neil; SUMMERS, Robert S. (ed). Interpreting precedents: a comparative study, Aldershot: Dartmouth Publishing, 1997.

CÂMARA, Alexandre Freitas. *O novo Processo Civil brasileiro*. 2. ed., São Paulo: Atlas, 2016.

_______. O novo Processo Civil brasileiro. São Paulo: Atlas, 2015.

CARVALHO, Gustavo Marinho de. *Precedentes administrativos no Direito brasileiro*, São Paulo, 2013.

CARVALHO FILHO, José dos Santos. *Processo Administrativo Federal*: comentários à Lei nº 9.784, de 29/1/1999, 24ª ed., Rio de Janeiro: Lumen Juris, 2009.

CASSAGNE, Juan Carlos. *Derecho administrativo*. T. I, 8. ed. Buenos Aires: Abeledo Perrot, 2006.

COVIELLO, Pedro José Jorge. *La protección de la confianza del administrado*, Buenos Aires: Abeledo-Perrot, 2004.

CRAMER, Ronaldo. *Precedentes judiciais*: teoria e dinâmica, Rio de Janeiro: Forense, 2016.

CROSS, Rupert; HARRIS, J. W. *Precedent in English Law*, 4. ed., Oxford: Clarendon Press, 1991.

DIDIER JR, Fredie; BRAGA, Paula Sarno; OLIVEIRA, Rafael Alexandria de. *Curso de Direito Processual Civil*, v. 2, 10. ed., Salvador: Juspodivm, 2015.

DÍEZ-PICAZO, Luis Mª. La doctrina del precedente administrativo. In: *Revista de Administración Pública (RAP)*, Marid, n. 98, may.-ago., 1982.

DÍEZ SASTRE, Silvia. *El precedente administrativo*: fundamentos y efcácia vinculante, Madrid: Marcial Pons, 2008.

DUXBURY, Neil. *The nature and authority of precedent*. New York: Cambridge University Press, 2008.

GONZÁLEZ PÉREZ, Jesús. *El principio general de la buena fe en el derecho administrativo*, 4ª ed., Madrid: Civitas, 2004.

GOODHART, Arthur L., Determining the Ratio Decidendi of a Case. In: *Yale Law Journal*, v. XL, n. 2, dec. 1930.

GUIMARÃES, Bernardo Strobel. Âmbito de validade da Lei de Processo Administrativo (Lei 9.784/1999) – para além da Administração Federal. *RDA*, 235, jan./mar., 2004.

JUSTEN FILHO, Marçal. Curso de Direito Administrativo, 10. ed., São Paulo: RT, 2014.

LOPES, Pedro Moniz. *Princípio da boa-fé e decisão administrativa*, Coimbra: Almedina, 2011.

LOSANO, Mario G. Os grandes sistemas jurídicos: introdução aos sistemas jurídicos europeus e extra-europeus. São Paulo: Martins Fontes, 2007.

MacCORMICK, D. Neil; SUMMERS, Robert S. Reflections and conclusions. In: MacCORMICK, D. Neil; SUMMERS, Robert S. (ed). *Interpreting precedents*: a comparative study, Aldershot: Dartmouth Publishing, 1997.

MAIRAL, Héctor A. La doctrina de los actos propios y la Administración Pública, Buenos Aires: Depalma, 1994.

MARRARA, Thiago. A boa-fé do administrado e do administrador como fator limitativo da discricionariedade administrativa. *Revista de Direito Administrativo*, Rio de Janeiro, v. 259, p. 207-247, jan./abr. 2012.

MAURER, Hartmut. Direito Administrativo Geral, Barueri: Manole, 2006.

MEDAUAR, Odete. *A processualidade no direito administrativo*, 2ª. ed., São Paulo: RT, 2008.

MEIRELLES, Hely Lopes. *Direito administrativo brasileiro*. 22. ed. São Paulo: Malheiros, 1997.

MODESTO, Paulo. Legalidade e autovinculação da Administração Pública: pressupostos conceituais do contrato de autonomia no anteprojeto da nova lei de organização administrativa. MODESTO, Paulo (Coord.). *Nova organização administrativa brasileira*, Belo Horizonte: Fórum, 2009.

MOREIRA, Egon Bochmann. *Processo administrativo*, 5. ed., São Paulo: Malheiros, 2017.

MOREIRA NETO, Diogo de Figueiredo. *Mutações do Direito Público*, Rio de Janeiro: Renovar, 2006, p. 234.

NEVES, Daniel Amorim Assumpção. *Manual de Direito Processual Civil*, 8ª. ed., Salvador: Juspodivm, 2016.

NOHARA, Irene Patrícia; MARRARA, Thiago. *Processo Administrativo*: Lei nº 9.784/99 comentada, São Paulo: Atlas, 2009.

OLIVEIRA, Rafael Carvalho Rezende. *Precedentes no Direito Administrativo*, São Paulo: Método, 2018.

_______. *Curso de Direito Administrativo*, 8ª. ed., Rio de Janeiro: Método, 2020.

_______. *Princípios do Direito Administrativo*, 2ª ed., São Paulo: Método, 2013.

ORTIZ DÍAZ, José. El precedente administrativo. *Revista de Administración Pública (RAP)*, n. 24, Madrid, sep./dic. 1957.

OTERO, Paulo. *Legalidade e Administração Pública*: o sentido da vinculação administrativa à juridicidade, Coimbra: Almedina, 2003.

PIELOW, Johann-Cristian. Integración Del ordenamiento jurídico: autovinculaciones de La Administración. In: MUÑOZ, Guillermo Andrés; SALOMONI, Jorge Luis. *Problemática de La administración contemporânea*: una comparación europeo-argentina, Buenos Aires: Ad-Hoc, 1997.

RODRÍGUEZ-ARANA MUÑOZ, Jaime; SENDÍN GARCÍA, Miguel Ángel; PÉREZ HUALDE, Alejandro et al. (Coords.). *Fuentes del Derecho Administrativo*: tratados internacionales, contratos como regla de derecho, jurisprudência, doctrina y precedente administrativo, Buenos Aires: RAP, 2010.

SANTOFIMIO GAMBOA, Jaime Orlando. La fuerza de los precedentes administrativos en el sistema jurídico del derecho positivo colombiano. In: *Revista de Derecho de la Universidad de Motevideo*, v. 10, n. 20, 2011.

SCHAUER, Frederick. Precedent. In: *Stanford Law Review*, v. 39. 1987.

SCHREIBER, Anderson. *A proibição de comportamento contraditório*, 3ª. ed., Rio de Janeiro: Renovar, 2012.

SUNDFELD, Carlos Ari. Processo e procedimento administrativo no Brasil. In: *As Leis de Processo Administrativo* (Lei Federal 9.784/99 e Lei Paulista 10.177/98), São Paulo: Malheiros, 2006.

TARUFFO, Michele. Institutional factors influencing precedents. In: MacCORMICK, D. Neil; SUMMERS, Robert S. (ed). *Interpreting precedents*: a comparative study, Aldershot: Dartmouth Publishing, 1997.

THEODORO JÚNIOR, Humberto; NUNES, Dierle; BAHIA, Alexandre Melo Franco; PEDRON, Flávio Quinaud. *Novo CPC* – Fundamentos e sistematização, 3. ed., Rio de Janeiro: Forense, 2016.

WAMBAUGH, Eugene. *The Study of Cases*: a course of instruction in reading, stating reported cases, composing head-notes and briefs, criticizing and comparing authorities, and compiling digests, 2 ed., Boston: Little, Brown and Company, 1894.

ZANDER, Michael. *The law-making process*, 7. ed., Oxford: Hart Publishing, 2015.

CAPÍTULO 9

PRECEDENTES NOS TRIBUNAIS DE CONTAS: A IMPRESCINDIBILIDADE DE UM ÓRGÃO SUPERIOR DE UNIFORMIZAÇÃO

Ricardo Schneider Rodrigues[1]

Sumário • 1. Introdução. 2. A aplicação de normas nacionais pelos tribunais de contas: ausência de uniformização e insegurança jurídica. 3. O sistema de precedentes no cpc de 2015 e sua aplicabilidade aos tribunais de contas. 4. O sistema de precedentes administrativos na lindb e os tribunais de contas. 5. Um órgão superior de uniformização para a aplicação de precedentes administrativos vinculantes nos tribunais de contas. 6. Considerações finais. 7. Referências bibliográficas.

1. INTRODUÇÃO

Atualmente temos 33 Tribunais de Contas (TCs) que, embora tenham no Tribunal de Contas da União (TCU) um paradigma a ser observado quanto à organização, composição e fiscalização, por força do artigo 75, *caput*, da Constituição da República (CR), na prática não atuam de modo uniforme. O mais grave, em matéria de Direito Financeiro, é que interpretam e aplicam a legislação nacional - especialmente a Lei de Responsabilidade Fiscal (LRF) - de modo díspar, gerando insegurança jurídica e, em muitos casos, comprometendo a efetivação de políticas públicas fundamentais.

---

[1] Doutor em Direito pela Pontifícia Universidade Católica do Rio Grande do Sul (PUC/RS). Mestre em Direito Público pela Universidade Federal de Alagoas (UFAL). Coordenador Adjunto e Professor do Curso de Direito do Centro Universitário Cesmac (Graduação, Especialização e Mestrado). Sócio fundador/idealizador e Vice-Presidente do Instituto de Direito Administrativo de Alagoas (IDAA). Procurador do Ministério Público de Contas do Estado de Alagoas.

Em relação a licitações e contratos, também é comum observar diversos Tribunais de Contas conferirem interpretação conflitante em relação às normas gerais estabelecidas pela União, na Lei nº 8.666/93, sem que haja um órgão competente para a uniformização da aplicação da lei federal, nos moldes do Superior Tribunal de Justiça (STJ).

Este cenário sugere a avaliação da aplicação da sistemática de precedentes, incorporada no Código de Processo Civil de 2015 (CPC) e reforçada, no âmbito administrativo, pela Lei nº 13.655/18, que alterou a Lei de Introdução às Normas de Direito Brasileiro (Lindb), aos Tribunais de Contas, como instrumento de aperfeiçoamento do controle externo e de reforço à segurança jurídica.

Neste artigo será avaliada a viabilidade de se implantar uma sistemática ampla de precedentes administrativos no âmbito dos Tribunais de Contas, tal como ocorre em relação aos tribunais judiciais. A análise recairá, precipuamente, sobre a repercussão no âmbito do controle externo de duas importantes mudanças ocorridas no ordenamento jurídico brasileiro: (i) o Código de Processo Civil de 2015 (CPC) e (ii) a Lei de Introdução às Normas de Direito Brasileiro (Lindb), após as inserções operadas pela Lei nº 13.655/2018 e pelo Decreto nº 9.830/19, que a regulamentou.

O foco da análise consiste em avaliar se a existência de um órgão superior competente para a uniformização da interpretação de normas de caráter nacional, semelhante ao STJ, capaz de vincular todos os Tribunais de Contas do país, não seria uma exigência para a plena incorporação da sistemática de precedentes administrativos no âmbito do controle externo.

Na abordagem da temática, será utilizado o método dedutivo. Após apresentar os problemas que a desuniformidade na aplicação do Direito pelos Tribunais de Contas pode gerar, serão analisados os aspectos gerais relacionados ao sistema de precedentes judiciais do CPC e de precedentes administrativos da Lindb, bem como sua aplicabilidade aos TCs. Ao final, será enfrentada a questão da ausência de um órgão superior de uniformização de precedentes no âmbito do controle externo.

2. A APLICAÇÃO DE NORMAS NACIONAIS PELOS TRIBUNAIS DE CONTAS: AUSÊNCIA DE UNIFORMIZAÇÃO E INSEGURANÇA JURÍDICA[2]

Os Tribunais de Contas no Brasil, a rigor, não compõem um sistema de controle externo. Embora tenham como paradigma quanto à organização, composição e fiscalização o TCU, por força do artigo 75, *caput,* da Constituição, há muitas diferenças quanto à atuação de cada uma dessas Cortes. A ausência de uma lei processual uniforme para os processos de contas é um dos fatores que contribuem para a dispersão de suas atividades.[3] Diferentemente, os tribunais judiciais seguem as mesmas normas processuais e compõem um sistema integrado, em várias instâncias, inclusive especiais, que tendem a conferir à sua atuação uma uniformização e, por conseguinte, maior segurança jurídica na aplicação do Direito.

A concepção de controle externo adotada pelo Constituinte de 1988 condiciona o desenvolvimento das atividades dos Tribunais de Contas até certo ponto. A regra de simetria, embora indique um norte a ser trilhado, na prática somente é aplicada em discussões específicas que chegam ao Judiciário, sem impor de forma mais cogente uma padronização entre as diversas Cortes de Contas.

Como não poderia ser diferente, a existência de vários centros independentes de aplicação do Direito, que não se submetem a um

---

2 Este tópico corresponde, em parte, ao desenvolvido pelo autor em: RODRIGUES, Ricardo Schneider; ARAÚJO, Lean Antônio Ferreira de. *A uniformização da interpretação da LRF no âmbito dos Tribunais de Contas: a constitucionalidade da PEC nº 188/2019 à luz do princípio federativo.* In: FILHO, Alípio Reis Firmo; WARPECHOWSKI, Ana Cristina Moraes; FILHO, Carlos Alberto de Moraes Ramos (Coord.). Responsabilidade na Gestão Fiscal: estudos em homenagem aos 20 anos da Lei Complementar nº 101/2000. Belo Horizonte: Fórum, 2020. p. 399-424.

3 Em trabalho relacionado a essa temática, Warpechowski propõe, no âmbito dos TCs, a instauração de expedientes voltados à uniformização dos entendimentos, aprovação de súmulas e a realização de eventos que possam contribuir para a fixação de entendimentos e aperfeiçoamento do conjunto sistêmico dessas Cortes. Cf. WARPECHOWSKI, Ana Cristina de Moraes. A uniformização da jurisprudência de contas: uma análise econômico-comportamental dos processos decisórios. *In*: LIMA, Luiz Henrique; SARQUIS, Alexandre Manir Figueiredo (Coord.). *Processos de controle externo: estudos de ministros e conselheiros substitutos dos Tribunais de Contas.* Belo Horizonte: Fórum, 2019. p. 79-100.

sistema que lhes dê coerência no exercício dessa atividade, tende a irradiar entendimentos conflitantes.[4]

Especificamente quanto à educação, estudo realizado por Fábio Araújo de Souza demonstra a instabilidade no trato da questão da aferição do atendimento à exigência constitucional de gastos mínimos com a manutenção e o desenvolvimento do ensino (MDE), estipulada na Constituição em seu artigo 212.[5] Em seu levantamento, Souza aponta que os Tribunais sufragaram diversas interpretações colidentes quanto à (im)possibilidade de se contabilizar os gastos com inativos e pensionistas da educação na exigência mínima constitucional.

A Lei nº 9.394/96 (Lei de Diretrizes e Bases da Educação – LDB) prevê de forma expressa os gastos que podem (art. 70) e que não podem (art. 71) ser considerados para fins de manutenção e desenvolvimento do ensino, a demonstrar o quanto o desencontro na interpretação de normas constitucionais e federais gera perplexidade pela ausência de instrumentos que permitam a uniformização de sua aplicação em todo o território nacional por parte dos Tribunais de Contas.

---

4 "Essa organização trouxe como consequência um isolamento dos Tribunais de Contas e respectivos Poderes Legislativos em cada unidade da federação, e levou a uma falta de uniformidade na interpretação das normas administrativas e principalmente financeiras. Um problema que não é simples, mas exige uma solução. Diferentemente do Poder Judiciário, que tem uma unicidade, com órgãos de cúpula capazes de uniformizar a interpretação das normas ao apreciá-las em grau recursal, o mesmo não ocorre com os Tribunais de Contas, o que permite a coexistência de uma multiplicidade de formas de aplicação das normas, que são as mesmas para todo o país, o que é evidentemente indesejável e causador de insegurança jurídica" (CONTI, José Maurício. O Plano Mais Brasil e o pacote de mudanças no Direito Financeiro: propostas evidenciam o protagonismo que a área assumiu na agenda nacional e para o desenvolvimento do país. *Jota,* Coluna Fiscal, 28 nov. 2019. Disponível em: https://www.jota.info/opiniao-e-analise/colunas/coluna-fiscal/o-plano-mais-brasil-e-o-pacote-de-mudancas-no-direito-financeiro-28112019. Acesso em: 26 fev. 2020).

5 SOUZA, Fábio Araújo de. Inativos da educação: despesa da educação? *Revista Brasileira de Política e Administração da Educação – RBPAE*, v. 35, n. 3, p. 1029-1062, set./dez. 2019. DOI: https://doi.org/10.21573/vol35n32019.95884. Disponível em: https://seer.ufrgs.br/rbpae/article/view/95884. Acesso em: 23 fev. 2020.

Afinal, causa espécie um Estado não poder contabilizar as despesas com inativos, reduzindo os investimentos com educação, e no Estado vizinho isso ser autorizado, assim como também causa estranhamento TCs editarem normas proibindo a inclusão dos inativos na contabilização de despesas com MDE e tal entendimento ser solenemente desconsiderado pelo respectivo Plenário da Corte.[6]

Sundfeld destaca, com razão, o problema da enorme fragmentação das decisões administrativas e de controle. Critica a baixa homogeneidade na aplicação de normas constitucionais ou legais de caráter nacional, por cada ente da federação e pelos respectivos órgãos de controle. Haveria um caos interpretativo em temas-chave como a prevenção da corrupção, transparência e publicidade, desburocratização, concurso público e outros processos seletivos, licitação, contratos administrativos e políticas fiscais.[7]

A ausência de uniformização na aplicação do Direito nacional pode representar um fator de insegurança jurídica também em relação aos direitos e garantias individuais daqueles que têm suas atividades fiscalizadas pelas Cortes de Contas. O texto constitucional é abrangente ao estabelecer um dever de prestar contas que alcança qualquer pessoa física ou jurídica, pública ou privada, que utilize, arrecade, guarde, gerencie ou administre dinheiros, bens e valores públicos ou pelos quais o ente federativo responda, ou que, em nome

6 Recentemente, o Supremo Tribunal Federal pacificou a matéria. Na Ação Direta de Inconstitucionalidade (ADI) nº 5.719, relatada pelo Min. Edson Fachin, por unanimidade, entendeu que a definição de quais despesas podem ou não ser consideradas como manutenção e desenvolvimento de ensino é definida em regra geral de competência da União (arts. 70 e 71 da LDB), sendo inconstitucional lei local que disponha de modo diverso. Para o STF, o computo de despesas com encargos previdenciários de servidores inativos ou do déficit de seu regime próprio de previdência como manutenção e desenvolvimento de ensino importa em violação a destinação mínima de recursos exigida pelo art. 212 da CR, bem como à cláusula de não vinculação de impostos do art. 167, IV, da CR.

7 SUNDFELD, Carlos Ari. Uma autoridade normativa, técnica e nacional para a gestão pública. *In*: MOTTA, Fabrício; GABARDO, Emerson (Coord.). *Limites do controle da administração pública no Estado de Direito*. Curitiba: Íthala, 2019. p. 53-64. Como veremos adiante, o autor sugere a instituição de uma nova autoridade jurídica, técnica e nacional com atribuição para uniformizar a aplicação das normas constitucionais e legais, além de, em certos casos, normatizar temas técnicos sobre gestão pública.

deste, assuma obrigações de natureza pecuniária (art. 71, parágrafo único, CR). Aos Tribunais de Contas é assegurada a possibilidade de aplicar aos responsáveis, em caso de ilegalidade de despesa ou irregularidade de contas, as sanções previstas em lei, e estabelecer, entre outras cominações, multa proporcional ao dano causado ao erário (art. 71, inc. VIII, CR). Neste contexto, é possível cogitar que uma empresa, de âmbito nacional, venha a ser responsabilizada por um TC pela mesma conduta praticada em Estados ou municípios diversos, cujos Tribunais de Contas confiram à mesma lei federal interpretação diversa.

Tem razão Viana ao acentuar que

> [...] o respeito ao postulado da segurança jurídica, no âmbito dos Tribunais de Contas, deve mirar na regularidade de atuação dos agentes controladores, nos elementos essenciais às decisões, cujos efeitos podem atingir reflexamente a esfera de direitos subjetivos de terceiros, nas esferas cível, administrativa e criminal, assim como podem comprometer a efetividade das políticas públicas, em razão da disfuncionalidade no exercício das competências controladoras.[8]

Essas breves considerações, longe de pretender exaurir a temática, têm por objetivo demonstrar a imperiosidade de se instituir, no âmbito dos Tribunais de Contas, instrumentos capazes de conferir uma aplicação uniforme da legislação nacional em todo o território brasileiro. Não se justifica que Cortes com iguais atribuições permitam interpretações dissonantes em relação às mesmas normas nacionais, promovendo insegurança jurídica e, em muitos casos, contribuindo para um cenário de desajuste fiscal e grave comprometimento de políticas públicas essenciais. O eventual atendimento de interesses locais não deve se sobrepor ao escopo de prevenção de riscos fiscais

[8] VIANA, Ismar. *Fundamentos do Processo de Controle Externo: uma interpretação sistematizada do Texto Constitucional aplicada à processualização das competências dos Tribunais de Contas*. Rio de Janeiro: Lumen Juris, 2019. p. 80.

capazes de afetar o equilíbrio das contas públicas, insculpido no § 1º do artigo 1º da LRF.[9]

De igual forma, assim como não faz sentido conferir uma aplicação diferente à LDB – ou até mesmo negar a sua vigência –, a depender do entendimento do Tribunal de Contas ao qual um Estado ou Município está vinculado, não é adequado permitir que, em matéria de licitações e contratos, ao menos em relação às normas gerais, cuja competência para editá-las é da União (art. 22, inc. XXVII, CR), haja uma interpretação ou aplicação desuniforme no âmbito do território nacional. E dessa forma se deve considerar em relação a qualquer norma de caráter nacional.

Daí a necessidade de se avaliar a sistemática dos precedentes no âmbito administrativo, de modo a viabilizar a uniformização da aplicação de leis de caráter nacional no âmbito dos diversos Tribunais de Contas do Brasil. A primeira análise recairá sobre a sistemática adotada pelo CPC; em seguida, será examinada aquela incorporada à Lindb.

3. O SISTEMA DE PRECEDENTES NO CPC DE 2015 E SUA APLICABILIDADE AOS TRIBUNAIS DE CONTAS

Com o advento do Código de Processo Civil de 2015, o ordenamento jurídico pátrio passou a prever um sistema de precedentes judiciais obrigatórios. Além do dever de uniformizar sua jurisprudência e mantê-la estável, íntegra e coerente (art. 926, CPC), o CPC estabelece que os tribunais e os juízes observarão as decisões do Supremo Tribunal Federal (STF) em controle concentrado de constitucionalidade; os enunciados de súmula vinculante; os acórdãos em incidente de assunção de competência ou de resolução de demandas

---

9 Nem sempre haverá, como ocorreu na ADI nº 5.179, uma lei local a permitir a atuação da Suprema Corte em sede de controle de constitucionalidade. Não tivesse o Estado de São Paulo editado norma voltada a frustrar os objetivos do art. 212 da Constituição e o disposto nos arts. 70 e 71 da LDB, ainda haveria a divergência de entendimentos nos Tribunais de Contas, sem nenhum instrumento que viabilizasse a uniformização da jurisprudência as Cortes de Contas, com impacto negativo sobre a segurança jurídica.

repetitivas e em julgamento de recursos extraordinário e especial repetitivos; os enunciados das súmulas do STF em matéria constitucional e do STJ em matéria infraconstitucional; e a orientação do plenário ou do órgão especial aos quais estiverem vinculados (art. 927, inc. I a V, CPC).

Além disso, o CPC estatui que não se considera fundamentada qualquer decisão judicial, seja ela interlocutória, sentença ou acórdão, que deixar de seguir enunciado de súmula, jurisprudência ou precedente invocado pela parte, sem demonstrar a existência de distinção no caso em julgamento ou a superação do entendimento (art. 489, § 1º, inc. VI, CPC).

Não há uniformidade de sentido, no âmbito da doutrina nacional e estrangeira, quanto ao conceito de precedente judicial, ainda mais considerando as particularidades da inserção desse instituto em nosso ordenamento jurídico, que corresponderia a uma aproximação de nossa tradição pautada pelo *civil law* em relação ao *commom law*.[10] De fato, tal fenômeno tem sido observado não apenas no Brasil, mas no mundo contemporâneo há cada vez mais uma aproximação entre essas duas tradições do *civil law* e do *commom law*.[11-12]

Embora reconheça que o conceito de precedente varia conforme o tratamento conferido por cada ordenamento jurídico, admite, a partir de uma perspectiva ampla, a seguinte definição:

---

10 VALE, Luís Manoel Borges do. *Os precedentes vinculantes, no direito processual civil brasileiro, e o direito fundamental à razoável duração do processo*. 2016. Dissertação (Mestrado em Direito) – Faculdade de Direito, Universidade Federal de Alagoas, Maceió, 2016. p. 22-23.

11 MARINONI, Luiz Guilherme; ARENHART, Sérgio Cruz; MITIDIERO, Daniel. *Curso de Processo Civil*. v. 2. São Paulo: Revista dos Tribunais, 2015. p. 605-613.

12 Marques Neto e Freitas destacam que o direito administrativo brasileiro seria fruto do sincretismo entre os referidos sistemas. Do *civil law* teria herdado os conceitos de serviço público, ato administrativo e o delineamento da responsabilidade civil do Estado; já do *commom law* teria recebido a unidade de jurisdição, o controle dos atos administrativos pelo Judiciário, a aplicação da proporcionalidade, a função regulatória do Estado e algum grau de vinculação à jurisprudência (MARQUES NETO, Floriano de Azevedo Marques; FREITAS, Rafael Véras de. *Comentários à Lei nº 13.655/2018: Lei da segurança para a inovação pública*. Belo Horizonte: Fórum, 2019. p. 157-158)

> Valendo-se de um ponto de vista macro, é possível conceituar o precedente judicial como a decisão proferida em determinado caso, que ganha foro paradigmático, na medida em que pode se tornar elemento de referência para decisões futuras, haja vista que nele se encontra inserida uma tese jurídica passível de ser universalizável, no bojo de circunstâncias fáticas que embasam a controvérsia.[13]

De forma mais direta, Oliveira conceitua precedente, em sentido amplo, como "decisão anterior sobre determinado assunto, que serve de modelo orientador para casos futuros" e, em sentido estrito, "decisão anterior que apresenta solução jurídica vinculante em relação ao próprio tribunal e aos demais órgãos judiciais inferiores quando julgarem casos semelhantes".[14]

Em linhas gerais, temos nos precedentes uma decisão referencial para outras decisões a serem tomadas em casos semelhantes. Possui, portanto, um aspecto retrospectivo, pela necessidade de quem decide ter de analisar a decisão paradigmática pretérita, e outro prospectivo, pois o precedente se propõe a repercutir sobre decisões futuras. É formado por dois elementos indispensáveis: a tese universalizável (*ratio decidendi*) e o cenário fático a ela atrelado.[15]

Vale apontar quatro dimensões a serem observadas por ocasião da construção do sentido de precedente judicial, quais sejam: institucional, objetiva, estrutural e de eficácia. Necessário verificar no ordenamento jurídico, portanto, a organização judicial em torno dos precedentes, a delimitação do que é o precedente (*ratio decidendi* x

---

13 VALE, Luís Manoel Borges do. *Os precedentes vinculantes, no direito processual civil brasileiro, e o direito fundamental à razoável duração do processo*. 2016. Dissertação (Mestrado em Direito) - Faculdade de Direito, Universidade Federal de Alagoas, Maceió, 2016. p. 23-26.

14 OLIVEIRA, Rafael Carvalho Rezende de. *Precedentes no Direito Administrativo*. Forense. Rio de Janeiro, 2018. p. 35.

15 VALE, Luís Manoel Borges do. *Os precedentes vinculantes, no direito processual civil brasileiro, e o direito fundamental à razoável duração do processo*. 2016. Dissertação (Mestrado em Direito) - Faculdade de Direito, Universidade Federal de Alagoas, Maceió, 2016. p. 24.

obter dicta), a sua estrutura constitutiva e a sua eficácia em relação às decisões posteriores.[16]

É importante não confundir precedente com outros conceitos relacionados. A rigor, jurisprudência corresponde a várias decisões um tribunal, convergentes em seu sentido, que surgem espontaneamente, enquanto o precedente se consubstancia numa única decisão, pretensamente mais aprofundada, sobre determinada questão jurídica. A súmula, por sua vez, é um verbete que se propõe a extrair a essência (tese) da jurisprudência sobre um determinado tema. É fruto de decisões anteriores convergentes e resulta de um procedimento específico para a sua aprovação.[17]

Outro aspecto relevante a ser considerado consiste na diferenciação entre precedentes obrigatórios ou vinculantes e os persuasivos ou de mero convencimento. Embora reconheça divergências na doutrina quanto a essa divisão, Vale aponta como obrigatório ou vinculante aquele precedente que não pode ser desconsiderado pelo órgão julgador, enquanto o meramente persuasivo não gera vinculação, servindo apenas de parâmetro para argumentação.[18]

Como bem assevera Vale, "a resolução de casos semelhantes de maneira díspare resulta em total contradição do próprio sistema jurídico, submetendo-se o jurisdicionado, em algumas hipóteses, ao mero talante do magistrado ou da Corte".[19] De fato, tal postura gera o descrédito do sistema judicial. Com razão o autor, ao assinalar que

---

16 VALE, Luís Manoel Borges do. *Os precedentes vinculantes, no direito processual civil brasileiro, e o direito fundamental à razoável duração do processo*. 2016. Dissertação (Mestrado em Direito) – Faculdade de Direito, Universidade Federal de Alagoas, Maceió, 2016. p. 27.

17 VALE, Luís Manoel Borges do. *Os precedentes vinculantes, no direito processual civil brasileiro, e o direito fundamental à razoável duração do processo*. 2016. Dissertação (Mestrado em Direito) – Faculdade de Direito, Universidade Federal de Alagoas, Maceió, 2016. p. 28-34.

18 VALE, Luís Manoel Borges do. *Os precedentes vinculantes, no direito processual civil brasileiro, e o direito fundamental à razoável duração do processo*. 2016. Dissertação (Mestrado em Direito) – Faculdade de Direito, Universidade Federal de Alagoas, Maceió, 2016. p. 57-62.

19 VALE, Luís Manoel Borges do. *Os precedentes vinculantes, no direito processual civil brasileiro, e o direito fundamental à razoável duração do processo*. 2016. Dissertação (Mestrado em Direito) – Faculdade de Direito, Universidade Federal de Alagoas, Maceió, 2016. p. 73.

a obrigatoriedade do respeito aos precedentes judiciais é uma necessidade democrática, a exigir um tratamento uniforme, exigência do princípio da igualdade.[20] O legislador brasileiro caminhou bem ao instituir a sistemática dos precedentes obrigatórios, nos termos dos enunciados acima apresentados.

Por outra via, a sistemática de precedentes obrigatórios também guarda íntima relação com o princípio da segurança jurídica. Inegavelmente, "[...] a obrigatoriedade de observância de decisões paradigmáticas pretéritas viabiliza a realização de valores como confiança, previsibilidade, estabilidade e cognoscibilidade", essenciais para conferir integridade ao ordenamento jurídico.[21]

Didier defende que o sistema de precedentes judiciais obrigatórios instituído pelo Código de Processo Civil inova ao prever quatro deveres gerais para os tribunais: a) dever de uniformizar sua jurisprudência; b) dever de manter sua jurisprudência estável; c) dever de integridade; e d) dever de coerência, estabelecidos expressamente no seu art. 926. Acentua, ainda, que tais deveres decorrem de um conjunto de normas constitucionais: dever de motivação, princípio do contraditório, princípio da igualdade e segurança jurídica.[22]

O dever de uniformizar impõe, segundo Didier, uma atuação dos tribunais no sentido de afastar as divergências internas, de seus órgãos fracionários, a respeito da mesma questão jurídica. Já o dever de manutenção da estabilidade de sua jurisprudência está atrelado ao princípio da inércia argumentativa, de modo a impor uma carga

---

[20] VALE, Luís Manoel Borges do. *Os precedentes vinculantes, no direito processual civil brasileiro, e o direito fundamental à razoável duração do processo*. 2016. Dissertação (Mestrado em Direito) – Faculdade de Direito, Universidade Federal de Alagoas, Maceió, 2016. p. 71-74.

[21] VALE, Luís Manoel Borges do. *Os precedentes vinculantes, no direito processual civil brasileiro, e o direito fundamental à razoável duração do processo*. 2016. Dissertação (Mestrado em Direito) – Faculdade de Direito, Universidade Federal de Alagoas, Maceió, 2016. p. 75-76.

[22] DIDIER JR., Fredie. Sistema brasileiro de precedentes judiciais obrigatórios e os deveres institucionais dos tribunais: uniformidade, estabilidade, integridade e coerência da jurisprudência. *In:* MAIA, Renata C. Vieira; FERREIRA, Diogo Ribeiro (Coord.). *Processo Civil aplicado aos Tribunais de Contas: novas tendências a partir do CPC de 2015*. Belo Horizonte: Fórum, 2017. p. 42.

argumentativa mais forte nos casos em que se afastar um precedente, por distinção ou superação; e permite uma carga argumentativa mais fraca quando se aplica o precedente a um caso semelhante. A estabilidade consubstanciada na ideia da "inércia argumentativa" representa, para o autor, uma norma consagrada também em nível constitucional, a partir das garantias de igualdade, motivação adequada das decisões e do contraditório.[23]

Em relação aos deveres de coerência e integridade, Didier defende a possibilidade de comporem um conjunto designado como "consistência" da jurisprudência dos tribunais. Assim, uma jurisprudência "consistente" seria aquela considerada íntegra e coerente.[24]

Em sua dimensão externa, a coerência corresponderia à adequação das decisões dos tribunais àquelas anteriores, bem como à linha evolutiva do desenvolvimento de sua jurisprudência. Didier assinala aqui a forte vinculação dessa ideia com o princípio da igualdade, no sentido de conferir o mesmo tratamento a casos iguais, ressalvados, por certo, os casos de superação, devidamente fundamentada, do entendimento anterior. Dessa forma, os precedentes devem ser seguidos, distinguidos ou revogados, mas nunca ignorados.[25]

Aspecto importante para o propósito deste trabalho, apontado pelo autor, consiste nas dimensões espacial e temporal da coerência.

---

[23] DIDIER JR., Fredie. Sistema brasileiro de precedentes judiciais obrigatórios e os deveres institucionais dos tribunais: uniformidade, estabilidade, integridade e coerência da jurisprudência. *In:* MAIA, Renata C. Vieira; FERREIRA, Diogo Ribeiro (Coord.). *Processo Civil aplicado aos Tribunais de Contas: novas tendências a partir do CPC de 2015.* Belo Horizonte: Fórum, 2017. p. 42-44.

[24] DIDIER JR., Fredie. Sistema brasileiro de precedentes judiciais obrigatórios e os deveres institucionais dos tribunais: uniformidade, estabilidade, integridade e coerência da jurisprudência. *In:* MAIA, Renata C. Vieira; FERREIRA, Diogo Ribeiro (Coord.). *Processo Civil aplicado aos Tribunais de Contas: novas tendências a partir do CPC de 2015.* Belo Horizonte: Fórum, 2017. p. 44-48.

[25] DIDIER JR., Fredie. Sistema brasileiro de precedentes judiciais obrigatórios e os deveres institucionais dos tribunais: uniformidade, estabilidade, integridade e coerência da jurisprudência. *In:* MAIA, Renata C. Vieira; FERREIRA, Diogo Ribeiro (Coord.). *Processo Civil aplicado aos Tribunais de Contas: novas tendências a partir do CPC de 2015.* Belo Horizonte: Fórum, 2017. p. 48-49.

Não se admite que a mesma situação jurídica seja tratada de modo diverso por órgãos locais diferentes, tampouco que desrespeite a atuação anterior do próprio Tribunal, ressalvada a mudança justificada de posicionamento.[26]

O dever de integridade, para Didier, é atrelado à ideia de unidade do Direito, que impõe certas posturas aos tribunais: decidir em conformidade com o Direito, afastando o voluntarismo e argumentações arbitrárias; respeitar a Constituição (postulado da hierarquia); compreender o Direito como um sistema de normas (postulado da unidade do ordenamento jurídico); observar as relações entre o direito processual e material; e enfrentar todos os argumentos favoráveis e desfavoráveis à tese jurídica delineada por ocasião da formação do precedente.[27]

Vislumbra-se na sistemática dos precedentes judiciais um instrumento hábil a concretizar diversos princípios constitucionais, já mencionados. Desde 2015, quando o CPC entrou em vigor, há um debate sobre a possibilidade de esse sistema ser aplicado à esfera administrativa e, especialmente, aos Tribunais de Contas, por força do art. 15 do CPC, que prevê a aplicação subsidiária e supletiva das normas processuais civis aos processos administrativos, em caso de lacuna normativa.

Os Tribunais de Contas – que não integram o Poder Judiciário, mas detêm a atribuição de julgamento de contas (art. 71, inc. I, CR) – poderiam fazer uso desse instrumental na medida em que suas leis

[26] DIDIER JR., Fredie. Sistema brasileiro de precedentes judiciais obrigatórios e os deveres institucionais dos tribunais: uniformidade, estabilidade, integridade e coerência da jurisprudência. *In*. MAIA, Renata C. Vieira; FERREIRA, Diogo Ribeiro (Coord.). *Processo Civil aplicado aos Tribunais de Contas: novas tendências a partir do CPC de 2015*. Belo Horizonte: Fórum, 2017. p. 50. Neste ponto, o autor refere-se às ideias de Lucas Buril Macêdo (MACÊDO, Lucas Buril. *Precedentes judiciais e o direito processual civil*. Salvador: Juspodivm, 2014. p. 433).

[27] DIDIER JR., Fredie. Sistema brasileiro de precedentes judiciais obrigatórios e os deveres institucionais dos tribunais: uniformidade, estabilidade, integridade e coerência da jurisprudência. *In:* MAIA, Renata C. Vieira; FERREIRA, Diogo Ribeiro (Coord.). *Processo Civil aplicado aos Tribunais de Contas: novas tendências a partir do CPC de 2015*. Belo Horizonte: Fórum, 2017. p. 53-55.

orgânicas, regra geral, não versam sobre a temática dos precedentes – após 2018, as alterações havidas na Lindb reforçaram a defesa em prol da existência de precedentes administrativos, questão que veremos no tópico a seguir.

Antes mesmo do advento do atual CPC, Hachem defendia a vinculação da Administração Pública aos precedentes judiciais e administrativos, em matéria de direitos sociais, como instrumento para a promoção de sua tutela, em conformidade com o princípio da igualdade.[28] Para o autor, essa vinculação decorreria do direito fundamental à tutela administrativa efetiva.[29]

Entre os vários direitos fundamentais decorrentes do disposto nos artigos 1º, inc. II e III, 3º, inc. I a IV, 5º, §§ 1º e 2º, e 37, *caput*, da Constituição Federal, além do art. 2º, inc. 3º, "a" e "b", do Pacto Internacional sobre Direitos Civis e Políticos, Hachem defende que todo cidadão teria o direito fundamental de receber da Administração Pública uma tutela igualitária de seus direitos sociais.[30]

Com efeito:

> A Administração Pública, ao decidir os processos administrativos submetidos à sua apreciação, está sujeita ao dever jurídico de respeitar os precedentes administrativos e judiciais já consolidados em favor dos direitos do cidadão, como forma de assegurar-lhes uma proteção igualitária. Trata-se de uma exigência: (i) do direito fundamental à igualdade (art. 3º, IV e art. 5º, *caput*, CF); (ii) do direito fundamental à proibição

[28] HACHEM, Daniel Wunder. Vinculação da Administração Pública aos precedentes administrativos e judiciais: mecanismo de tutela igualitária dos direitos sociais. *In*: BLANCHET, Luiz Alberto; HACHEM, Daniel Wunder; SANTANO, Ana Claudia (Coord.). *Estado, Direito e Políticas Públicas: Homenagem ao Professor Romeu Felipe Bacellar Filho*. Curitiba: Íthala, 2014. p. 217-243.

[29] HACHEM, Daniel Wunder. *Tutela administrativa efetiva dos direitos fundamentais sociais: por uma implementação espontânea, integral e igualitária*. 2014. Tese (Doutorado em Direito) – Setor de Ciências Jurídicas, Universidade Federal do Paraná, Curitiba, 2014.

[30] HACHEM, Daniel Wunder. Vinculação da Administração Pública aos precedentes administrativos e judiciais: mecanismo de tutela igualitária dos direitos sociais. *In*: BLANCHET, Luiz Alberto; HACHEM, Daniel Wunder; SANTANO, Ana Claudia (Coord.). *Estado, Direito e Políticas Públicas: Homenagem ao Professor Romeu Felipe Bacellar Filho*. Curitiba: Íthala, 2014. p. 219.

> de discriminação atentatória contra os direitos fundamentais (art. 5º, XLI, CF); (iii) do princípio constitucional da impessoalidade administrativa (art. 37, *caput*, CF); (iv) do direito fundamental à segurança jurídica (art. 5º, *caput*, CF) e à proteção da confiança legítima. No âmbito específico que se está analisando – satisfação de direitos sociais – essa implicação ostenta expressiva relevância.[31]

Para o autor, o princípio da igualdade impõe o dever de a Administração Pública conferir tratamento isonômico para todos os cidadãos, independentemente da situação. Não obstante, em casos relacionadas à tutela de direitos sociais, tal dever se imporia de modo ainda mais forte. A promoção desigual de tais direitos ensejaria o agravo das desigualdades sociais. Com razão, "o remédio acaba se convertendo em um veneno: ele é desenvolvido para diminuir as disparidades sociais e acaba, ao revés, alargando-as".[32]

Com o advento do atual Código de Processo Civil, a aplicação das normas processuais civis aos Tribunais de Contas é fortalecida. O Regimento Interno do TCU já previa a aplicação subsidiária das normas processuais compatíveis com a Lei Orgânica do TCU (art. 298). A Súmula nº 103 também estabelecia a aplicação analógica e subsidiária das disposições do CPC, na falta de normas legais regimentais específicas.

Sem embargo, o novel regramento do art. 15 do CPC aponta no sentido de ampliar a possibilidade de aplicação de suas normas no âmbito do controle externo. Muito embora seu enunciado se refira aos casos de "ausência de normas que regulem processos eleitorais, trabalhistas ou administrativos", ao assentar que "as disposições deste

---

31 HACHEM, Daniel Wunder. Vinculação da Administração Pública aos precedentes administrativos e judiciais: mecanismo de tutela igualitária dos direitos sociais. *In*: BLANCHET, Luiz Alberto; HACHEM, Daniel Wunder; SANTANO, Ana Claudia (Coord.). *Estado, Direito e Políticas Públicas: Homenagem ao Professor Romeu Felipe Bacellar Filho*. Curitiba: Íthala, 2014. p. 220.

32 HACHEM, Daniel Wunder. Vinculação da Administração Pública aos precedentes administrativos e judiciais: mecanismo de tutela igualitária dos direitos sociais. *In*: BLANCHET, Luiz Alberto; HACHEM, Daniel Wunder; SANTANO, Ana Claudia (Coord.). *Estado, Direito e Políticas Públicas: Homenagem ao Professor Romeu Felipe Bacellar Filho*. Curitiba: Íthala, 2014. p. 220.

Código lhes serão aplicadas supletiva e subsidiariamente" a doutrina vem defendendo a utilização das normas processuais civis para além das situações de lacuna normativa.

Giamundo Neto destaca que os termos "supletiva" e "subsidiária" não são sinônimos. Enquanto este viria do latim *subsidiarus,* no sentido de "que é da reserva", "que é de reforço", aquele viria de *suppletivu,* a significar "suprir", "completar", "preencher". Para o autor, aplicar supletivamente normas processuais pressupõe uma omissão legal, situação em que não há regulamentação ou esta ocorreu de forma parcial. Já aplicação subsidiária não pressupõe a omissão, admitindo a existência de norma processual, que poderá ser enriquecida ou ter a ela atribuído um sentido diverso do original, de modo a harmonizá-la com princípios fundamentais do processo, num movimento de integração.[33]

O CPC abriria a possibilidade para o aprimoramento de garantias fundamentais do processo no âmbito administrativo, não apenas em caso de lacuna normativa, mas para "complementar, aprimorar e atualizar" as normas processuais administrativas existentes. Cumpre apenas atentar para as hipóteses de silêncio deliberado do legislador, situação essa que deve ser respeitada. Não sendo esse o caso, os instrumentos do CPC propícios a conferir uma tutela mais efetiva de direitos ameaçados ou violados – para assegurar o direito fundamental à tutela administrativa efetiva[34] – devem ser adotados, a partir da compreensão de uma integração harmônica, a compatibilizar o espírito das regras administrativas àquelas do CPC.[35]

Essa compreensão do alcance do art. 15 do CPC permite uma sinergia entre as regras de processo, em torno da concretização dos direitos e garantias fundamentais do processo insculpidos na Constituição.

---

33 NETO, Giuseppe Giamundo. *As garantias do processo no Tribunal de Contas da União.* São Paulo: Thomson Reuters, 2019. p. 111-112.

34 HACHEM, Daniel Wunder. *Tutela administrativa efetiva dos direitos fundamentais sociais: por uma implementação espontânea, integral e igualitária.* 2014. Tese (Doutorado em Direito) – Setor de Ciências Jurídicas, Universidade Federal do Paraná, Curitiba, 2014.

35 NETO, Giuseppe Giamundo. *As garantias do processo no Tribunal de Contas da União.* São Paulo: Thomson Reuters, 2019. p. 112-114.

Como fruto dessa intelecção, Giamundo Neto destaca a incidência das normas de direitos fundamentais dos arts. 1º a 12 do CPC, destinadas a assegurar a legitimidade democrática do processo. O autor reforça também o caráter garantista da lei processual, assentado em normas voltadas a conferir maior segurança jurídica às decisões judiciais, com reflexos sobre o processo administrativo dos Tribunais de Contas.[36]

Para Matos e Suxberger, a aplicação do CPC aos Tribunais de Contas, por força do seu art. 15, independe de disposição regimental, mas seria consequência direta de imposição legislativa cogente. Defendem que, na ausência de previsão regimental, a norma processual deve incidir, e nos casos em que houver tal regulamentação, o CPC deve orientar a interpretação.[37]

Já sob a égide do novo CPC, Cademartori e Schramm defendem que os precedentes judiciais do art. 927 do CPC não vinculariam os Tribunais de Contas, por serem órgãos independentes, dissociados de qualquer dos três Poderes. Ressalvam apenas as hipóteses de Súmulas Vinculantes (art. 103-A, CR) e de decisões havidas em sede de controle concentrado de constitucionalidade (art. 102, § 2º, CR).[38]

Não obstante, os autores defendem a possibilidade de o TCU aplicar o sistema de precedentes do CPC por analogia, dada a necessidade de se assegurar o respeito às garantias constitucionais do devido processo legal, da isonomia e da segurança jurídica. Internamente, assinalam o dever de as equipes técnicas e as Câmaras do TCU seguirem os entendimentos consolidados nas Súmulas e Prejulgados

36 NETO, Giuseppe Giamundo. *As garantias do processo no Tribunal de Contas da União.* São Paulo: Thomson Reuters, 2019. p. 114-117.

37 MATOS, André Luis de; SUXBERGER, Antonio Henrique Graciano. O impacto do Código de Processo Civil de 2015 na modelagem procedimental dos Tribunais de Contas. *Revista de Estudos e Pesquisas Avançadas do Terceiro Setor – REPATS*, Brasília, v. 5, n. 1, p. 484-515, Jan./Jun. 2018.

38 CADEMARTORI, Luiz Henrique; SCHRAMM, Fernanda Santos. A interação do Tribunal de Contas da União com o sistema de precedentes do CPC/2015. *Novos Estudos Jurídicos – Eletrônica*, v. 24, n. 2, p. 749-776, set./dez. 2018. DOI 10.14210/nej.v24n3.p749-776. Disponível em: https://siaiap32.univali.br/seer/index.php/nej/article/view/13737/pdf. Acesso em: 21 set. 2020.

(respostas a consultas) da Corte, ressalvados os casos de mudança do entendimento dominante, situação em que as situações já consolidadas não poderão ser prejudicadas, em prol da segurança jurídica.[39]

Analisada a temática dos precedentes sob a perspectiva do CPC, bem como sua aplicabilidade aos Tribunais de Contas, cumpre perquirir como a Lindb, a partir da Lei nº 13.655/18, passou a admitir a implantação do sistema de precedentes obrigatórios no âmbito do controle externo.

4. O SISTEMA DE PRECEDENTES ADMINISTRATIVOS NA LINDB E OS TRIBUNAIS DE CONTAS

Antes mesmo da vigência da Lindb, após as inserções promovidas pela Lei nº 13.655/18, em especial de seu art. 30, que passou a prever o dever de as autoridades públicas fomentarem a segurança jurídica, por meio de regulamentos, súmulas e consultas, com caráter vinculante, e até mesmo antes do atual CPC, que, como visto, desde 2015 passou a prever regra expressa estabelecendo a sua aplicação subsidiária e supletiva aos processos administrativos, bem como a instituição de um sistema de precedentes judiciais obrigatórios, Hachem já defendia, com fundamento nos princípios da igualdade, da impessoalidade, da segurança jurídica, da proteção à confiança legítima e da proibição de discriminação atentatória a direitos fundamentais, a partir de uma concepção de juridicidade administrativa, a imposição de respeito aos precedentes administrativos.[40-41]

---

[39] CADEMARTORI, Luiz Henrique; SCHRAMM, Fernanda Santos. A interação do Tribunal de Contas da União com o sistema de precedentes do CPC/2015. *Novos Estudos Jurídicos – Eletrônica*, v. 24, n. 2, p. 749-776, set./dez. 2018. DOI 10.14210/nej.v24n3.p749-776. Disponível em: https://siaiap32.univali.br/seer/index.php/nej/article/view/13737/pdf. Acesso em: 21 set. 2020.

[40] HACHEM, Daniel Wunder. Vinculação da Administração Pública aos precedentes administrativos e judiciais: mecanismo de tutela igualitária dos direitos sociais. *In*: BLANCHET, Luiz Alberto; HACHEM, Daniel Wunder; SANTANO, Ana Claudia (Coord.). *Estado, Direito e Políticas Públicas: Homenagem ao Professor Romeu Felipe Bacellar Filho.* Curitiba: Íthala, 2014. p. 223-225.

[41] A partir da perspectiva do Direito português, Correia também defende a que força vinculativa dos precedentes se baseia nos princípios da igualdade, da imparcialidade, da boa-fé

De igual modo, para Oliveira, além da impossibilidade de ignorar os precedentes judiciais do CPC, a Administração Pública, por força do dever de coerência administrativa, deveria levar em conta os seus próprios precedentes.[42]

Em suas palavras:

> O precedente administrativo, conceituado como a norma jurídica retirada de decisão administrativa anterior, válida e de acordo com o interesse público, que, após decidir determinado caso concreto, deve ser observada em casos futuros e semelhantes pela Administração Pública, garante a efetividade dos princípios da igualdade, da segurança jurídica, da boa-fé, da proteção da confiança legítima, da razoabilidade, da proporcionalidade e da eficiência.[43]

A partir das mudanças operadas pela Lei nº 13.655/18 na Lei de Introdução às Normas do Direito Brasileiro (Lindb), regulamentadas pelo Decreto nº 9.830/19, a temática dos precedentes passou a ganhar força no âmbito da Administração Pública.[44] A referida lei foi aprovada ao argumento de que conferiria maior segurança jurídica e eficiência na criação e na aplicação do Direito Público. Natural, portanto, que trouxesse em sua disciplina a temática dos precedentes administrativos, cuja fundamentação constitucional pode ser extraída dos princípios da igualdade, da impessoalidade e da segurança jurídica.[45]

---

da segurança jurídica. Cf. CORREIA, Jorge Alves. O valor do precedente no direito administrativo português. *Revista Colunistas de Direito do Estado*, n. 430, 2019. Disponível em: http://www.direitodoestado.com.br/colunistas/jorge-alves-correia/o-valor-do-precedente-no-direito-administrativo-portugues. Acesso em: 21 set. 2020.

42 OLIVEIRA, Rafael Carvalho Rezende de. *Precedentes no Direito Administrativo*. Forense. Rio de Janeiro, 2018. p. 166.

43 OLIVEIRA, Rafael Carvalho Rezende de. *Precedentes no Direito Administrativo*. Forense. Rio de Janeiro, 2018. p. 166.

44 Para Marques Neto e Freitas, a Teoria dos Precedentes Administrativos já era aplicável por força do disposto nos arts. 15 e 927, inc. I a V, do CPC (MARQUES NETO, Floriano de Azevedo Marques; FREITAS, Rafael Véras de. *Comentários à Lei nº 13.655/2018: lei da segurança para a inovação pública*. Belo Horizonte: Fórum, 2019. p. 164).

45 GUARIDO, Fernanda Alves Andrade; FREITAS, Daniel Castanha de. Vinculação da Administração Pública às "orientações gerais da época": os precedentes administrativos do art. 24 da LINDB para além da segurança jurídica e os obstáculos à boa governança. *In:* VALIATI,

A segurança jurídica pode ser observada a partir de uma dupla perspectiva. No sentido de certeza, relacionada à necessária previsibilidade para que cada indivíduo possa dar seguimento ao seu próprio desenvolvimento; e de estabilidade, correspondente à ideia de conservação de direitos e expectativas geradas em indivíduos de boa-fé, em relação ao Estado. É a essa última visão que o uso dos precedentes se associa.[46-47]

Para Sundfeld e Marques Neto, que participaram da elaboração do projeto de lei que deu origem às alterações na Lindb, o objetivo deste novo marco legal seria melhorar a qualidade da atividade decisória pública no Brasil, nos vários níveis da federação, entre todos os Poderes e nos órgãos de controle. Segundo os autores, o projeto confere parâmetros de estabilidade e de previsibilidade às relações com a Administração Pública.[48] De fato, apesar de algumas críticas, que até justificaram alguns vetos – acertados – ao projeto aprovado

---

Thiago Priess; HUNGARO, Luis Alberto; CASTELLA, Gabriel Morettini e. *A Lei de Introdução e o Direito Administrativo Brasileiro.* Rio de Janeiro: Lumen Juris, 2019. p. 103-107; VALIM, Rafael; CARVALHO, Gustavo Marinho de. Os precedentes administrativos na Lei de Introdução às Normas do Direito Brasileiro. *In*: VALIATI, Thiago Priess; HUNGARO, Luis Alberto; CASTELLA, Gabriel Morettini e (Coord.). *A Lei de Introdução e o Direito Administrativo Brasileiro.* Rio de Janeiro: Lumen Juris, 2019. p. 127.

46 VALIM, Rafael; CARVALHO, Gustavo Marinho de. Os precedentes administrativos na Lei de Introdução às Normas do Direito Brasileiro. *In*: VALIATI, Thiago Priess; HUNGARO, Luis Alberto; CASTELLA, Gabriel Morettini e (Coord.). *A Lei de Introdução e o Direito Administrativo Brasileiro.* Rio de Janeiro: Lumen Juris, 2019. p. 130-131.

47 Interessante o alerta de Nohara, poucas vezes notado, de que "a segurança jurídica, enquanto princípio, não tem valor de aplicação absoluto, pois, a depender do contexto em que se decide, apesar de poder haver uma aplicação equitativa, ela pode representar a perenização de ilegalidades graves e que geram a cristalização de uma injustiça, sendo averiguável também diante do caso concreto, no conflito entre legalidade e segurança jurídica, qual o peso que o intérprete deve atribuir a cada princípio concretizado" (NOHARA, Irene Patrícia. *LINDB – Lei de Introdução às normas do Direito Brasileiro: hermenêutica e novos parâmetros ao Direito Público.* Curitiba: Juruá, 2018. p. 57). No mesmo sentido, cf. MOTTA, Fabrício; NOHARA, Irene Patrícia. *LINDB no Direito Público: Lei 13.655/2018.* São Paulo: Thomson Reuters Brasil, 2019. p. 83.

48 SUNDFELD, Carlos Ari; NETO, Floriano de Azevedo Marques. Segurança jurídica e eficiência na Lei de Introdução ao Direito Brasileiro. *In*: PEREIRA, Flávio Henrique Unes. *Segurança Jurídica e qualidade das decisões públicas: desafios de uma sociedade democrática.* Brasília: Senado Federal, 2015. p. 9-12. Disponível em: http://anastasia.com.br/seguranca-juridica-e-qualidade-das-decisoes-publicas/. Acesso em: 29 set. 2020.

pelo Parlamento, a "nova" Lindb trouxe significativos avanços para a aplicação do Direito Público.

Especificamente quanto ao foco deste trabalho, destaca-se o dever de promoção da segurança jurídica na aplicação das normas, atribuído às autoridades públicas, e materializável por meio de regulamentos, súmulas administrativas e respostas a consultas (art. 30, Lindb). A esses instrumentos e a outros congêneres, dado que o rol legal é exemplificativo[49] – o Decreto nº 9.830/19 menciona também normas complementares, orientações normativas e enunciados (art. 19) –, foi conferido o caráter *vinculante* em relação ao órgão ou entidade a que se destinam, até que sobrevenha revisão (art. 30, parágrafo único, Lindb).[50]

Vislumbram-se nos referidos enunciados as diretrizes para a adoção da sistemática de precedentes administrativos vinculantes no âmbito da Administração Pública, sem a necessidade de se socorrer com os ditames do CPC – embora não haja impedimentos para que continue a ser aplicado supletiva e subsidiariamente. Como bem destacam Valim e Carvalho, diferentemente do que ocorre em outros países, como na Espanha, em nosso ordenamento o reconhecimento judicial não é um pressuposto para a formação de precedentes administrativos vinculantes.[51]

A norma consagra ainda as chamadas "orientações gerais", como interpretações e especificações contidas em atos públicos de caráter geral ou em jurisprudência judicial ou administrativa majoritária,

---

49 VALIM, Rafael; CARVALHO, Gustavo Marinho de. Os precedentes administrativos na Lei de Introdução às Normas do Direito Brasileiro. *In*: VALIATI, Thiago Priess; HUNGARO, Luis Alberto; CASTELLA, Gabriel Morettini e (Coord.). *A Lei de Introdução e o Direito Administrativo Brasileiro*. Rio de Janeiro: Lumen Juris, 2019. p. 129.

50 Para Motta e Nohara, esse enunciado teria criado a figura dos precedentes sintetizados, por meio de súmulas vinculantes da conduta administrativa (MOTTA, Fabrício; NOHARA, Irene Patrícia. *LINDB no Direito Público: Lei 13.655/2018*. São Paulo: Thomson Reuters Brasil, 2019. p. 101-102).

51 VALIM, Rafael; CARVALHO, Gustavo Marinho de. Os precedentes administrativos na Lei de Introdução às Normas do Direito Brasileiro. *In*: VALIATI, Thiago Priess; HUNGARO, Luis Alberto; CASTELLA, Gabriel Morettini e (Coord.). *A Lei de Introdução e o Direito Administrativo Brasileiro*. Rio de Janeiro: Lumen Juris, 2019. p. 136-138.

e ainda as adotadas por prática administrativa reiterada e de amplo conhecimento público (art. 24, parágrafo único, Lindb). Com razão, portanto, Motta e Nohara, ao destacarem que não apenas atos normativos e a jurisprudência estão compreendidos na referida hipótese, mas também os costumes e a praxe administrativa poderiam ser inseridos no âmbito de "prática administrativa reiterada e de amplo conhecimento público".[52]

A rigor, a Lindb estabelece a vinculação das esferas administrativa, controladora e judicial às suas próprias orientações gerais, quando estiver sob análise a validade de ato, contrato, ajuste, processo ou norma administrativa cuja produção já se houver completado à luz desse entendimento consolidado (art. 24, *caput,* Lindb). Há expressa vedação à declaração de invalidade decorrente da mudança posterior da orientação geral adotada, em relação às situações plenamente constituídas anteriormente a essa revisão (art. 24, *caput,* parte final, Lindb). Sem embargo, o regulamento prevê a possibilidade de suspensão de efeitos futuros de relação em curso (art. 5º, § 3º, Decreto nº 9.830/19).

Nessa mesma linha, relacionada à segurança jurídica no âmbito das esferas administrativa, controladora e judicial, a Lindb estabelece que a mudança de interpretação ou de orientação sobre norma de conteúdo indeterminado, que venha a impor novo dever ou novo condicionamento de direito, deverá prever um regime de transição (art. 23, *caput,* Lindb). Essa transição deverá ocorrer quando necessária para que o novo dever ou condicionamento de direito seja cumprido de modo proporcional, equânime e eficiente, sem prejuízo aos interesses gerais (art. 23, *caput,* parte final, Lindb).

Em suma, destacam Valim e Carvalho, os referidos enunciados revelam a existência dos precedentes administrativos, ao lado dos precedentes judiciais do CPC, dos quais se depreende que eventuais mudanças de interpretação, que consubstanciam a superação de um precedente, embora tenham eficácia imediata, sujeitam-se a um regime de transição, caso indispensável ao seu fiel cumprimento; vedam

52 MOTTA, Fabrício; NOHARA, Irene Patrícia. *LINDB no Direito Público: Lei 13.655/2018*. São Paulo: Thomson Reuters Brasil, 2019. p. 84-85.

a aplicação retroativa de orientações gerais novas; e conferem força vinculante a tais precedentes administrativos.[53]

O aspecto central do conceito de precedentes administrativos, para Valim e Carvalho, é a sua eficácia vinculante, sem a qual seriam meros instrumentos de persuasão. Antes mesmo da Lindb, que teria tornado tal característica expressa no ordenamento jurídico, defendem que a eficácia vinculante seria decorrente dos princípios da igualdade, da segurança jurídica, da boa-fé, da eficiência, além da previsão dos arts. 2º, parágrafo único, inc. XIII, e 50, inc. VII, da Lei nº 9.784/99 (Lei do Processo Administrativo Federal).[54]

Além disso, assinala Vale, as mudanças promovidas pela Lei nº 13.655/18 estabeleceram a vinculatividade dos precedentes administrativos sob o prisma vertical, isto é, a partir da perspectiva da estrutura hierárquica da Administração Pública, como também horizontal, dada a exigência de observância interna pelo próprio órgão ou entidade responsável pela decisão, num ato de autovinculação.[55]

Sem embargo, ainda que se possa afirmar que haja uma vinculatividade vertical e outra horizontal nos precedentes administrativos da Lindb, há uma distinção marcante entre a sua sistemática e aquela adotada pelo CPC. Diferentemente dos judiciais, os precedentes administrativos são capazes de vincular apenas a respectiva esfera administrativa ou controladora prolatora da decisão. Podem até repercutir sobre outros órgãos ou entidades a ela relacionados, mas sempre num âmbito institucionalmente limitado. Não há, todavia, um sistema de

---

53 VALIM, Rafael; CARVALHO, Gustavo Marinho de. Os precedentes administrativos na Lei de Introdução às Normas do Direito Brasileiro. *In*: VALIATI, Thiago Priess; HUNGARO, Luis Alberto; CASTELLA, Gabriel Morettini e (Coord.). *A Lei de Introdução e o Direito Administrativo Brasileiro*. Rio de Janeiro: Lumen Juris, 2019. p. 125-126.

54 VALIM, Rafael; CARVALHO, Gustavo Marinho de. Os precedentes administrativos na Lei de Introdução às Normas do Direito Brasileiro. *In*: VALIATI, Thiago Priess; HUNGARO, Luis Alberto; CASTELLA, Gabriel Morettini e (Coord.). *A Lei de Introdução e o Direito Administrativo Brasileiro*. Rio de Janeiro: Lumen Juris, 2019. p. 129-130.

55 VALE, Luís Manoel Borges do. A vinculatividade dos precedentes administrativos e as alterações da LINDB. *Jota*, 26 ago. 2019. Disponível em: https://www.jota.info/opiniao-e-analise/artigos/a-vinculatividade-dos-precedentes-administrativos-e-as-alteracoes-da-lindb-26082019. Acesso em: 21 set. 2020.

precedentes administrativos que permita conferir uma interpretação uniforme a normas de caráter nacional, vinculativa de todos os Tribunais de Contas, como pode ocorrer com alguns dos precedentes judiciais do CPC. É justamente essa questão que enfrentaremos a seguir.

5. UM ÓRGÃO SUPERIOR DE UNIFORMIZAÇÃO PARA A APLICAÇÃO DE PRECEDENTES ADMINISTRATIVOS VINCULANTES NOS TRIBUNAIS DE CONTAS

Após analisar suas características principais, além da possibilidade de aplicação supletiva e subsidiária, percebe-se que a adoção plena da sistemática de precedentes judiciais nos Tribunais de Contas exigiria um órgão superior uniformizador da intepretação de matéria infraconstitucional, nos moldes operados pelo Superior Tribunal de Justiça, por meio de súmulas (art. 927, inc. IV, CPC), além de um instrumento semelhante ao do recurso especial repetitivo (art. 927, inc. III, CPC), no âmbito do controle externo.

As hipóteses dos incisos I (controle concentrado), II (súmula vinculante), V (orientação do plenário) e, em parte, III (incidente de assunção de competência ou de resolução de demandas repetitivas) do art. 927 do CPC apresentam menos dificuldades para uma implementação imediata, por tratarem de matéria constitucional, atribuição inafastável do STF, ou serem de possível implementação para a formação de precedentes pelos próprios TCs, em seus processos. Em relação à matéria infraconstitucional, a questão é mais tormentosa, pois não se poderiam atribuir diretamente aos precedentes do STJ efeitos vinculantes em relação aos TCs.

Ademais, é preciso destacar que a implementação da sistemática do CPC não permitiria o encaminhamento de uma controvérsia infraconstitucional – ou até constitucional – surgida num processo de contas à deliberação do STJ – ou do STF. Não se vislumbra a possibilidade de integração entre processos de contas (não judiciais) e processos judiciais, à revelia de qualquer previsão legal ou constitucional expressa. De fato, não há órgão competente para a formação de precedentes administrativos vinculantes de todos os Tribunais de Contas.

O enfrentamento de tais questões – legais ou infraconstitucionais – ficaria sempre a depender da provocação de algum legitimado que tenha interesse em provocar a via judicial, necessária para a formação do precedente de âmbito nacional.

A Lindb, por sua vez, também não resolve essa questão, pois restringe a eficácia vinculante apenas ao órgão ou entidade a que se destina (art. 30, parágrafo único, Lindb). Ainda que superada a previsão literal da Lindb e se pretendesse aplicar a sistemática de precedentes judiciais do CPC aos TCs de forma extensiva, subsistiriam outros óbices a limitar os efeitos dos precedentes administrativos.

Oliveira destaca que o caráter vinculante ou persuasivo dos precedentes administrativos depende da questão federativa, da separação de poderes e da hierarquia administrativa. Para o autor, a autonomia federativa impediria a vinculação de ente federativo em relação a outro, assim como não seria possível ocorrer precedentes administrativos vinculantes de um Poder sobre o outro. Na perspectiva da subordinação, apenas órgãos que estivessem submetidos a uma hierarquia poderiam ser submetidos a precedentes vinculantes.[56]

Destarte, a implantação pura e simples da sistemática prevista no CPC ou na Lindb não resolve o problema por completo. No máximo, seria possível alcançar a utilização dos precedentes internamente, no âmbito de cada Tribunal de Contas, e, eventualmente, quando houvesse precedente formado pelo Supremo Tribunal Federal. Ocorre que mesmo em relação aos precedentes oriundos do STF, não há, repita-se, a possibilidade de que uma questão constitucional surgida num processo de contas venha a ser levada à Suprema Corte. A análise do tema sempre ficará subordinada ao interesse de algum legitimado para provocar o controle concentrado de constitucionalidade, tal como ocorreu na ADI nº 5.179, em relação ao cômputo dos gastos com inativos para fins de alcance do percentual constitucional mínimo de gastos em educação, ou, eventualmente, em algum processo subjetivo que enfrente a temática.

56 OLIVEIRA, Rafael Carvalho Rezende de. *Precedentes no Direito Administrativo*. Forense. Rio de Janeiro, 2018. p. 116-118.

No que se refere à matéria infraconstitucional, o problema se agrava. Além da ausência de meios processuais para se conduzir uma questão infraconstitucional, surgida num processo de contas, para a formação de um precedente haveria a discussão acerca do foro adequado para tal exame: seria o STJ, o TCU ou um órgão novo a ser criado?

Desta forma, a eventual submissão dos Tribunais de Contas à sistemática de precedentes judiciais obrigatórios do CPC, ou ainda da Lindb, não resolve a questão da aplicação dissonante do Direito pelos Diversos Tribunais de Contas, porque não há a previsão de meios processuais para permitir que a questão controvertida surgida em um processo de contas venha a formar um precedente, tampouco se tem um órgão com a atribuição para o exame de tal matéria em âmbito nacional.

Resta, portanto, a necessidade de se estabelecer mudanças no direito positivo, de modo a viabilizar a implementação da sistemática de precedentes obrigatórios nos Tribunais de Contas, pois o tema envolve, além da instituição de um instrumento processual hábil a formar precedentes de observância nacional – que até poderia ser alcançada pela aplicação analógica do CPC –, o estabelecimento de competência para a apreciação desse instrumento e para atribuir efeitos vinculantes a essa decisão. Em relação a esse segundo aspecto, não seria possível encontrar uma solução pela aplicação supletiva ou subsidiária do CPC, visto que envolveria a atribuição de competência nova a órgãos constitucionais independentes ou a criação de novos órgãos. Salvo melhor juízo, tal escopo somente poderia ser alcançado por via de alteração do texto constitucional.

Uma possível solução é apontada na Proposta de Emenda Constitucional nº 188, de 2019 (PEC do Pacto Federativo), que buscar conferir ao Tribunal de Contas da União o papel de órgão uniformizador da aplicação de diversas normas nacionais, entre as quais a própria Lei de Responsabilidade Fiscal, no âmbito dos Tribunais de Contas.[57]

[57] Sobre a constitucionalidade da proposta, à luz do princípio federativo, v. RODRIGUES, Ricardo Schneider; ARAÚJO, Lean Antônio Ferreira de. A uniformização da interpretação da LRF no âmbito dos Tribunais de Contas: a constitucionalidade da PEC nº 188/2019 à luz do

O instrumento processual previsto na PEC para viabilizar a submissão de questões controvertidas ao crivo do TCU é o da reclamação.

Embora represente avanços, a proposta tem dois problemas. Um, por limitar o enfoque a questões relacionadas à interpretação das leis complementares de que tratam os arts. 163, 165, § 9º, e 169, da CR, excluindo, portanto, controvérsias que podem surgir na aplicação de outras normas de caráter nacional, como as relacionadas à licitação, contratos públicos, transparência etc.

Dois, por não estabelecer propriamente uma sistemática de precedentes, pois não permite que a questão controvertida seja conduzida de um determinado Tribunal, pela via processual de contas, até o TCU, por meio de um debate aprofundado, que propicie a formação de um precedente sólido. A proposta estabelece uma uniformização vertical e unilateral pelo TCU, fora do contexto de um procedimento desenvolvido em contraditório, a partir da sua interpretação acerca das referidas leis complementares, incorporada em Orientações Normativas que, a partir de sua publicação na imprensa oficial, terão efeito vinculante em relação aos demais Tribunais de Contas do país.

Atento a essa problemática, decorrente da possibilidade de haver diversos órgãos independentes aplicando as mesmas normas, de caráter nacional, em sentidos diversos, causando disfuncionalidade e instabilidade no sistema normativo público, pela baixa homogeneidade na aplicação de suas normas, Sundfeld apresenta outra proposta e defende a criação de uma autoridade normativa, técnica e nacional para o Direito da gestão pública, denominada de Conselho Nacional de Estado (CNE), ligado ao Congresso Nacional. Esse órgão seria capaz de obrigar todas as administrações brasileiras, inclusive os órgãos de controle externo, a seguirem as mesmas normas técnicas gerais e interpretações, mas restritas a normas nacionais, constitucionais ou legais, sem avançar na matéria administrativa de competência dos entes subnacionais.

---

princípio federativo. *In*: FILHO, Alípio Reis Firmo; WARPECHOWSKI, Ana Cristina Moraes; FILHO, Carlos Alberto de Moraes Ramos (Coord.). Responsabilidade na Gestão Fiscal: estudos em homenagem aos 20 anos da Lei Complementar nº 101/2000. Belo Horizonte: Fórum, 2020. p. 399-424.

Teria função essencialmente normativa, sem competências recursais, anulatórias, sancionadoras ou disciplinares, e não poderia emitir atos de comando, individuais e concretos, ou de controle.[58]

Além da criação de uma autoridade competente para uniformizar a interpretação de normas de caráter nacional, o autor sugere a instituição de dois instrumentos capazes de gerar a sua atuação. Um seria a súmula administrativa, por meio da qual a autoridade seria provocada a se manifestar acerca da interpretação de determinado enunciado; o outro, o regulamento técnico-administrativo, para os casos em que houvesse autorização legislativa que lhe permitisse regulamentar questão técnica de âmbito nacional, relacionada à gestão pública. Embora vinculantes de toda a normatização administrativa nacional, não vedariam a possibilidade de revisão judicial, por via de ação direta ou de exceção.[59]

A proposta é interessante, pois o autor consegue instituir um mecanismo de precedentes administrativos de caráter mais amplo do que seria possível a partir da aplicação analógica do CPC ou dos dispositivos da Lindb. Para além da uniformização interna, no âmbito de cada ente ou órgão com capacidade para decidir, estabelece a possibilidade de uma uniformização externa, vertical e, em alguma medida, dialógica, pois, em relação à súmula administrativa, a autoridade exerce suas atribuições mediante provocação do Executivo Federal – seria vedada a atuação de ofício.

Por outra via, cabe crítica em relação à restrição da legitimidade para provocar a atuação do CNE, limitada à iniciativa do Executivo Federal. Inúmeras controvérsias surgem a partir da aplicação das normas de Direito Público pelos Tribunais de Contas do país, sem que haja a possibilidade de se buscar uma uniformização. A restrição da via de acesso à formação desses precedentes apenas ao Executivo

---

[58] SUNDFELD, Carlos Ari. Uma autoridade normativa, técnica e nacional para a gestão pública. *In:* MOTTA, Fabrício; GABARDO, Emerson (Coord.). *Limites do controle da administração pública no Estado de Direito*. Curitiba: Íthala, 2019. p. 53-64.

[59] SUNDFELD, Carlos Ari. Uma autoridade normativa, técnica e nacional para a gestão pública. *In:* MOTTA, Fabrício; GABARDO, Emerson (Coord.). *Limites do controle da administração pública no Estado de Direito*. Curitiba: Íthala, 2019. p. 59.

Federal, alijando a possibilidade de que os órgãos de controle provoquem o debate e contribuam para a formação dessa interpretação, retira o necessário aprofundamento que tais precedentes exigem. As discussões havidas no exercício do controle externo com a participação dos controladores e dos responsáveis certamente corroborariam para o aprofundamento do debate, para além do ponto de vista do Executivo Federal.

A rigor, a denominação de súmula administrativa ao instrumento atribuído ao CNE para harmonizar a interpretação de normas, a partir de provocação exclusiva do Executivo Federal, não nos parece adequada. Como visto na seção anterior, a súmula revela a essência de um entendimento decorrente de vários julgados anteriores convergentes em sentido. Não é isso que a proposta apresenta.

É importante considerar a implantação de uma verdadeira sistemática de precedentes administrativos, capaz de uniformizar a aplicação das normas de Direito Público, em âmbito nacional, a partir de questões que surjam por ocasião do enfrentamento de casos concretos. A solução conferida à questão constitucional ou legal controvertida passaria a vincular todos os entes federativos e órgãos de controle, numa sistemática semelhante à prevista no CPC, em relação ao incidente de assunção de competência ou de resolução de demandas repetitivas.

Interessante notar que a proposta sugere a possibilidade de se questionar as decisões do CNE, em matéria constitucional ou legal, por meio do controle abstrato ou concreto e difuso. Em relação aos temas constitucionais, os instrumentos já estariam previstos. Quanto às divergências relacionadas à lei nacional, sugere a criação de novas ações, possivelmente uma ação direta de ilegalidade e uma ação declaratória de legalidade, a serem apreciadas pelo STJ. O Superior Tribunal de Justiça cumpriria a função de "intérprete final das leis nacionais administrativas". Dessa forma, ficaria preservada a inafastabilidade do controle judicial.[60]

60 SUNDFELD, Carlos Ari. Uma autoridade normativa, técnica e nacional para a gestão pública. *In:* MOTTA, Fabrício; GABARDO, Emerson (Coord.). *Limites do controle da administração pública no Estado de Direito*. Curitiba: Íthala, 2019. p. 59-63.

Analisando a questão apenas sob o prisma da implantação de uma sistemática eficaz de precedentes administrativos no âmbito dos Tribunais de Contas, parece-nos que seria menos custoso e igualmente eficaz abreviar o caminho no sentido dessa uniformização. Em outras palavras, se a inafastabilidade da jurisdição atribui ao STF e ao STF a palavra final em relação à interpretação de lei nacional e da Constituição,[61] respectivamente, parece ser mais adequado instituir uma sistemática de precedentes que viabilize levar ao conhecimento de tais Cortes, de forma direta, a questão legal ou constitucional controvertida, para pronunciamento, nos moldes do incidente de arguição de inconstitucionalidade, em que o órgão competente se pronuncia apenas sobre a questão prejudicial controvertida, sem apreciar o caso concreto.[62]

Em outros termos, teríamos a possibilidade de instituir, no âmbito dos Tribunais de Contas, um incidente capaz de submeter ao STF e ao STJ a interpretação final acerca de matérias constitucionais e legais controvertidas, de âmbito nacional, em caráter normativo e vinculante. A admissão de tal incidente competiria aos próprios STF e STJ, quando verificada a presença de relevância nacional na questão debatida, com potencial de conduzir a divergentes aplicações.

---

[61] Esse papel uniformizador do STJ se extrai do art. 927, inc. IV, do CPC. Todavia, cumpre destacar que ao STF cabe apreciar em sede de *recurso extraordinário*, as causas decididas em *única* ou *última instância*, quando a decisão recorrida: a) contrariar dispositivo da Constituição; b) declarar a inconstitucionalidade de tratado ou lei federal; c) julgar válida lei ou ato de governo local contestado em face da Constituição; d) julgar válida lei local contestada em face de lei federal. Já o STJ tem competência para julgar, em *recurso especial*, as causas decididas, em única ou última instância, pelos *Tribunais Regionais Federais* ou pelos *tribunais dos Estados, do Distrito Federal e Territórios*, quando a decisão recorrida: a) contrariar tratado ou lei federal, ou negar-lhes vigência; b) julgar válido ato de governo local contestado em face de lei federal; c) der a lei federal interpretação divergente da que lhe haja atribuído outro tribunal. Logo, quando os Tribunais Superiores decidem sobre temática relacionada a norma infraconstitucional (ex.: TSE, TST, STM), não cabe recurso especial ao STJ, que não teria, portanto, o papel uniformizador da aplicação de lei nacional, nos moldes em que compete ao STF em relação à Constituição.

[62] MARINONI, Luiz Guilherme; ARENHART, Sérgio Cruz; MITIDIERO, Daniel. *Curso de Processo Civil.* v. 2. São Paulo: Revista dos Tribunais, 2015. p. 570-574.

Percebe-se, portanto, que a ausência de um órgão superior de uniformização de precedentes no âmbito do controle externo impede a concretização daqueles deveres institucionais dos tribunais, decorrentes do sistema de precedentes do Código de Processo Civil, mencionados anteriormente.

Não é possível atender satisfatoriamente ao dever de *integridade*, no sentido de unidade do Direito, ou até mesmo de coerência externa, a partir da perspectiva do princípio da igualdade, a exigir que todos sejam tratados igualmente, quando há decisões totalmente díspares para situações fundamentalmente semelhantes, no âmbito de diferentes Tribunais de Contas, sem possibilidade alguma de uniformização da respectiva questão jurídica.

Tais deveres institucionais ficam limitados ao âmbito de cada Tribunal de Contas, como ilhas de aplicação do Direito, isoladas de todo o contexto jurídico onde se inserem. Essa constatação preocupa, pois o papel dos Tribunais de Contas quanto à fiscalização dos entes e entidades da Administração Pública não repercute apenas sobre a específica unidade da federação que fiscalizam. A higidez do sistema federativo – especificamente o brasileiro, em que há forte dependência dos entes subnacionais em relação à União – pressupõe que todos os entes federativos compartilhem limites e regras de Direito de Financeiro comuns.

Tanto assim que compete ao Senado Federal autorizar operações externas de natureza financeira, de interesse da União, dos Estados, do Distrito Federal, dos Territórios e dos Municípios, bem como fixar, por proposta do Presidente da República, limites globais para o montante da dívida consolidada da União, dos Estados, do Distrito Federal e dos Municípios; dispor sobre limites globais e condições para as operações de crédito externo e interno da União, dos Estados, do Distrito Federal e dos Municípios, de suas autarquias e demais entidades controladas pelo Poder Público federal; determinar limites e condições para a concessão de garantia da União em operações de crédito externo e interno; e estabelecer limites globais e condições para o montante da dívida mobiliária dos Estados, do Distrito Federal e dos Municípios (art. 52, incisos V a IX, CR).

As normas da Lei de Responsabilidade Fiscal e aquelas relacionadas a licitações e contratos públicos são comuns a todos os entes da federação, exigindo, portanto, aplicação uniforme em todo o território nacional.

Por outra via, a interpretação divergente no âmbito dos Tribunais de Contas poderá resultar numa tutela desigual de direitos sociais por parte da Administração Pública. O caso antes referido, do limite mínimo exigido de gastos para a manutenção e o desenvolvimento da educação, bem ilustra esse problema. Diversos Estados e Municípios brasileiros, sob o beneplácito dos respectivos Tribunais de Contas, valeram-se das mais diversas interpretações acerca do que poderia ou não ser considerado para fins de atendimento do percentual constitucional mínimo exigido em educação.

Essa postura resulta num tratamento injustamente diferenciado entre cidadãos brasileiros em face do poder público, segundo o critério geográfico, vedado pela Constituição (art. 19, inciso III, CR). A depender de onde reside e da interpretação do respectivo Tribunal de Contas, a educação pública prestada à população contará, proporcionalmente, com mais ou menos recursos.

Daí a importância da expansão do uso dos precedentes no âmbito da Administração Pública, como sugere Hachem, para que seja assegurado o direito fundamental de o cidadão receber da Administração Pública uma tutela efetiva dos seus direitos sociais, assim compreendida como aquela espontânea, integral e *igualitária*.[63] "Afinal de contas, não é possível chancelar uma verdadeira jurisprudência lotérica administrativa, a qual produz manifestações anti-isonômicas e violadoras de direitos e garantias fundamentais".[64]

---

[63] HACHEM, Daniel Wunder. Vinculação da Administração Pública aos precedentes administrativos e judiciais: mecanismo de tutela igualitária dos direitos sociais. *In*: BLANCHET, Luiz Alberto; HACHEM, Daniel Wunder; SANTANO, Ana Claudia (Coord.). *Estado, Direito e Políticas Públicas: Homenagem ao Professor Romeu Felipe Bacellar Filho*. Curitiba: Íthala, 2014. p. 217-243.

[64] VALE, Luís Manoel Borges do. A vinculatividade dos precedentes administrativos e as alterações da LINDB. *Jota*, 26 ago. 2019. Disponível em: https://www.jota.info/opiniao-e-

Numa análise mais desavisada, a interpretação dos TCs em relação a questões de Direito Financeiro poderia não se tratar de matéria relacionada a direitos sociais. Todavia, como visto em apenas um exemplo acima, tais questões se comunicam diretamente. Decisões sobre os limites constitucionais de gastos em educação e saúde, limites de endividamento, gastos com pessoal etc. trazem consequências diretas sobre a concretização de tais direitos fundamentais, uma vez que a disponibilidade de recursos é indispensável para a efetivação das respectivas políticas públicas.

A atribuição de competência a órgão já existente – STJ ou TCU – ou a criação de um novo – CNE ou CNTC[65] –, para atuar como órgão superior de uniformização de precedentes vinculantes no âmbito dos Tribunais de Contas, é condição de possibilidade para a *plena* instituição da sistemática de precedentes, isto é, em caráter nacional.

6. CONSIDERAÇÕES FINAIS

A proposta deste trabalho consistiu em avaliar se a sistemática de precedentes administrativos vinculantes seria aplicável aos Tribunais de Contas de forma *plena*, como ocorre em relação ao Poder Judiciário. Como é cediço, os instrumentos do CPC viabilizam a uniformização da aplicação de normas nacionais, constitucionais e infraconstitucionais pelo Supremo Tribunal Federal e pelo Superior Tribunal de Justiça, respectivamente.

Os Tribunais de Contas não compõem um sistema de controle externo. Cada Corte é uma ilha, e a aplicação de normas de caráter nacional se dá, muitas vezes, de forma conflitante, em diversos entes federativos, a despeito de versarem sobre as mesmas questões fáticas e jurídicas. Normas de caráter nacional, como as relativas à responsabilidade fiscal, ao enfrentamento da corrupção, a

-analise/artigos/a-vinculatividade-dos-precedentes-administrativos-e-as-alteracoes-da-lindb-26082019. Acesso em: 21 set. 2020.

65 Há propostas no Congresso voltadas à criação de um Conselho Nacional dos Tribunais de Contas, nos moldes do CNJ e do CNMP.

licitações e contratos públicos, impõem uma aplicação uniforme, sob pena de restarem maculados diversos princípios como a segurança jurídica, a impessoalidade, a igualdade, a boa-fé, a razoabilidade e a eficiência.

Embora o CPC possa ser aplicado supletiva e subsidiariamente pelos Tribunais de Contas, não se vislumbra como atribuir a algum órgão competência para emissão de precedentes administrativos vinculantes sem previsão constitucional expressa. Tampouco a Lindb avançou nesse sentido, ao regulamentar a eficácia vinculante dos precedentes administrativos, restrita aos próprios órgãos de controle emissores da decisão.

Assim, não é possível proceder a uma implantação efetiva da sistemática de precedentes vinculantes sem a existência de um órgão superior de uniformização, de âmbito nacional. O dever de *integridade*, no sentido de unidade do Direito, não poderá ser alcançado sem tal medida. Embora haja propostas nesse sentido, carecem de aperfeiçoamentos a fim de viabilizar a adequada formação desses precedentes.

A solução que se apresenta mais viável corresponde à atribuição dessa competência, por meio de emenda ao texto constitucional, ao Superior Tribunal de Justiça ou ao Tribunal de Contas da União, ou ainda, a criação de um novo órgão, como os já propostos Conselho Nacional de Estado e Conselho Nacional dos Tribunais de Contas, para assumirem esse papel de órgão superior de uniformização de precedentes vinculantes no âmbito dos Tribunais de Contas, a partir de instrumentos semelhantes àqueles incorporados ao CPC.

Tal medida é condição de possibilidade para a *plena* instituição da sistemática de precedentes vinculantes nos Tribunais de Contas, que exercem importante papel de fiscalização da Administração Pública e cuja atuação repercute diretamente sobre a implementação de diversas políticas públicas fundamentais, bem como pode alcançar a esfera jurídica individual dos responsáveis pela gestão pública, a reclamar, portanto, uma atuação pautada pelo maior respeito possível à segurança jurídica.

7. REFERÊNCIAS BIBLIOGRÁFICAS

CADEMARTORI, Luiz Henrique; SCHRAMM, Fernanda Santos. A interação do Tribunal de Contas da União com o sistema de precedentes do CPC/2015. *Novos Estudos Jurídicos – Eletrônica*, v. 24, n. 2, p. 749-776, set./dez. 2018. DOI 10.14210/nej.v24n3.p749-776. Disponível em: https://siaiap32.univali.br/seer/index.php/nej/article/view/13737/pdf. Acesso em: 21 set. 2020.

DIDIER JR., Fredie. Sistema brasileiro de precedentes judiciais obrigatórios e os deveres institucionais dos tribunais: uniformidade, estabilidade, integridade e coerência da jurisprudência. In: MAIA, Renata C. Vieira; FERREIRA, Diogo Ribeiro (Coord.). *Processo Civil aplicado aos Tribunais de Contas: novas tendências a partir do CPC de 2015.* Belo Horizonte: Fórum, 2017. p. 41-58.

CORREIA, Jorge Alves. O valor do precedente no direito administrativo português. *Revista Colunistas de Direito do Estado*, n. 430, 2019. Disponível em: http://www.direitodoestado.com.br/colunistas/jorge-alves-correia/o-valor-do-precedente-no-direito-administrativo-portugues. Acesso em: 21 set. 2020.

CONTI, José Maurício. O Plano Mais Brasil e o pacote de mudanças no Direito Financeiro: propostas evidenciam o protagonismo que a área assumiu na agenda nacional e para o desenvolvimento do país. *Jota*, Coluna Fiscal, 28 nov. 2019. Disponível em: https://www.jota.info/opiniao-e-analise/colunas/coluna-fiscal/o-plano-mais-brasil-e-o-pacote-de-mudancas-no-direito-financeiro-28112019. Acesso em: 26 fev. 2020.

GUARIDO, Fernanda Alves Andrade; FREITAS, Daniel Castanha de. Vinculação da Administração Pública às "orientações gerais da época": os precedentes administrativos do art. 24 da LINDB para além da segurança jurídica e os obstáculos à boa governança. *In*: VALIATI, Thiago Priess; HUNGARO, Luis Alberto; CASTELLA, Gabriel Morettini e (Coord.). *A Lei de Introdução e o Direito Administrativo Brasileiro.* Rio de Janeiro: Lumen Juris, 2019.

HACHEM, Daniel Wunder. *Tutela administrativa efetiva dos direitos fundamentais sociais: por uma implementação espontânea, integral e igualitária.* 2014. Tese (Doutorado em Direito) – Setor de Ciências Jurídicas, Universidade Federal do Paraná, Curitiba, 2014.

HACHEM, Daniel Wunder. Vinculação da Administração Pública aos precedentes administrativos e judiciais: mecanismo de tutela igualitária dos direitos sociais. In: BLANCHET, Luiz Alberto; HACHEM, Daniel Wunder; SANTANO, Ana Claudia (Coord.). *Estado, Direito e Políticas Públicas:*

Homenagem ao Professor Romeu Felipe Bacellar Filho. Curitiba: Íthala, 2014. p. 217-243.

MARINONI, Luiz Guilherme; ARENHART, Sérgio Cruz; MITIDIERO, Daniel. *Curso de Processo Civil.* v. 2. São Paulo: Revista dos Tribunais, 2015.

MATOS, André Luis de; SUXBERGER, Antonio Henrique Graciano. O impacto do Código de Processo Civil de 2015 na modelagem procedimental dos Tribunais de Contas. *Revista de Estudos e Pesquisas Avançadas do Terceiro Setor - REPATS*, Brasília, v. 5, n. 1, p. 484-515, Jan./Jun. 2018.

MOTTA, Fabrício; NOHARA, Irene Patrícia. *LINDB no Direito Público: Lei 13.655/2018.* São Paulo: Thomson Reuters Brasil, 2019.

NETO, Floriano de Azevedo Marques; FREITAS, Rafael Véras de. *Comentários à Lei nº 13.655/2018: lei da segurança para a inovação pública.* Belo Horizonte: Fórum, 2019.

NETO, Giuseppe Giamundo. *As garantias do processo no Tribunal de Contas da União.* São Paulo: Thomson Reuters, 2019.

NOHARA, Irene Patrícia. *LINDB - Lei de Introdução às normas do Direito Brasileiro: hermenêutica e novos parâmetros ao Direito Público.* Curitiba: Juruá, 2018.

OLIVEIRA, Rafael Carvalho Rezende de. *Precedentes no Direito Administrativo.* Forense. Rio de Janeiro, 2018.

RODRIGUES, Ricardo Schneider; ARAÚJO, Lean Antônio Ferreira de. A uniformização da interpretação da LRF no âmbito dos Tribunais de Contas: a constitucionalidade da PEC nº 188/2019 à luz do princípio federativo. *In*: FILHO, Alípio Reis Firmo; WARPECHOWSKI, Ana Cristina Moraes; FILHO, Carlos Alberto de Moraes Ramos (Coord.). *Responsabilidade na Gestão Fiscal: estudos em homenagem aos 20 anos da Lei Complementar nº 101/2000.* Belo Horizonte: Fórum, 2020. p. 399-424.

SOUZA, Fábio Araújo de. Inativos da educação: despesa da educação? *Revista Brasileira de Política e Administração da Educação - RBPAE*, v. 35, n. 3, p. 1.029-1.062, set./dez. 2019. DOI: https://doi.org/10.21573/vol35n32019.95884. Disponível em: https://seer.ufrgs.br/rbpae/article/view/95884. Acesso em: 23 fev. 2020.

SUNDFELD, Carlos Ari. Uma autoridade normativa, técnica e nacional para a gestão pública. In: MOTTA, Fabrício; GABARDO, Emerson (Coord.). *Limites do controle da administração pública no Estado de Direito.* Curitiba: Íthala, 2019. p. 53-64.

SUNDFELD, Carlos Ari; NETO, Floriano de Azevedo Marques. Segurança jurídica e eficiência na Lei de Introdução ao Direito Brasileiro. In: PEREIRA, Flávio Henrique Unes. *Segurança Jurídica e qualidade das decisões públicas: desafios de uma sociedade democrática*. Brasília: Senado Federal, 2015. p. 7-8. Disponível em: http://anastasia.com.br/seguranca-juridica-e-qualidade-das-decisoes-publicas/. Acesso em: 29 set. 2020.

VALE, Luís Manoel Borges do. *Os precedentes vinculantes, no direito processual civil brasileiro, e o direito fundamental à razoável duração do processo*. 2016. Dissertação (Mestrado em Direito) – Faculdade de Direito, Universidade Federal de Alagoas, Maceió, 2016.

VALIM, Rafael; CARVALHO, Gustavo Marinho de. Os precedentes administrativos na Lei de Introdução às Normas do Direito Brasileiro. In: VALIATI, Thiago Priess; HUNGARO, Luis Alberto; CASTELLA, Gabriel Morettini e (Coord.). *A Lei de Introdução e o Direito Administrativo Brasileiro*. Rio de Janeiro: Lumen Juris, 2019.

VIANA, Ismar. *Fundamentos do Processo de Controle Externo: uma interpretação sistematizada do Texto Constitucional aplicada à processualização das competências dos Tribunais de Contas*. Rio de Janeiro: Lumen Juris, 2019.

WARPECHOWSKI, Ana Cristina de Moraes. A uniformização da jurisprudência de contas: uma análise econômico comportamental dos processos decisórios. *In*: LIMA, Luiz Henrique; SARQUIS, Alexandre Manir Figueiredo (Coord.). *Processos de controle externo: estudos de ministros e conselheiros substitutos dos Tribunais de Contas*. Belo Horizonte: Fórum, 2019. p. 79-100.

EDITORA
*Jus*PODIVM
www.editorajuspodivm.com.br

Impresso por:

Docuprint

CNPJ 01.036.332/0001-99